LEISURE & TOURISM

German
FOR LEISURE AND TOURISM studies

CHRISTINE PLEINES

Series editors: Marie-France Noël, Cecilia Nicholas *and* Vicky Davies

Hodder & Stoughton

A MEMBER OF THE HODDER HEADLINE GROUP

ACKNOWLEDGEMENTS

I would like to thank Christine UmMongkol for her extremely useful help and advice, and also Rolf Hellenbrand for his help with the manuscript and his moral support.

The author and publishers would like to thank the following for permission to reproduce material in this volume.

Holland Court Hotel; the English Tourist Board; the Toastmaster's Inn, Burham; Sowieso Bistro, Mühldorf; English Heritage; Hever Castle; Baxmann Hotel, Hess. Oldendorf; the Patrick Collection; Tibs GmbH, Freiburg; Frankfurter Verkehrs- und Tarifverbund, Frankfurt am Main; Vekehrsmuseum, Nürnberg; Deutsche Bundesbahn; ETB Mini-Guides Visitor Publications Ltd; Rochester upon Medway City Council; and Leeds Castle.

Every effort has been made to trace and acknowledge ownership of copyright. The publishers will be glad to make suitable arrangements with any copyright holders whom it has not been possible to contact.

British Library Cataloguing in Publication Data

Pleines, Christine
German for Leisure and Tourism Studies
I. Title
438.3

ISBN 0 340 59310 5

First published 1994
Impression number 10 9 8 7 6 5 4 3 2 1
Year 1998 1997 1996 1995 1994

Typeset by Wearset, Boldon, Tyne & Wear.
Printed in Great Britain for Hodder & Stoughton Educational, a division of Hodder Headline Plc, Mill Road, Dunton Green, Sevenoaks, Kent TN13 2YA by Thomson Litho Ltd, East Kilbride.

CONTENTS

INTRODUCTION

AIMS AND INTENTIONS OF THE COURSE

The course is aimed at professionals or students in the tourism and leisure industries (accommodation, catering, sports and leisure, heritage centres etc.), who are beginners, or very near beginners in German. The aim is to avoid communication deadlocks and upgrade the overall standard of customer care in these industries by providing employees with the language competence necessary for successful communication with customers who do not speak English. It will also prove useful to those wishing to familiarise themselves with the specific vocabulary of the leisure and tourism industries.

The course is designed for tutorial use, with trainees completing the 12 Chapters over 60 to 70 hours. It can also be used for self-study. The course is essentially communicative, and is based on typical situations in which trainees would be expected to provide assistance to customers in the foreign language. Two main functions have been identified at this level: responding to the customer's request for assistance and responding to everyday problems. The basic language skills required are those of understanding the German speaker and of communicating with him or her using key phrases. We have recognised the fundamental dichotomy between passive and active knowledge, that is, the language which trainees need for comprehension purposes, and that required for oral communication. Whilst both are essential, we feel it is necessary to treat each separately at this level of linguistic competence.

In writing the material, we have also taken into account the Language Lead Body Modern Languages standards. The material is therefore especially relevant to students in Further Education following courses such as BTEC Certificates and Diplomas, or other NVQ and GNVQ courses.

COURSE CONTENT

This book is unique in that it concerns the provision of service from the point of view of British leisure and tourism professionals. The extensive research carried out has led us to the creation of a variety of situations, each reflecting a specific need. Those needs were identified as reception, information, food services and sales.

The course is structured as a series of 12 Chapters, each of which is centred around one particular leisure or tourist attraction, and focuses on typical situations that a member of staff working there may have to deal with, such as welcoming, advising, helping or serving German-speaking customers.

Within each Chapter, particular emphasis is placed upon listening and speaking. Although the trainee is exposed to some written material, this is mostly for reading comprehension purposes and he or she is not expected to produce items of written work of any great length.

We have also identified a need for cultural input. There are a number of misunderstandings and potentially embarrassing situations arising from ignorance of each others' customs. In most Chapters relevant differences are pointed out as they occur in the situations concerned.

The realia included is authentic material gathered both from English and German-speaking countries. This is used to illustrate how the target language is used in the situations highlighted. The situations themselves are all based in Britain.

The Assignments provided at the back of the book are designed to verify trainee progress and to assess their on-going competence. These can easily be incorporated into a syllabus-imposed assignment scheme.

USER'S GUIDE

ABOUT THE COURSE

The textbook can be used either in class or for self-study. Therefore all the exercises in the book have been constructed in such a way that you, the learner, can do them on your own. (For some of the role-play exercises, though, it would be good to work with a partner.)

UNIT FORMAT

Each chapter consists of three situations, each of which is subdivided into several sections. At the centre of each situation there is a conversation between someone employed in the tourist industry in Britain and a German-speaking tourist or business traveller.

Zum Start

This is a short section which serves as an introduction to and basic familiarisation with the situation which is to follow.

Schlüsselwörter

These are words or phrases which play a central role in the situation and with which you may be unfamiliar. Listen to their pronunciation on the tape. This will help you understand the conversation. Later this section can be used as a learning and pronunciation tool. You might want to make a decision as to which words and phrases you will only need to understand and which ones you will need to use actively.

Konversation: Hören

This is the first time you listen to the conversation. Do not expect to understand every single word straight away. There will be a listening task to tell you what information to listen for at first. Be clear about what you know already about the situation: who is speaking to whom, where, when. Re-read the short introduction at the top of the page. Then listen either looking at the key words (which makes it easier), or without looking at them (which gives you a better indication of how much you understand just from the spoken language). Listen several times if you like; you may find you understand a little more each time.

Konversation: Lesen und Hören

Now look at the conversation in writing. It will appear in a slightly different format to that which you heard on the tape, i.e. you will have to fill in missing words or unjumble parts of the text. This is to make you more aware of what you are reading and to give you a task while reading. After you have completed the exercise, listen to the conversation again and check. Go back to the key words if necessary.

Erklärungen

Understanding these explanations will make it much easier for you to speak and understand the foreign language. Listening to and reading the conversation might have left you with a number of questions. They will be answered in this section. If you have any further questions, ask your tutor.

Info

Every country is different and has its own customs. You cannot always just translate words or phrases from one language into the other. This section should give you the cultural knowledge you need. Go back to the conversation and look at how the points illustrated in the Erklärungen and Info sections are used in context. Listen to the conversation one last time. If you want to, read it out aloud either alone or with a partner. Try to imitate the pronunciation on the tape.

Verstehen

In each chapter you will also find examples of authentic material used in the tourist industry such as advertisements, forms, tickets, brochures etc. They will be accompanied by exercises. See how much you understand from them. Try to grasp their overall meaning and extract some information from them without concentrating on every single word.

Aufgaben

Then do the exercises. They are intended to make you practise some of the functions and structures introduced before. They will either make you communicate or prepare you for communication. See how much you can do without referring back to previous sections (but do refer to them if you need to). In the last exercise you will often take over the role of someone employed in the tourist industry and you can see how well you can cope in this situation.

There is a **Key** to all the exercises at the end of the book. There is also an alphabetical **Glossary** where you can look up words which occur in the book.

The four **Assignments** found at the back of the book are designed for extra practice, and should be attempted after studying Units 3, 6, 9 and 12. They will also give you an accurate picture of the linguistic competence reached at each stage.

Viel Glück!

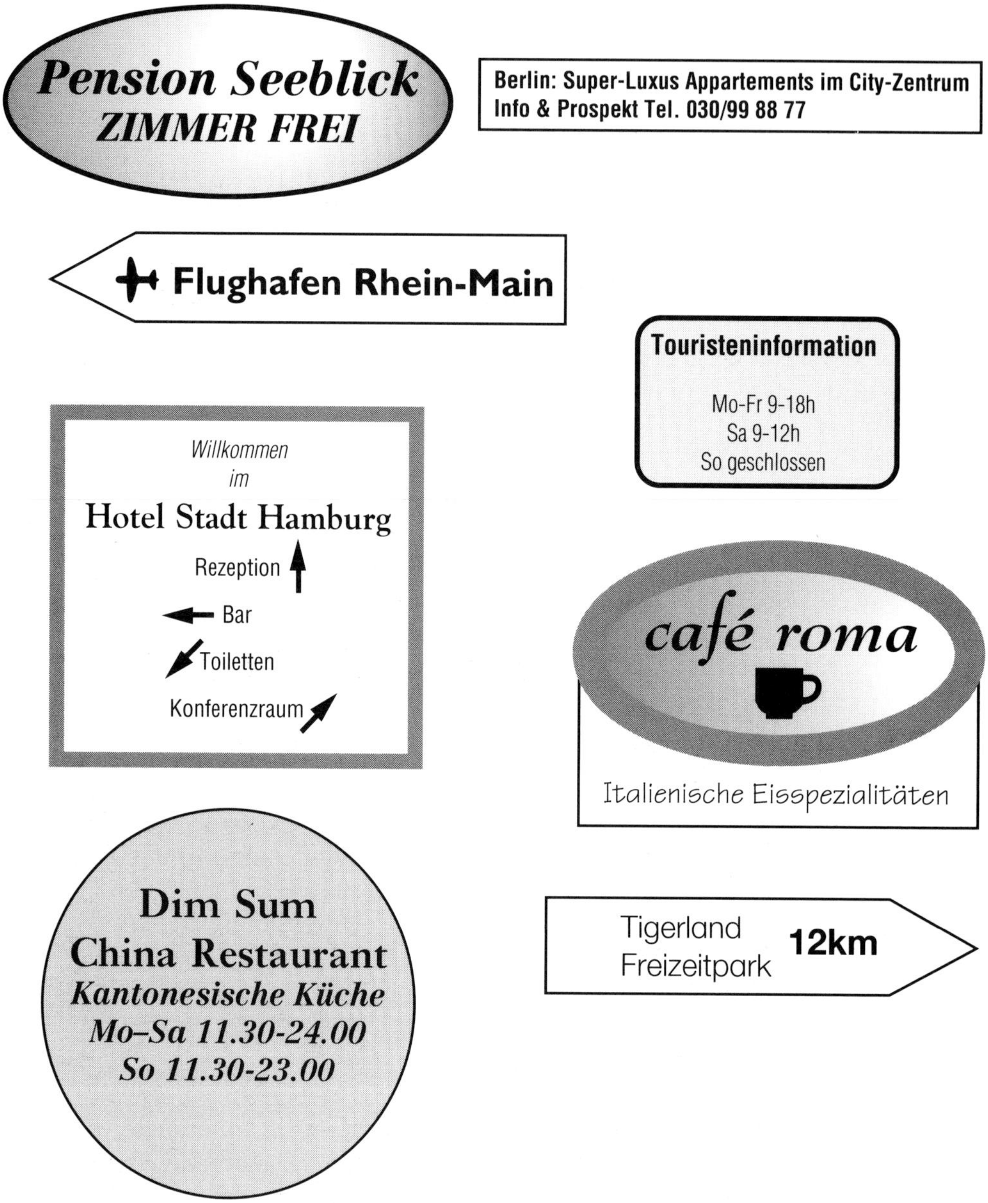

Pension Seeblick
ZIMMER FREI
Berlin: Super-Luxus Appartements im City-Zentrum
Info & Prospekt Tel. 030/99 88 77
Flughafen Rhein-Main
Touristeninformation
Mo-Fr 9-18h
Sa 9-12h
So geschlossen
Willkommen
im
Hotel Stadt Hamburg
Rezeption
Bar
Toiletten
Konferenzraum
café roma
Italienische Eisspezialitäten
Dim Sum
China Restaurant
Kantonesische Küche
Mo–Sa 11.30-24.00
So 11.30-23.00
Tigerland
Freizeitpark
12km

Anything you understand???

Kapitel Eins

1 PENSION

SITUATION A: *Herr Kleiber kommt in seiner Pension in Manchester an*

ZUM START

Who would you expect to say the following phrases, Herr Kleiber or the landlady?

← Guten Tag.
Guten Tag. →
Willkommen in Manchester.
Mein Name ist Kleiber.
Ihren Pass, bitte.
Zimmer Nummer 10.

SCHLÜSSELWÖRTER

Greetings	
guten Morgen	*good morning*
guten Tag	*good day/hello*
guten Abend	*good evening*
willkommen	*welcome*
B & B	
der Paß (Pass)	*the passport*
die Nummer	*the number*
das Zimmer	*the room*
der Wirt	*landlord*
die Wirtin	*landlady*
General	
mein Name ist	*my name is*
haben Sie Ihren Paß?	*have you got your passport?*
danke	*thank you*
bitte	*please*
hier, bitte	*here you are*
Herr	*Mr*
Frau	*Mrs, Ms, Miss*

KONVERSATION: HÖREN

Listen to Herr Kleiber and the landlady and amend the **Zum Start** *section if necessary.*

KONVERSATION: LESEN UND HÖREN

Read and fill in the gaps, then listen to check.

HERR KLEIBER: Guten Tag. Mein Name . . . . Kleiber.
WIRTIN: Guten Tag, ... Kleiber. Willkommen . . . . Manchester. Haben Sie Ihren . . . . ?
HERR KLEIBER: Ja, ... bitte.
WIRTIN: . . . . Sie haben Zimmer Nummer 10.

Missing words: Herr ist Danke Paß hier in

ERKLÄRUNGEN

Der Paß

ß *is a German letter. It is equivalent to* ss, *i.e. it is pronounced like a sharp s (as in 'hiss') and if you need to type* ß *on an English keyboard, you can replace it by 'ss'.*

Capital letters

Like in English, words at the beginning of a sentence and names begin with a capital letter. Unlike the English, however, the Germans also use capital letters for all nouns (Paß, Zimmer, Morgen, Tag).

Gender

German nouns come in three different genders: masculine, feminine and neuter. In some cases the gender of a noun is quite logical, e.g. Herr *is masculine while* Frau *is feminine. In most cases, however, the gender of a noun is not logical! For each of the three genders there is a different definite article (which is how you say 'the').*

masculine:	**der**	der Paß, der Herr
feminine:	**die**	die Nummer, die Frau
neuter:	**das**	das Zimmer, das Hotel

In many cases you do not need the articles (Zimmer Nummer 10), *but it is always useful to learn them with the word.*

INFO

Guten Tag! Hallo!

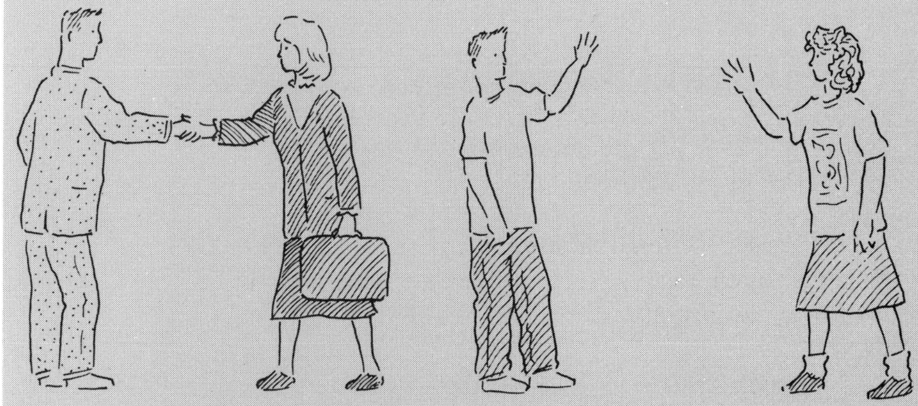

- *Guten Morgen!* is used roughly until 11 a.m.
  Guten Tag! can be used all day
  Guten Abend! is used after 5 p.m.
  Gute Nacht! is used only when going to bed
  Hallo! is less formal and used mainly among young people and good friends or to address children
- People tend to shake hands when saying hello.
- *Sie* means 'you' when addressing someone formally and is always spelt with a capital letter.
  Du means 'you' when addressing a friend or a child.
- *Herr* means Mr
  Frau can be used for both married and unmarried women
  Fräulein used to mean Miss but is now only used for very young girls. It literally means 'little woman' and many women reject this form of address.

- *bitte* means please, but it is also said when handing something to someone.

AUFGABEN

1 Please say hello in German.

a) at 7 a.m.

b) at 1 p.m.

c) at 10 a.m.

d) to a good friend

e) at 7 p.m.

2 *Das, der* or *die?* Write the correct articles.

a) Paß (m)	→	der	Paß
b) Hotel (n)	→	.....	Hotel
c) Pension (f)	→	.....	Pension
d) Wein (m)	→	.....	Wein
e) Bier (n)	→	.....	Bier
f) Zimmer	→	.....	Zimmer
g) Nummer	→	.....	Nummer

3 You are asked to help at a bed and breakfast when Emma Klein arrives.

EMMA KLEIN: Guten Morgen. Mein Name ist Klein, Emma Klein.
SIE (YOU): (*Say good morning, Ms Klein, then say your own name, and ask her whether she has got her passport.*)
EMMA KLEIN: Ehh . . . Moment . . . hier, bitte.
SIE: (*Say thank you and welcome to London.*)

Now listen to the tape and try to imitate the pronunciation.

SITUATION B: *Herr und Frau Meier frühstücken in der Pension*

ZUM START

Please match up the words and pictures.

Tee

Toast

Butter

Speck

Kaffee

Marmelade

Ei

Honig

SCHLÜSSELWÖRTER

wie möchten Sie das Frühstück?	*how would you like your breakfast?*
deutsch oder englisch	*German or English*
und	*and*
oder	*or*
für mich	*for me*
das Toast(brot)	*toast*
der Kaffee	*coffee*
der Tee	*tea*
die Marmelade	*jam*
die Orangenmarmelade	*marmalade*
haben Sie auch Honig?	*do you have honey as well?*
noch Kaffee?	*more coffee?*
ja bitte	*yes please*
nein danke	*no thank you*

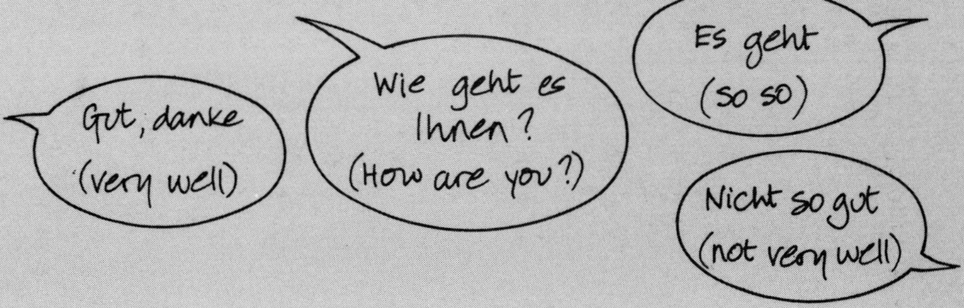
Gut, danke (very well)
Wie geht es Ihnen? (How are you?)
Es geht (so so)
Nicht so gut (not very well)

KONVERSATION: HÖREN

Listen and fill in the grid below.

	drinks	*eats*
Herr Meier	coffee	
Frau Meier		

KONVERSATION: LESEN UND HÖREN

Decide in which order the four parts of the conversation go, then listen.

1

WIRTIN: Und wie möchten Sie das Frühstück – deutsch oder englisch?
HERR MEIER: Für mich englisch, bitte.
FRAU MEIER: Für mich nur Toast und Marmelade.

2

WIRTIN: Und Ihnen, Herr Meier?
HERR MEIER: Es geht.
WIRTIN: Möchten Sie Tee oder Kaffee?
FRAU MEIER: Kaffee, bitte.

3

FRAU MEIER: Haben Sie auch Honig?
WIRTIN: Ja – Moment . . . hier, bitte. Möchten Sie noch Kaffee?
FRAU MEIER: Nein danke.

4

FRAU MEIER: Guten Morgen.
WIRTIN: Guten Morgen. Wie geht es Ihnen?
FRAU MEIER: Gut, danke.

ERKLÄRUNGEN

Pronunciation

'a', 'o', and 'u' can come with little dots which are called Umlaut (ä, ö, ü). *Listen carefully to their pronunciation. In print or when typed on an English keyboard the dots are sometimes replaced by the letter* 'e', *i.e.* 'ä' = 'ae'; 'ö' = 'oe'; 'ü' = 'ue'.

INFO

- When asked whether you would like something the polite reply is either *ja bitte* or *nein danke*. If a German person just says *danke*, they usually mean *nein, danke*, i.e. they do **not** want what you have offered them.
- Breakfast at a German *Pension* is very different from that at an English Bed and Breakfast. It would normally consist of fresh bread rolls (and perhaps a piece of cake on Sundays) plus butter, jam, honey, cheese, sausage, and a boiled egg (or a choice of some of those items). Breakfast buffets are also getting very popular. They would also include a selection of *Müslis* and other cereals as well as fruit juices. Germans are more likely to drink coffee for breakfast than tea.

Frühstück (englisch)

Frühstück (deutsch)

VERSTEHEN

Which breakfast would you order? Why?

Café Rose

Frühstückskarte

Frühstück Continental 2 Croissants mit Butter, Tee oder Kaffee	DM 6,50
Frühstück Rose 2 Brötchen mit Butter und Marmelade, Käse oder gekochtes Ei, Tee oder Kaffee	DM 8,00
Frühstück Spezial Müsli mit Joghurt, Orangensaft, 2 Brötchen mit Butter und Marmelade, Käse, Schinken, gekochtes Ei, Tee oder Kaffee	DM 12,50
Frühstück Extra 2 Eier mit Speck, Toast, Tee oder Kaffee	DM 10,20

AUFGABEN

1 Listen to the five people on the tape. What would they like more of?

2 Match up the phrases below with the appropriate responses.

a) Noch Kaffee?	i) Auch gut, danke.
b) Wie geht es Ihnen?	ii) Hier, bitte.
c) Und Ihnen?	iii) Ja bitte.
d) Guten Morgen!	iv) Nein, Kaffee bitte.
e) Haben Sie Ihren Paß?	v) Gut, danke.
f) Möchten Sie Tee?	vi) Guten Morgen!

3 Make up mini dialogues as in the examples.

cornflakes/muesli	Cornflakes oder Müsli?	Müsli, bitte.
a) honey/jam	....	....
b) tea/coffee	....	....
coffee ✓	Möchten Sie noch Kaffee?	Ja, bitte
toast ✗	Möchten Sie noch Toast?	Nein, danke.
c) tea ✗	....	....
d) marmelade ✓	....	....
e) muesli ✓	....	....

4 *Wie geht es Ihnen?*

SITUATION C: *Frau Schmiedinger reserviert telefonisch ein Zimmer*

ZUM START

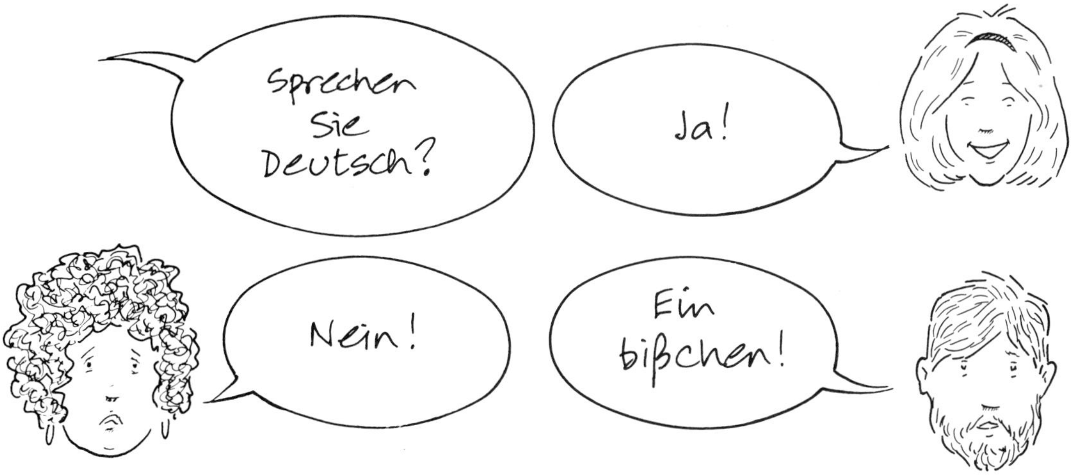

Und Sie?

Sprechen Sie Deutsch?
- ☐ ja
- ☐ nein
- ☐ ein bißchen

Sprechen Sie Englisch?
- ☐ ja
- ☐ nein
- ☐ ein bißchen

Sprechen Sie Französisch?
- ☐ ja
- ☐ nein
- ☐ ein bißchen

Sprechen Sie Spanisch?
- ☐ ja
- ☐ nein
- ☐ ein bißchen

SCHLÜSSELWÖRTER

sprechen Sie Deutsch?	*do you speak German?*
ein bißchen	*a little*
Zimmer frei	*vacancy*
Einzelzimmer	*single room*
Doppelzimmer	*double room*
mit Bad	*with bath*
ohne Bad	*without bath*
wir reservieren	*we reserve, book*
im Moment	*at the moment*
heute	*today*
heute abend	*tonight*
ich bin	*I am*
Sie sind	*you are*
ich komme nach London	*I am coming to London*
phantastisch	*fantastic*

KONVERSATION: HÖREN

Listen and underline the correct answer.

Frau Schmiedinger is now in (London/Leipzig). She is coming to Manchester (now/tonight). She would like a (single/double) room (with/without) a bathroom.

KONVERSATION: LESEN UND HÖREN

WIRT: *Hello, Redhill Guesthouse.*
FRAU SCHMIEDINGER: Guten Tag. Sprechen Sie Deutsch?
WIRT: Ja, ein bißchen.
FRAU SCHMIEDINGER: Phantastisch! Mein Name ist Schmiedinger, und ich bin im Moment in London und komme heute abend nach Manchester. Haben Sie ein . . . .?
WIRT: Ein . . . . oder ein . . . . ?
FRAU SCHMIEDINGER: Ein . . . . , bitte.
WIRT: Mit oder ohne . . . . ?
FRAU SCHMIEDINGER: Mit . . . . , bitte.
WIRT: Mit . . . ., ja. Und Sie sind Frau . . . ?
FRAU SCHMIEDINGER: Schmiedinger.
WIRT: OK, Frau Schmiedinger. Wir . . . . das . . . . für Sie.
FRAU SCHMIEDINGER: Danke. Auf Wiederhören.
WIRT: Auf Wiederhören.

Words which have to do with the B & B (see **Schlüsselwörter***) have been left out.*

ERKLÄRUNGEN

Long nouns

The Germans like long words (cf. single room Einzelzimmer*). The gender of a long noun is the same as the gender of the last component of the noun:*

das Zimmer, das Einzelzimmer
die Nummer, die Paßnummer

How to say 'a'/'an'

Apart from the definite articles (der, die, das) *there are also indefinite articles. They are* ein *for masculine and neuter and* eine *for feminine.*

der Paß (m)	*the passport*	ein Paß	*a passport*
die Nummer (f)	*the number*	eine Nummer	*a number*
das Zimmer (n)	*the room*	ein Zimmer	*a room*

Sein *(to be)*

Bin, ist, sind *are all forms of the same irregular verb* sein. Sein *is the form of the verb which you will find in the dictionary.*

ich	bin	*I am*	Ich bin in London.
du	bist	*you are (informal)*	
er	ist	*he is*	Mein Name ist Kleiber.
sie	ist	*she is*	
es	ist	*it is*	
Sie	sind	*you are (formal)*	Sie sind Frau Schmiedinger? Sind Sie Frau Schmiedinger?

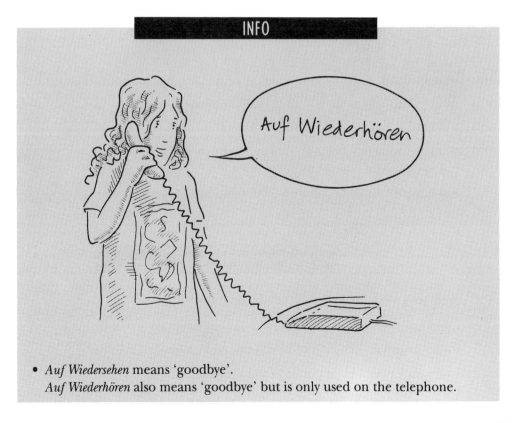

INFO

- *Auf Wiedersehen* means 'goodbye'.
  Auf Wiederhören also means 'goodbye' but is only used on the telephone.

VERSTEHEN

Find out as many details as you can about the Holland Court Hotel.

Das neu renovierte

HOLLAND COURT HOTEL · LONDON

im Zentrum von London und nur wenige Minuten zu Fuß zur High Street Kensington, Hyde Park. Alle Zimmer komplett mit Bad, Kabelfernsehen mit Teletext, Minibar, eigenem Telefon, Bügelservice etc. Lift zu allen Stockwerken. Exklusiv-Bar für Gäste, Wintergarten, Einzelzimmer £ 53, Doppelzimmer £ 65,–, Suite £ 90,–. Alle Preise inkl. englischem Frühstück und MwSt. Für Reservierungen wenden Sie sich bitte an

HOLLAND COURT HOTEL

31–33 Holland Road, Kensington Olympia London W14 8HJ
Telefon 0044/71/3711133 · Fax 0044/71/6029114

AUFGABEN

1 *Bin, ist, sind?* Fill in the correct form of the verb *sein.*

a) Ich . . . . . Emma Klein.

b) . . . . . Sie Herr Meier? Nein, mein Name . . . . . Kleiber.

c) Ich . . . . . im Moment in München.

d) Frau Schmiedinger . . . . . in London.

2 Find ten words which might come in useful at a hotel or Bed and Breakfast.

D	K	S	X	S	D	F	I	G	J	B	F
B	O	B	F	R	Ü	H	S	T	Ü	C	K
L	K	P	A	S	S	V	V	V	D	S	Y
N	U	S	P	L	W	E	P	Ü	A	S	I
P	R	T	Z	E	M	N	M	N	B	T	E
E	I	N	Z	E	L	Z	I	M	M	E	R
N	T	R	O	F	N	Z	O	O	O	O	F
S	N	E	R	T	O	P	I	S	R	S	Ä
I	X	W	I	L	L	K	O	M	M	E	N
O	S	N	U	M	M	E	R	Ü	M	D	S
N	B	D	T	R	Z	K	I	M	N	E	Y
B	N	E	R	E	I	V	R	E	S	E	R

3 You are working at a Bed and Breakfast. Say something appropriate in German, then listen to the tape.

a) *(Doorbell rings)*

GAST: Guten Tag.
SIE: . . . .
GAST: Haben Sie ein Einzelzimmer frei?
SIE: . . . .
GAST: Ohne Bad, bitte.

b) *(Telephone rings)*

GAST: Guten Tag. Sprechen Sie Deutsch?
SIE: . . . .
GAST: Haben Sie ein Zimmer frei für heute nacht?
SIE: . . . .
GAST: Ein Doppelzimmer.

Kapitel Zwei

2 TOURISTENINFORMATION

SITUATION A: *Ein Tag in der Touristeninformation in Rochester*

ZUM START

Try to write the numbers in the correct order, then listen to check.

null	....		**1** eins		**7** sieben
....	....	**9** neun		**4** vier	
....	....		**5** fünf		
....	....	**3** drei		**6** sechs	
....	....		**10** zehn		**8** acht
....		**0** ~~null~~		**2** zwei	

Listen again and practise saying the numbers aloud.

Now make a note of your telephone number: Meine Telefonnummer ist ....

SCHLÜSSELWÖRTER

ein Angestellter	*employee (m)*
eine Angestellte	*employee (f)*
kann ich Ihnen helfen?	*can I help you?*
ein Zimmer suchen	*look for a room*
die Adresse	*address*
die Telefonnummer	*telephone number*
die Woche, für eine Woche	*week, for one week*

mein Mann	*my husband*
meine Frau	*my wife*
mein Vater	*my father*
meine Mutter	*my mother*
das deutsche Konsulat	*the German consulate*
kommen (aus)	*come (from)*
ach, interessant	*oh, interesting*

KONVERSATION: HÖREN

Listen to four scraps of conversation at the Tourist Office and complete the phrases below.

a) Ja, ... Sie ein Hotel oder eine Pension?

b) Die Telefonnummer ist ....

c) Guten Tag, kann ich Ihnen .... ?

d) Meine .... kommt aus Hamburg.

KONVERSATION: LESEN UND HÖREN

Put the phrases above into the correct conversation.

TOURIST: Guten Tag.
ANGESTELLTE: ....

TOURIST: Wir suchen ein Doppelzimmer für eine Woche.
ANGESTELLTE: ....

ANGSTELLTE: Das deutsche Konsulat – Moment. Hier ist die Adresse und .....
TOURIST: Danke.

TOURIST: Sie sprechen sehr gut Deutsch!
ANGESTELLTE: Es geht. ....
TOURIST: Ach, interessant! Meine Frau kommt auch aus Hamburg. Ich bin Berliner.

ERKLÄRUNGEN

Mein Mann/meine Frau

Mein/meine *works in the same way as* ein/eine.

mein Mann (m)	*my husband*
meine Frau (f)	*my wife*
mein Baby (n)	*my baby*

How to say 'I', 'we', 'you' etc.

sie *with a small 's' can mean 'she' or 'they'. The verb form is different in each case.* Sie *with a capital 'S' means formal 'you' in the singular and plural. You will not need the forms for* du *and* ihr *in your job unless speaking to a child.*

Verbs

		komm**en** *(to come)*	reservier**en** *(to reserve)*
I	ich	komm**e**	reservier**e**
you (informal sing)	du	komm**st**	reservier**st**
he	er	kommt	reserviert
she	sie	kommt	reserviert
it	es	kommt	reserviert
we	wir	komm**en**	reservier**en**
you (informal pl)	ihr	kommt	reserviert
they	sie	komm**en**	reservier**en**
you (formal sing+ pl)	Sie	komm**en**	reservier**en**

This is how all regular verbs work in German.

AUFGABEN

1 Four people will give you their passport numbers. Write them below.
Wie ist Ihre Paßnummer?

a) Meine Paßnummer ist 4 0 0 . . . .

b) Meine Paßnummer ist . . . .

c) Meine Paßnummer ist . . . .

d) Meine Paßnummer ist . . . .

2 You have been asked for various telephone numbers.

a) Pension 'Castleview' (689430)
sechs acht . . . .

b) Museum (776501)
. . . .

c) Hotel 'Jollyday Inn' (297825)
. . . .

3 Match up the columns to make correct sentences.

a) Ich	i) reserviert das Zimmer für Sie.
b) Herr Kleiber	ii) komme aus Manchester.
c) Wir	iii) bin Frau Schmidt.
d) Herr und Frau Meier	iv) kommt aus Köln.
e) Ich	v) kommen heute nach London.
f) Meine Kollegin	vi) suchen ein Doppelzimmer.

4 You are working at the Tourist Office. Which of these phrases can you say in German?

Good morning!
Can I help you?
The phone number is 45 76 89.
Welcome to England!
Would you like a hotel or a B & B?
Goodbye!

Now listen to the tape and practise your pronunciation.

SITUATION B: *Ein Tourist möchte Informationen über Rochester*

ZUM START

Read, listen and repeat.

11 elf **12** zwölf **13** dreizehn **14** vierzehn **15** fünfzehn

16 sechzehn **17** siebzehn **18** achtzehn **19** neunzehn **20** zwanzig

Mathe-Test

neun + drei = ...

zwanzig – sieben = ...

vier × vier = ...

34÷2 = ...

SCHLÜSSELWÖRTER

Informationen über Rochester	*information about Rochester*
die Stadt	*town, city*
der Stadtplan	*street map*
die Broschüre	*brochure*
der Stadtführer	*guide book*
die Sehenswürdigkeiten (pl)	*sights*
wir sind hier	*we are here*
was ist das?	*what's that?*
das ist . . .	*that is . . .*
kosten	*cost*
gratis	*free, gratis*
aber ich habe nur £20	*but I have only £20*
kein Problem	*no problem*
zurück	*(money) back, change*

KONVERSATION: HÖREN

The German tourist leaves the Tourist Office with three items. What are they and how much do they cost?

£

item 1

item 2

item 3

KONVERSATION: LESEN UND HÖREN

The word ist *has been left out throughout the text. Where does it go?*

TOURIST: Guten Tag. Haben Sie Informationen über Rochester?
ANGESTELLTER: Ja, hier eine Broschüre – und hier ein Stadtplan. Wir sind hier.
TOURIST: Danke. Und was das hier?
ANGESTELLTER: Das ein Stadtführer mit Informationen über Hotels, Restaurants und Sehenswürdigkeiten. Der kostet drei Pfund. Die Broschüre und der Stadtplan sind gratis.
TOURIST: Ja gut . . . aber ich habe nur zwanzig Pfund.
ANGESTELLTER: Das kein Problem, siebzehn Pfund zurück.

ERKLÄRUNGEN

Plurals

In English the plural of a noun is (almost) always formed by adding an 's' to the noun. In German there are different ways to form the plural. Two very common ones are to add -(e)n: Information**en**, Broschür**en**, *and to add* -s (as in English): Hotel**s**, Restaurant**s**.

The definite article in the plural is always die.

Singular	*Plural*
der Herr (m)	**die** Herr**en**
die Information (f)	**die** Information**en**
das Hotel (n)	**die** Hotel**s**

Kosten *(to cost)*

This is a regular verb which is normally only used in the third person singular or plural.

eine Broschüre kostet £3 *(singular)*
zwei Broschüren kosten £6 *(plural)*

INFO

- You may find that Germans write numbers differently. If a German customer pays by Eurocheque or needs to write an amount in figures, remember that he/she will probably cross the figure seven as shown.

  They will also add a ‘tail’ to the figure one as shown.

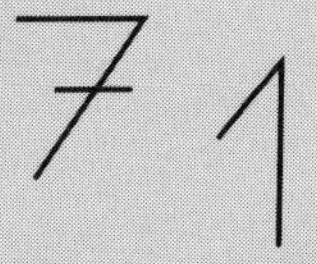

  As a result, they may mistake an English 7 for a 1.
- When saying or writing an address, Germans put the number of the building after the name of the street:

  Die Adresse ist Oxford Street 17. Die Adresse ist Lange Straße 5.

VERSTEHEN

What does the Mini-Guide contain?

England
MINI-GUIDE
CITY OF
ROCHESTER
UPON MEDWAY
Dickens Country
Stadtplan: Landkarte der Umgebung:
Sehenswürdigkeiten: Ausflugsziele

AUFGABEN

1 Tick the numbers you hear.

0 1 2 3 4 5 6 7 8 9 10 11

12 13 14 15 16 17 18 19 20

2 Listen to the cassette and complete the addresses.

a) Die Adresse ist Oxford Street . . . . .

b) Die Adresse ist Hauptstraße . . . . .

c) Die Adresse ist Ludwig-van Beethoven-Ring . . . . .

d) Die Adresse ist Schillerplatz . . . . .

3 *Kostet* or *kosten*?

a) Hier sind zwei Broschüren. Die . . . . DM 3,–.

b) Hier ist ein Stadtplan. Der . . . . DM 11,–.

c) Ein Einzelzimmer ohne Bad . . . . £13.

d) Drei Stadtpläne . . . . £9.

4 Answer the questions below, using the model and the prices given, but be realistic!

a) Was kostet die Brochüre, bitte? *Die Broschüre kostet ein Pfund.*

b) Was kostet der Stadtführer, bitte?

c) Was kostet ein Doppelzimmer?

d) Was kostet der Hotelprospekt?

e) Was kostet der Stadtplan, bitte?

Prices: £3, £15, £4, £1, gratis.

5 *Rollenspiel:* practise, listen to the tape and practise again.

Tourist: Guten Tag.
Sie: *(Say hello, can I help you?)*
Tourist: Haben Sie Informationen über Manchester?
Sie: *(Say yes, a brochure, here you are.)*
Tourist: Danke. Auf Wiedersehen.
Sie: *(Say goodbye.)*

SITUATION C: *Ein Tourist möchte Informationen über Sehenswürdigkeiten*

ZUM START

Match up the words and pictures.

a) die Burg
b) die Kathedrale
c) das Café
d) das Museum
e) der Park
f) das Restaurant

i)

ii)

iii)

iv)

v)

vi)

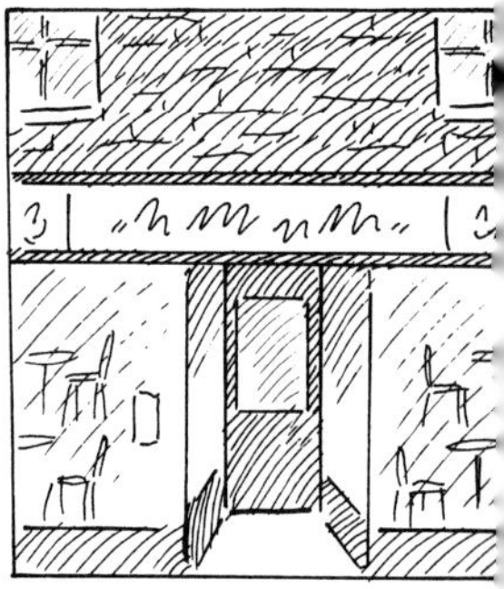

SCHLÜSSELWÖRTER

was gibt es in Rochester zu sehen?	*what is there to see in Rochester?*
es gibt/da ist	*there is*
wo ist . . . ?	*where is . . . ?*
wo ist die Kathedrale?	*where is the cathedral?*
die Straße	*street*
vielen Dank (cf. Danke)	*many thanks*
natürlich	*of course*

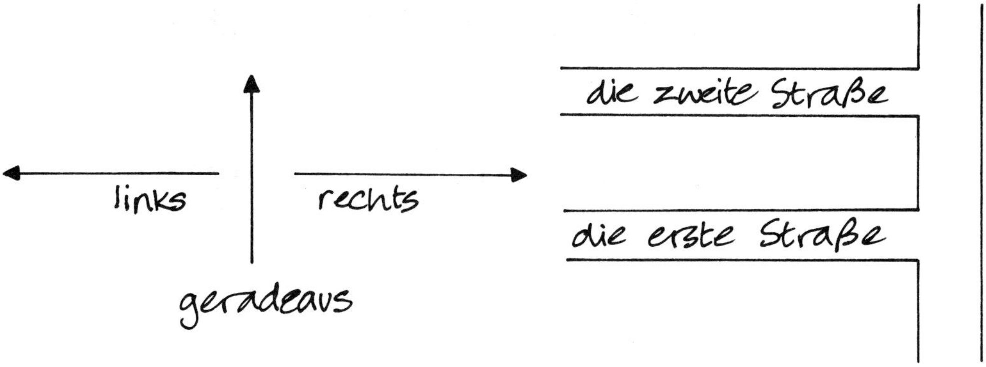

KONVERSATION: HÖREN

Listen and name the tourist attraction described.

a) You have to go to the High Street: . . . .

b) You have to go left: . . . .

c) You have to go right and take the first street to the left: . . . .

d) You have to go right and take the second street to the left: . . . .

KONVERSATION: LESEN UND HÖREN

Read and check the **Konversation: Hören** *exercise.*

TOURIST: Guten Tag.
ANGESTELLTE: Guten Tag, kann ich Ihnen helfen?
TOURIST: Was gibt es in Rochester zu sehen, bitte?
ANGESTELLTE: Ja, da ist die Burg, die Kathedrale, das Dickens-Museum, die Cafés und Restaurants . . .
TOURIST: Haben Sie eine Broschüre?
ANGESTELLTE: Natürlich, hier bitte.
TOURIST: Und wo ist die Kathedrale?
ANGESTELLTE: Hier rechts und die erste Straße links.
TOURIST: Und das Dickens-Museum?
ANGESTELLTE: Das ist hier links . . .
TOURIST: Und wo ist die Burg, bitte?
ANGESTELLTE: Hier rechts und die zweite Straße links.
TOURIST: Vielen Dank! Ach – und wo finde ich ein gutes Café?
ANGESTELLTE: Die Cafés sind in der High Street.
TOURIST: In der High Street. Gut, vielen Dank.
ANGESTELLTE: Bitte sehr. Auf Wiedersehen.

ERKLÄRUNGEN

Sein *(to be)*

ich **bin**	*I am*	wir **sind**	*we are*
du bist	*you are*	ihr seid	*you are*
er **ist**	*he is*	sie **sind**	*they are*
sie **ist**	*she is*	Sie **sind**	*you are (formal)*
es **ist**	*it is*		

Haben *(to have)*

ich **habe**	*I have*	wir **haben**	*we have*
du hast	*you have*	ihr habt	*you have*
er **hat**	*he has*	sie **haben**	*they have*
sie **hat**	*she has*	Sie **haben**	*you have (formal)*
es **hat**	*it has*		

You should try to memorise the verb forms highlighted in bold.

INFO

- *bitte* – this little word has several meanings, which are summarised below:
  1. *bitte* means 'please'
     Haben Sie Informationen über Rochester, bitte?
  2. *(hier) bitte* means 'here you are' (when handing something over)
     Haben Sie Ihren Paß? – Ja, hier bitte.
  3. *bitte* means 'you are welcome' (as a reply to *Danke*)
     Vielen Dank. Bitte!
  4. *bitte sehr/bitte schön* can mean 'here you are' and 'you are welcome' and also 'Can I help you?' (in a shop)
     Bitte schön? Eine Broschüre, bitte.

VERSTEHEN

Listen to the instructions on the tape. Where do you end up?

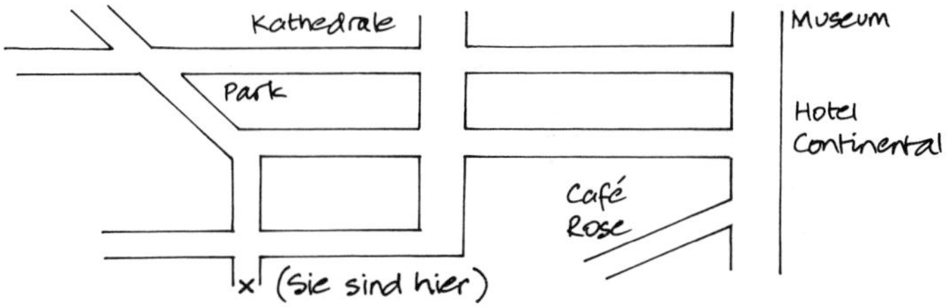

AUFGABEN

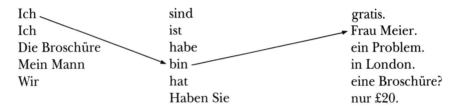

1 Match up the columns to make sentences.

Ich	sind	gratis.
Ich	ist	Frau Meier.
Die Broschüre	habe	ein Problem.
Mein Mann	bin	in London.
Wir	hat	eine Broschüre?
	Haben Sie	nur £20.

2 Give the following directions.

a)  Geradeaus!

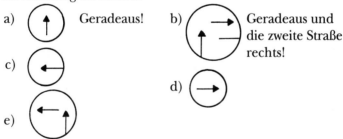

b) 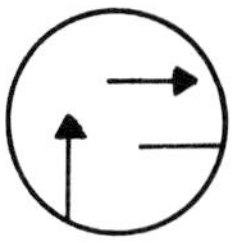 Geradeaus und die zweite Straße rechts!

c) 

d) 

e) 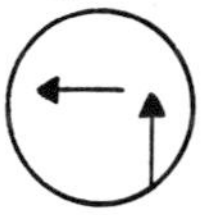

3 Complete the conversation using any appropriate phrases.

TOURISTIN: Guten Tag.
ANGESTELLTER: Guten . . . .
TOURISTIN: Was gibt es in . . . . zu sehen, bitte?
ANGESTELLTER: Da ist . . . .
TOURISTIN: Haben Sie . . . .?
ANGESTELLTER: Ja, ...
TOURISTIN: Vielen Dank. Wo ist . . . .?
ANGESTELLTER: . . . .
TOURISTIN: Und wo ist . . . .?
ANGESTELLTER: . . . .
TOURISTIN: Gut, vielen Dank.
ANGESTELLTER: . . . . Auf Wiedersehen.

Kapitel Drei

3

IN DER KNEIPE

SITUATION A: *Eine Familie aus Deutschland kommt in den Pub*

ZUM START

Trinken Sie gern Cola? *(Tick the drinks you like.)*

der Apfelsaft | die Limonade | der Whisky

das Bier | das Mineralwasser

der Rotwein | der Schnaps | der Weißwein

der Gin | der Orangensaft | die Cola

SCHLÜSSELWÖRTER

wir möchten bestellen	*we would like to order*
an der Theke	*at the bar*
das Glas	*glass*
die Gläser	*glasses*
das macht (=das kostet)	*it comes to*
groß/klein	*big/small*
die Kinder müssen in den Garten gehen	*the children must go to the garden*
warum?	*why?*
das ist Gesetz	*it is the law*
es tut mir leid	*I am sorry*

KONVERSATION: HÖREN

Die Familie bestellt zwei Gläser . . . . ,
ein Glas . . . . und ein . . . .
Es kostet £ . . . .

KONVERSATION: LESEN UND HÖREN

Decide in which order the parts of the conversation go, then listen to check.

1

GAST: Wir möchten zwei Gläser Limonade, ein Glas Orangensaft und ein Bier.
WIRT: Groß oder klein?
GAST: Groß, bitte.

2

WIRT: Die Kinder müssen in den Garten gehen.
GAST: Warum?
WIRT: Das ist Gesetz in England.

3

GAST: Hallo, wir möchten bestellen!
WIRT: Bestellen Sie bitte an der Theke.

4

WIRT: Das macht vier Pfund zwanzig.
GAST: Hier bitte. Fünf Pfund.
WIRT: Achtzig Pence zurück.

ERKLÄRUNGEN

Möchte(n)

This means 'would like'.

ich möcht**e**	*I would like*
er/sie möcht**e**	*he/she would like*
wir möcht**en**	*we would like*
möcht**en** Sie . . . ?	*would you like?*

More plurals

Another way to form the plural in German is to add -er, *and sometimes words also get an extra* Umlaut *in the plural. In your dictionary and in the glossary of this book you will find plural forms indicated as follows:*

Kind(-er) *which means that the plural of* Kind *is* Kinder.
Glas(¨er) *which means that the plural of* Glas *is* Gläser.

Numbers

Listen and practise the pronunciation.

20 zwanzig	**40** vierzig	**60** sechzig	**80** achtzig
30 dreißig	**50** fünfzig	**70** siebzig	**90** neunzig

INFO

- In a German bar you are served at the table and pay before you leave (giving a tip just as in a restaurant). Children can go into bars as long as they are accompanied by an adult. Young people over 16 can go on their own and order drinks. Bars do not close until between 12 and 2 o'clock at night. Germans may be surprised to find that English pubs are different.
- The word *Bier* normally means 'lager' to a German.

VERSTEHEN

Lager (pint)	£1.40
Cider	£1.20
Lemonade	50p
Fruit juice	50p
Wine (per glass)	£1.10
Cognac	£1.30

Bitte kalkulieren Sie die Preise!

a) Zwei Bier, ein Orangensaft – das macht drei Pfund dreißig

b) Zwei Limonaden, ein Cognac, ein Rotwein

c) Drei Gläser Orangensaft, drei Gläser Tomatensaft, ein Bier

d) Zwei Weißwein, zwei Cognacs

e) Zwei Rotwein, zwei Bier, eine Limonade, ein Orangensaft

Listen to the tape and practise your pronunciation of the answers given.

AUFGABEN

1 *80 Pence zurück!* Make a note in figures of how much change is given.

2 *Trinken* (to drink) is a regular verb just like *kommen* and *reservieren.* Write out all its forms by making mini-sentences.

Ich	trink**e** Kaffee
Du	trink. . .
Herr Meier	. . . .
Frau Meier	. . . .
Das Baby	. . . .
Wir	. . . .
Ihr	. . . .
Peter und Paul	. . . .
	. . . . Sie . . . . ?

Das Baby trinkt whisky!

3 *Rollenspiel*

GAST: Wir möchten bestellen, bitte.
SIE: *(Yes, at the bar, please.)*
GAST: Also, ein Bier, ein Glas Rotwein und zwei Cola, bitte.
SIE: *(How would you like the beer – big or small?)*
GAST: Klein, bitte.
SIE: *(That comes to £3.10.)*
GAST: Müssen die Kinder in den Garten gehen?
SIE: *(Yes, I'm sorry, it's the law.)*

Now listen to the model dialogue on the tape and practise again.

SITUATION B: *Herr und Frau Sievers sind im Pub und möchten essen*

ZUM START

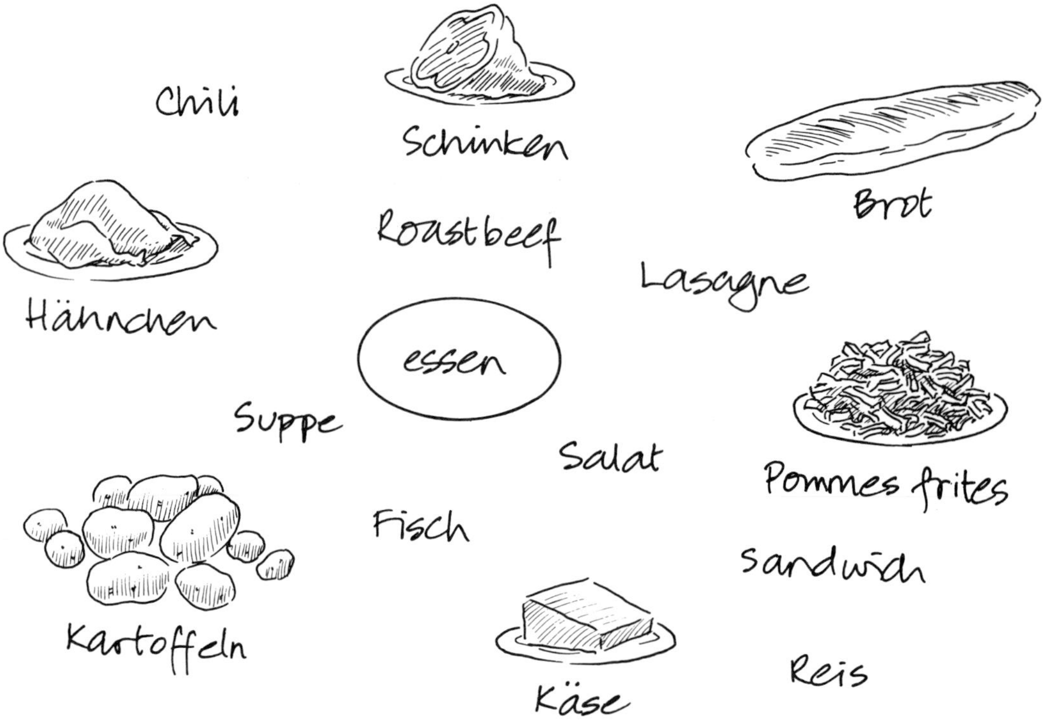

Was paßt zusammen? *(What goes with what?)*

Zum Beispiel: Sandwich mit Käse und Schinken

Try and make dialogues.
Zum Beispiel: Ich möchte Lasagne mit Salat, bitte. Ja, sofort! *(straight away)*

SCHLÜSSELWÖRTER

die Speisekarte	*menu*
Hähnchenstücke, paniert	*pieces of chicken in breadcrumbs*
das nehme ich	*I'll have that*
keine Pommes frites, lieber Salat	*no chips, I prefer salad*
geht das?	*is that possible?*
wenn es geht	*if that's possible*
der Herr	*the gentleman*
die Dame	*the lady*
zahlen	*pay*
sofort	*straight away*

KONVERSATION: HÖREN

Korrekt oder nicht korrekt?

a) The woman orders chicken nuggets and a salad.

b) The man orders a cheese sandwich and a salad.

c) The bill comes to £6.20.

d) They are asked to pay straight away.

KONVERSATION: LESEN UND HÖREN

Fill in the blanks to complete the dialogue.

HERR SIEVERS: Wir möchten die Speisekarte, bitte.
WIRT: Hier, bitte.

WIRT: Möchten Sie bestellen?
FRAU SIEVERS: Ja. *Chicken Nuggets*, was ist das?
WIRT: Das sind ...., paniert.
FRAU SIEVERS: Gut. Das nehme ich, aber ich möchte keine Pommes frites, lieber .... Geht das?
WIRT: Ja, natürlich. Und was möchte der Herr?
HERR SIEVERS: Ein ...., bitte. Und einen Salat.
WIRT: Das macht ....
FRAU SIEVERS: Wir .... sofort?
WIRT: Ja, wenn es geht.

ERKLÄRUNGEN

Einen Salat

If a noun is the object of a sentence rather than the subject, the masculine article is different. This is the case when a noun is following a verb like ich habe, ich möchte, es gibt.

noun is subject	*noun is object*
Ein Salat kostet £2.	Ich möchte **einen** Salat. (m)
Eine Suppe kostet £3.	Ich möchte **eine** Suppe. (f)
Ein Steak kostet £5.	Ich möchte **ein** Steak. (n)

This is called the ***accusative****.*
Please complete the following sentences with the correct indefinite article.

Ich möchte .... Tee(m).
Ich möchte .... Limonade (f).

Ich möchte .... Bier (n).
Es gibt .... Park (m) in Rochester.
Es gibt .... Kathedrale (f) in Rochester.
Es gibt .... Museum (n) in Rochester.

INFO

- When writing numbers, the Germans put a comma where the English would put a decimal point. And they put a point where the English would put a comma.

German **£3,50** English **£3.50**

German **1.000.000** English **1,000,000**

VERSTEHEN

What is on offer today?

Heute:

Fischfilet
mit Petersilienkartoffeln
in Butter

dazu ein Glas Weißwein

DM 15,50

AUFGABEN

1 *Essen oder trinken?* Sort out which of the following words you can eat and which you can drink.

der Schinken der Rotwein die Milch die Schokolade der Saft das Steak
die Orange das Hähnchen die Kartoffel der Reis der Schnaps
der Apfelwein die Cola das Wasser die Suppe das Brot der Käse

2 *Keine Pommes frites* ✗, *lieber Salat* ✓ Listen to the tape and decide what the people do not want and what they want instead.

a)	✗	✓	b)	✗	✓
c)	✗	✓	d)	✗	✓
e)	✗	✓	f)	✗	✓

3 Write out what the people have ordered and then tell your colleague.

Frau Schmidt	Herr Sievers	Familie Meier	Frau Klein
Orangensaft, Schinkenbrot	Suppe, Whisky	Cola, Limonade, Rotwein, Gin	Mineralwasser, Steak, Salat,

Zum Beispiel: Frau Schmidt möchte **einen** Orangensaft und **ein** Schinkenbrot.

4 You do not have a menu. Tell the customer what food and drink your pub offers.
Wir haben Fisch mit Pommes frites, wir haben . . .

SITUATION C: *Der Wirt bringt das Essen*

ZUM START

Listen to the tape and decide in which order the items below are mentioned.

die Gabel ☐

der Löffel [1]

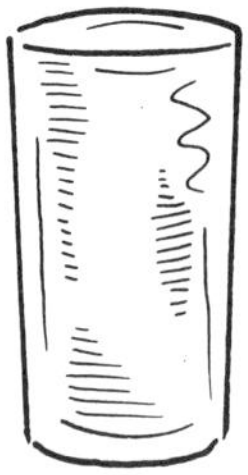

das Glas ☐

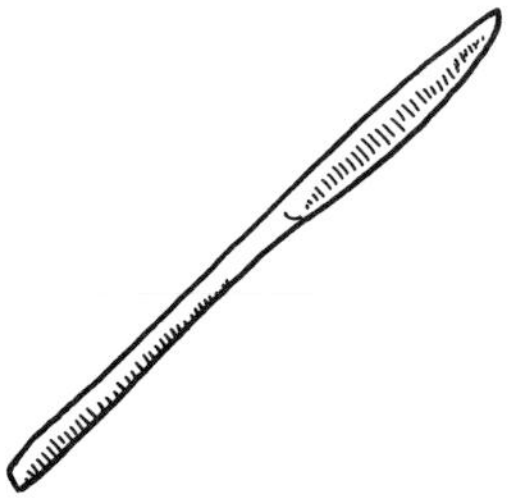

das Messer ☐

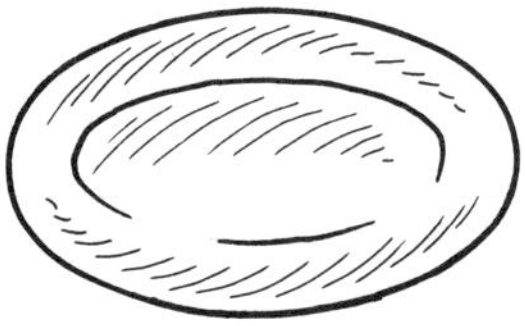

der Teller ☐

die Serviette ☐

die Tasse ☐

SCHLÜSSELWÖRTER

wer bekommt . . . ?	*who is getting . . . ?*
die gebackene Kartoffel	*baked potato*
das Salz	*salt*
der Pfeffer	*pepper*
. . . bringe ich sofort	*I will bring straight away*
das Besteck	*cutlery*
auf dem Tisch dort	*on the table over there*
wo sind die Toiletten?	*where are the toilets?*
hinten	*at the back*
ach so	*I see*

KONVERSATION: HÖREN

Listen to the conversation and tick the phrases as you hear them.

Gabeln, Messer, Löffel und Servietten sind auf dem Tisch dort.
Ich, bitte.
Ja, danke.
Bitte, wir haben kein Besteck.
Ach so, danke . . .
Wo sind die Toiletten, bitte?
Hinten links.
Und die gebackene Kartoffel mit Käse ist für Sie?
So, wer bekommt den Fisch mit Pommes Frites?
Salz und Pfeffer bringe ich sofort.

KONVERSATION: LESEN UND HÖREN

Fill in the following phrases which you might need when working in a pub.

on the table over there   at the back on the left   who is getting . . . ?   I will bring straight away   for you

Wirtin: So – . . . . den Fisch mit Pommes frites?
Herr Klein: Ich, bitte.
Wirtin: Und die gebackene Kartoffel mit Käse ist . . . . ?
Frau Klein: Ja, danke.
Herr Klein: Bitte, wir haben kein Besteck.
Wirtin: Gabeln, Messer, Löffel und Servietten sind . . . .
Salz und Pfeffer . . . .
Herr Klein: Ach so, danke.
Frau Klein: Wo sind die Toiletten, bitte?
Wirtin: . . . .

ERKLÄRUNGEN

Keine Pommes frites, kein Besteck

Kein *in front of a noun means 'no'. It works in exactly the same way as* ein *the only difference is that it also exists in the plural.*

noun is object of sentence

Ich möchte keinen Salat. (m) *(I want no salad or: I don't want any salad)*
Ich möchte keine Butter. (f)
Ich möchte kein Brot. (n)
Ich möchte keine Pommes frites. (pl)

Complete the following complaints:

Ich habe .... Teller! (m) *(I have no plate)*
Ich habe .... Gabel! (f) *(I have no fork)*
Ich habe .... Glas! (n) *(I have no glass)*
Ich habe .... Oliven! (pl) *(I have no olives)*

Now practise with all the words from the **Zum Start** *section.*

e.g. Ich habe kein Glas! Oh, das tut mir leid! *(I am sorry)*

Wer bekommt den Fisch?

The definite article der *becomes* den *when used in front of a direct object (the accusative).*

noun is subject	*noun is object*
Der Fisch ist gut.	Wer bekommt **den** Fisch? (m)
Die Suppe ist gut.	Wer bekommt **die** Suppe? (f)
Das Steak ist gut.	Wer bekommt **das** Steak? (n)
Die Spaghetti sind gut.	Wer bekommt **die** Spaghetti? (pl)

Now look at your list of things to eat and drink from Aufgabe 1 *on p. 32 and make up dialogues.*

Wer bekommt die Wurst?
Ich bitte!

VERSTEHEN

Finden Sie das Äquivalent in Deutsch auf der Speisekarte.

a) Four (two pairs) pork sausages

b) Farmer's salad with chillies and sheep's cheese

c) Mixed salad

d) Mixed salad with tuna

e) Salad with ham, egg, tuna and olives

f) Baked Camembert

1 Gemischter Salat	5,–
2 Gemischter Salat mit Thunfisch .	6,50
3 Bauernsalat mit Peperoni u. Schafskäse	10,50
4 Nizza-Salat .... mit Schinken, Ei, Thunfisch und Oliven	11,50
5 Camembert gebacken	7,80
6 2 Paar Schweinswürstl mit Kraut . .	7,80

AUFGABEN

1 Unscramble these sentences, then listen to them on the tape.

a) keine ich Gabel habe

b) möchten bestellen wir

c) möchte Bier einen und Salat ein ich

d) Gesetz ist das in England

e) sind wo Toiletten die?

f) Besteck das dort ist auf dem Tisch

2 Please match up the following sentences.

a) Wo sind die Toiletten?	i) Das Salz ist auf dem Tisch dort.
b) Wir haben kein Salz.	ii) Das ist Brot und Käse mit Salat.
c) Müssen die Kinder in den Garten gehen?	iii) Ja, natürlich. Hier bitte.
d) Ploughman's Lunch, was ist das?	iv) Groß oder klein?
e) Haben Sie eine Speisekarte?	v) Ja, natürlich. Das geht.
f) Ich möchte ein Bier, bitte.	vi) Hinten rechts.
g) Ich möchte keine Kartoffel, lieber Pommes frites. Geht das?	vii) Ja, das ist Gesetz.

3 *Rollenspiel*

SIE: *(Would you like to order?)*
HERR KLEIN: Ja, ein Steak mit Salat, bitte.
SIE: *(And what would the lady like?)*
FRAU KLEIN: Fisch, aber keine Pommes frites, lieber einen Salat. Geht das?
SIE: *(Yes, of course. That comes to £8.40.)*

Now listen to the tape and practise your pronunciation.

Kapitel Vier

IM SCHLOß

SITUATION A: *Eine Touristengruppe kauft Eintrittskarten*

ZUM START

Ich bin ein Jahr alt.
Ich bin 45 Jahre alt.
Ich bin 20 Jahre alt.
Ich bin 68 Jahre alt.
Ich bin 10 Jahre alt.

Who says what?

der Erwachsene   die Rentnerin   der Student   das Kind   das Baby

Und Sie? Wie alt Sind Sie? Ich bin . . . . Jahre alt.

SCHLÜSSELWÖRTER

die Eintrittskarte	*entry ticket*
die Gruppe	*group*
wieviele Personen . . . ?	*how many people . . . ?*
wie alt . . . ?	*how old . . . ?*
10 Jahre alt	*10 years old*
der Führer	*guide (book)*
der Sondertarif	*special rate*
einmal	*once*
zweimal	*twice*
dreimal	*three times*
voller Preis	*full price*
halber Preis	*half price*

KONVERSATION: HÖREN

Korrekt oder nicht korrekt?

a) There is a baby in the group.

b) The child is 12 years old.

c) The person who is buying the tickets is a student.

d) Two people have to pay full price.

e) They buy a guide book.

f) It comes to over £30 altogether.

KONVERSATION: LESEN UND HÖREN

Read and amend your answers to the previous exercise.

TOURIST: Guten Tag, wir möchten Eintrittskarten, bitte.
ANGESTELLTER: Sind Sie eine Gruppe?
TOURIST: Ja.
ANGESTELLTER: Wieviele Personen?
TOURIST: Fünf Erwachsene, ein Kind und ein Baby.
ANGESTELLTER: Das Baby ist gratis. Wie alt ist das Kind?
TOURIST: Elf Jahre.
ANGESTELLTER: Also, fünf Erwachsene und ein Kind.
TOURIST: Gibt es einen Sondertarif für Studenten und Rentner?
ANGESTELLTER: Studenten und Rentner zahlen fünfzig Prozent.
TOURIST: Ich bin Student.
TOURIST 2: Und ich bin Rentner.
ANGESTELLTER: Also, dreimal voller Preis und dreimal halber Preis.
TOURIST: Und einen Führer, bitte.
ANGESTELLTER: Hier bitte. Das macht £26,75.

ERKLÄRUNGEN

Mal

When buying tickets or ordering food, people will quite often say how many times (. . . mal) *they want something.*

einmal voller Preis, bitte	*one full-price (ticket)*
zweimal halber Preis	*two half-price (tickets)*
dreimal nach London	*three (tickets) to London*
viermal Fisch mit Pommes frites	*four fish and chips*

Numbers to 100

Germans say the ones before the tens.
Eins *becomes* ein *when it is part of a higher number.*

21 einundzwanzig	31 ....
22 zweiundzwanzig	42 ....
23 dreiundzwanzig	53 ....
24 vierundzwanzig	64 ....
25 fünfundzwanzig	75 ....
26 sechsundzwanzig	86 ....
27 siebenundzwanzig	97 ....
28 achtundzwanzig	
29 neunundzwanzig	100 (ein)hundert

Write out the numbers on the right yourself, then listen to the cassette.

INFO

- *Schloß/Burg:* A very old castle or fortress is called *eine Burg.* A more elaborate or more recent castle is called *ein Schloß.*

VERSTEHEN

1 *Look at the information below.*

a) What can you visit in Hever apart from the castle?

b) By whom was Dover Castle built?

English Heritage

Entdecken Sie Burg Dover

Von den Römern bis zum 2. Weltkrieg

EINTRITT 1992

1. April-30. September 1992: täglich von 10 bis 18 Uhr geöffnet.
1. Oktober 1992-31. März 1993: täglich von 10 bis 16 Uhr geöffnet.
Letzter Einlaß 1 Stunde vor Schließung.
Erwachsene £4,50, Ermäßigungen £3,50, Kinder £2,30, einschließlich Führungen durch Hellfire Corner. Kostenloser Eintritt für Mitglieder von English Heritage. Sonderpreise für Gruppen.

c) What might be the German for 'reductions'?

d) What might be another word for 'gratis'?

e) Who can enter Dover Castle free of charge?

f) What happens if you are in a group?

2 *You work for Dover Castle. Give the prices in German following the model below.*

e.g. Drei Erwachsene, bitte. Das macht dreizehn Pfund fünfzig.

a) Zwei Erwachsene, bitte.

b) Einmal voller Preis und ein Student!

c) Vier Erwachsene und ein Kind, bitte.

d) Eine Eintrittskarte, bitte. Ich bin bei English Heritage.

AUFGABEN

1 Listen to the tape and complete the price list below.

Schloß Altschwanstein Eintrittspreise

Erwachsene	**DM 9,50**
Schüler und Studenten	**DM**
Rentner	**DM**
Kinder unter 14	**DM**
Kinder unter 5	**DM**
Gruppen (ab 10 Personen)	**DM**
Broschüre	**DM**

2 Find the odd one out.

a) Student – Rentner – Baby – Führer – Kind

b) kostenlos – gratis – frei – fünfmal

c) Schloß – Burg – Zimmer – Kathedrale

d) Gabel – Saft – Messer – Löffel – Teller

e) Hähnchen – Steak – Wurst – Schinken – Käse

f) voller Preis – halber Preis – Römer – Ermäßigung – Sondertarif

3 Write out the numbers for these large groups.

45 *fünfundvierzig* Studenten
73 .... Erwachsene
82 .... Kinder
12 .... Rentner
36 .... Kinder unter 5
11 .... Babies

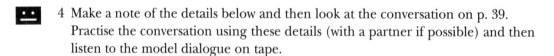

4 Make a note of the details below and then look at the conversation on p. 39. Practise the conversation using these details (with a partner if possible) and then listen to the model dialogue on tape.

Group:	10 adults (two of whom are retired) 3 children (aged 6, 8 and 13), 1 baby
Total Cost:	(including guide book): £59.75

SITUATION B: *Eine Gruppe reserviert per Telefon*

ZUM START

Am Telefon – Guten Tag, ich möchte eine Führung buchen, bitte.
– Ja, für wieviele Personen?
– Für zweiundzwanzig Personen.
– Wann möchten Sie kommen?
– Am Montag um zehn Uhr. Geht das?
– Ja, das geht.
oder – Nein, das geht leider nicht.

am Montag ✓	um 9 Uhr	für 3 Personen
am Dienstag	um 10 Uhr ✓	für 7 Personen
am Mittwoch	um 11 Uhr	für 15 Personen
am Donnerstag	um 14 Uhr	für 22 Personen ✓
am Freitag	um 15 Uhr	für 50 Personen
am Samstag	um 16 Uhr	für 64 Personen
am Sonntag	um 18 Uhr	für 100 Personen

Make up more dialogues. Tick off the items which you have used.

SCHLÜSSELWÖRTER

ich möchte eine Führung buchen	*I would like to book a guided tour*
wann möchten Sie kommen?	*when would you like to come?*
das ist richtig	*that is right*
das geht	*that is possible*
das geht leider nicht	*that is unfortunately not possible*
danke auch	*thanks as well*
Ihre Führerin ist	*your guide is/will be*

KONVERSATION: HÖREN

(✓) Ja, das ist richtig! (✗) Nein, das ist nicht richtig!

a) In der Gruppe sind 21 Personen.
b) Das sind Kinder und Erwachsene.
c) Die Führung ist am Montag.
d) Die Führung ist auf Englisch.

KONVERSATION: LESEN UND HÖREN

Please fill in the blanks with the following words: Deutsch, Englisch, Erwachsene (×2), Gruppe, Mittwoch, Personen (×2)

ANGESTELLTER: *Leeds Castle. Can I help you?*
FRAU KLEIN: Sprechen Sie Deutsch?
ANGESTELLTER: Ja, ein bißchen.
FRAU KLEIN: Mein Name ist Klein. Ich möchte eine Schloß-Führung buchen.
ANGESTELLTER: Ja, ist das für eine . . . . ?
FRAU KLEIN: Ja, das ist richtig.
ANGESTELLTER: Und für wieviele . . . . ?
FRAU KLEIN: Das ist für 21 . . . .
ANGESTELLTER: Und sind das . . . . ?
FRAU KLEIN: Ja, das sind nur . . . .
ANGESTELLTER: Wann möchten Sie kommen?
FRAU KLEIN: Am . . . . , um 10 Uhr. Geht das?
ANGESTELLTER: Ja, das geht. Möchten Sie die Führung auf . . . . ?
FRAU KLEIN: Ja, bitte. Wir sprechen leider kein . . . .
ANGESTELLTER: Gut. Ich reserviere das für Sie. Ihre Führerin ist Frau Reynolds.
FRAU KLEIN: Vielen Dank.
ANGESTELLTER: Danke auch. Auf Wiederhören.
FRAU KLEIN: Auf Wiederhören.

ERKLÄRUNGEN

Am Montag/um 10 Uhr

In order to speak about a specific day you use the preposition am.

am Montag *on Monday*

In order to speak about a specific time you use the preposition um.

um 10 Uhr *at 10 o'clock*

Der Führer/die Führerin

Der Führer *(which also means guide book), is a man working as a guide, whereas* die Führerin, *is a woman working as a guide. Equally:*

der Student	*(student, male)*	die Studen**tin**	*(student, female)*
der Rentner	*(OAP, male)*	die Rentner**in**	*(OAP, female)*
der Wirt	*(landlord)*	die Wirt**in**	*(landlady)*
der Tourist	*(tourist, male)*	die Tourist**in**	*(tourist, female)*

INFO

- *Schüler/Student:* Literally *Schüler* means 'pupil', while *Student* means 'student'. But in Germany, only people who are studying for a degree are called *Student/in.* Everybody else (young people and adults alike) who is doing a course or undergoing training at a school, a college or an academy would be called *Schüler/in.*
- You do not use an article when speaking about your job.
  Ich bin Student *I am a student*

Was sind Sie?	☐ Ich bin Student.	☐ Ich bin Studentin.
	☐ Ich bin Schüler.	☐ Ich bin Schülerin.
	☐ Ich bin Wirt.	☐ Ich bin Wirtin.
	☐ Ich bin Rentner.	☐ Ich bin Rentnerin.
	☐ Ich bin Direktor.	☐ Ich bin Direktorin.

VERSTEHEN

What do you learn about the castle?

Öffnungszeiten		Führungen
Mo, Di, Do, Fr	14–18 Uhr	11 Uhr (nur Sa + So)
Mi	14–16 Uhr	15 Uhr
Sa + So	10–17 Uhr	17 Uhr
		Mittwochs keine Führungen

AUFGABEN

1 Listen to four conversations about booking a guided tour and decide which of the details below go with which conversation. Write a, b, c or d in the boxes below.

group consists mainly of	group size	day	time
[a] Adults	☐ 10	☐ Tuesday	☐ 9.00
☐ Schoolchildren	☐ 34	☐ Thursday	☐ 11.00
☐ University students	☐ 17	☐ Friday	☐ 14.00
☐ OAPs	☐ 83	☐ Saturday	☐ 17.00

2 Match the sentences which go together.

a) Vielen Dank.	i) Nein, Schülerin.
b) Auf Wiederhören.	ii) Danke auch.
c) Sind Sie eine Gruppe?	iii) Nein, das geht leider nicht.
d) Sprechen Sie Deutsch?	iv) Auf Wiederhören.
e) Geht es um 17 Uhr?	v) Ja, das ist richtig.
f) Sind Sie Studentin?	vi) Ja, ein bißchen.

3 Below are some answers given by the visitors to a castle. Work out what the question was which the employee must have asked them.

a) Ja, wir möchten Eintrittskarten, bitte.

b) Ja, wir sind eine Gruppe.

c) Das ist für 15 Personen.

d) 8 Jahre.

e) Am Montag, um 12 Uhr.

f) Nein, auf Deutsch, bitte!

Now listen to the tape and practise your pronunciation.

SITUATION C: *Herr und Frau Schöller kommen ins Schloß-Café*

ZUM START

Words which describe how things are.

Wie ist das? *(Find a suitable adjective to describe the following.)*

Zum Beispiel: Zitrone: sauer

Kaffee London Bier Stonehenge Macclesfield
Brot Milch Honig

SCHLÜSSELWÖRTER

der Kellner	*waiter*
die Kellnerin	*waitress*
das Kännchen	*pot*
schwarz oder mit Milch?	*black or with milk?*
möchten Sie etwas essen?	*would you like something to eat?*
was für Kuchen haben Sie?	*what cakes have you got?*
der Schokoladenkuchen	*chocolate cake*
der Karottenkuchen	*carrot cake*
der Apfelkuchen mit Sahne	*apple pie and cream*
süße Brötchen	*sweet rolls*
Entschuldigung	*excuse me*

KONVERSATION: HÖREN

Was bestellen Herr und Frau Schöller?

- ☐ einen schwarzen Kaffee
- ☐ ein Kännchen Tee
- ☐ einen Kaffee mit Milch
- ☐ einen Apfelkuchen
- ☐ einen Karottenkuchen
- ☐ eine heiße Schokolade
- ☐ ein Glas Tee
- ☐ ein Glas Milch
- ☐ einen Schokoladenkuchen
- ☐ *scones* mit Sahne und Marmelade

KONVERSATION: LESEN UND HÖREN

All the articles have been left out of the conversation below; please fill them in.

KELLNERIN: Guten Tag. Bitte schön?
HERR SCHÖLLER: .... Kaffee, bitte und .... Kännchen Tee.
KELLNERIN: Wie möchten Sie .... Kaffee, schwarz oder mit Milch?
FRAU SCHÖLLER: Mit Milch, bitte.
KELLNERIN: Möchten Sie auch etwas essen?
FRAU SCHÖLLER: Was für Kuchen haben Sie?
KELLNERIN: Wir haben Schokoladenkuchen, Karottenkuchen, Apfelkuchen mit Sahne, und *scones*.
FRAU SCHÖLLER: Was ist das?
KELLNERIN: Das sind süße Brötchen mit Butter, Marmelade und Sahne.
FRAU SCHÖLLER: Gut, ich nehme .... '*sons*'.
KELLNERIN: *Scones*, ja.
HERR SCHÖLLER: Und ich nehme .... Schokoladenkuchen.

FRAU SCHÖLLER: Entschuldigung, ... Kaffee ist kalt.
KELLNERIN: Das tut mir leid. .... Moment, bitte.

KELLNERIN: So. Hier ist .... frischer Kaffee für Sie.

ERKLÄRUNGEN

Kalt, frisch, klein, süß

These are adjectives. You can say:

Der Kaffee ist frisch. Der Kaffee is kalt. Der Kuchen ist süß.

When used in front of a noun, however, the adjectives come with different endings, just like the articles.

Subject Case	**Object Case**
Hier ist ein frisch**er** Kaffee. (m)	Ich möchte einen frisch**en** Kaffee. (m)
Hier ist eine kalt**e** Limonade. (f)	Ich möchte eine kalt**e** Limonade. (f)
Hier ist ein klein**es** Bier. (n)	Ich möchte ein klein**es** Bier. (n)
Das sind süß**e** Brötchen. (pl)	Ich möchte süß**e** Brötchen. (pl)

INFO

- *Tee und Kaffee:* in a coffee-shop in Germany tea would be served either in a heatproof glass *(ein Glas Tee)* or in a pot *(ein Kännchen Tee)*. It is served either with milk *(mit Milch)* or with lemon *(mit Zitrone)*. It is far less common in Germany to drink it with milk. If you want to ask 'black or white?' you will have to say *mit oder ohne Milch?* The expression *Schwarzer Tee* exists but it stands for real tea as opposed to herbal tea.
  Coffee would be served either in a cup *(eine Tasse Kaffee)* or in a pot *(ein Kännchen Kaffee)*. Customers will pour their own milk or cream. *Schwarzer Kaffee* does mean black coffee, but there is no corresponding expression for white coffee. So if you want to ask 'black or white?' you would say *schwarz oder mit Milch?*

VERSTEHEN

What is on offer today?

1 Kännchen Tee oder
Kaffee
oder 1 heiße Schokolade
und 1 Stück Schwarzwälder
Kirschtorte
oder 1 Stück Apfelkuchen
mit Sahne

DM 6,50

AUFGABEN

1 Add the missing endings.

a) die Schokolade	Hier ist ein.. heiß.. Schokolade.
b) der Kaffee	Hier ist ein.. schwarz.. Kaffee.
c) die Milch	Hier ist ein.. kalt.. Milch.
d) das Bier	Hier ist ein.. klein.. Bier.
e) der Whisky	Ich möchte ein.. groß.. Whisky!

2 Please react to the complaints. Then listen to the tape.

a) Entschuldigung, der Kaffee ist kalt.
   Das tut mir leid. Einen Moment, bitte.
   Hier ist ein frischer Kaffee.

b) Entschuldigung, das Bier ist warm!

c) Entschuldigung, der Kuchen ist nicht frisch!

d) Hallo, das ist ein kleines Bier. Ich möchte ein großes!

e) Hallo, das ist Apfelkuchen. Ich möchte Karottenkuchen.

3 *Was möchten die Personen?* Decide what these people want.

a) Wir möchten bestellen.	i) a piece of cake
b) Ich möchte ein Kännchen Tee.	ii) pay
c) Wir möchten bezahlen.	iii) order
d) Ich möchte ein Stück Kuchen.	iv) a pot of tea
e) Mein Mann möchte einen schwarzen Tee.	v) a tea (not herbal tea)

4 Please unjumble the dialogue.

- • Zehn Tassen Kaffee, fünf Kännchen Tee und fünf heiße Schokoladen.
- • Danke.
- – Wir haben Apfelkuchen mit Sahne oder Rosinenkuchen.
- – Ja, dort hinten.
- – Möchten Sie bestellen?
- • Also, 20 mal Apfelkuchen, bitte.
- • Ja, was für Kuchen haben Sie?
- • Und was möchten Sie trinken?
- • Haben Sie einen Tisch für 20 Personen?

Kapitel Fünf

IM HOTEL

SITUATION A: *Familie Teuchert kommt in ihr Hotel in Windermere*

ZUM START

Listen to the tape and tick what the German tourists want.

ein Einzelzimmer	mit	Bad	für	eine Nacht
ein Doppelzimmer		Dusche		zwei Nächte
ein Dreibettzimmer		Balkon		drei Nächte
		Fernseher		eine Woche
		Telefon		zwei Wochen
		Kinderbett		

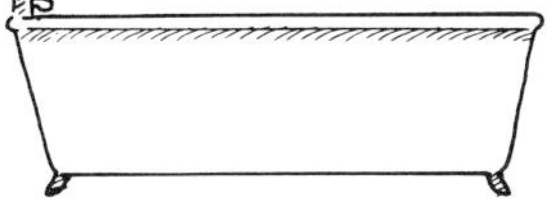

das Bad

die Dusche

der Balkon

der Fernseher

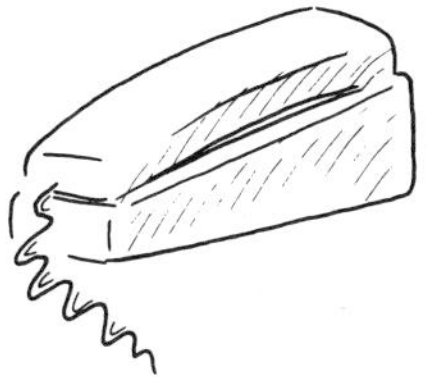

das Telefon

das Kinderbett

Guten Tag. Ich möchte ein Doppelzimmer mit Bad für eine Woche. Geht das?
Ja, das geht.
Nein, das geht leider nicht, aber wir haben ein Zimmer mit Dusche.

Now, make up some mini-dialogues using the phrases and vocabulary above.

SCHLÜSSELWÖRTER

der Rezeptionist	*receptionist (m)*
die Rezeptionistin	*receptionist (f)*
die Reservierung	*reservation*
das Kinderbett	*cot*
ein schönes, ruhiges Zimmer	*a nice quiet room*
nach vorne	*at the front*
nach hinten	*at the back*
Prima! (= Phantastisch!)	*fantastic!*
das Formular ausfüllen	*fill in a form*
das Gepäck	*luggage*
der Aufzug	*lift*
der Fernsehraum	*TV room*
der Frühstücksraum	*breakfast room*

KONVERSATION: HÖREN

Underline the correct answer.

The room they get has (a cot/a TV). It is (at the front/at the back). It is on the (second/sixth) floor. They (do/do not) want help with their luggage. Breakfast starts at (7/7.30).

KONVERSATION: LESEN UND HÖREN

Fill in the German for: balcony, luggage (×2), lift, form, passport, breakfast

REZEPTIONISTIN: Guten Tag.
HERR TEUCHERT: Guten Tag. Mein Name ist Teuchert. Wir haben eine Reservierung für ein Doppelzimmer mit Kinderbett für eine Woche.
REZEPTIONISTIN: Ja, einen Moment bitte . . . Sie haben ein schönes, ruhiges Zimmer nach hinten mit Bad und . . . .
HERR TEUCHERT: Prima!
REZEPTIONISTIN: Können Sie bitte das . . . . ausfüllen? Und ich möchte Ihren . . . . !
HERR TEUCHERT: Hier, bitte.
REZEPTIONISTIN: Wo ist Ihr . . . . ? Können wir Ihnen helfen?
HERR TEUCHERT: Das . . . . ist im Auto. Das ist kein Problem.
REZEPTIONISTIN: Gut. Sie haben Zimmer Nummer 25. Das ist im zweiten Stock. Der Aufzug ist hier links.
FRAU TEUCHERT: Wann ist . . . . , bitte?
REZEPTIONISTIN: Von 7 Uhr bis 10 Uhr. Der Frühstücksraum ist im ersten Stock.
FRAU TEUCHERT: Und gibt es auch einen Fernsehraum?
REZEPTIONISTIN: Ja, im sechsten Stock rechts.
FRAU TEUCHERT: Vielen Dank!

ERKLÄRUNGEN

Floors/ordinal numbers

Listen and repeat.

(on the sixth floor)
(on the fifth floor)
(on the fourth floor)
(on the third floor)
(on the second floor)
(on the first floor)
(on the ground floor)

To get an ordinal number such as 'fourth' instead of 'four', just add -ten *to the number:* vier + ten = vierten. *Exceptions are* ersten *and* dritten *(first and third).*

VERSTEHEN

What does this hotel have to offer?

BAXMANN
HOTEL
Komfort Hotel
Garni
Im Herzen
des Weserberglands
60 Betten
Dusche/WC
Fernseher
Sauna/Solarium
Tagungsräume
Parkplätze am Haus
Für kulinarische Genüsse
steht Ihnen das
Restaurant Baxmann
zur Verfügung.
Frauke Schmoll GmbH
Segelhorster Str. 3
3253 Hess. Oldendorf
Tel. 05152/94100, Fax 941099

AUFGABEN

1 Listen to your German colleague telling people what room numbers they have and what floor they are on. Make a note of these below.

	a	b	c	d	e
room no.					
floor					

2 Make up mini-dialogues using the following phrases and vocabulary.

Wo ist die Sauna, bitte? Im fünften Stock links.

3 See how much you can say now.

Hello

One moment, please

You have got room number 52

You have got a room at the back

That is no problem

The lift is to the right

Can you please fill in this form?

Where is your luggage?

Many thanks

You are welcome

Now check with the tape and practise your pronunciation.

SITUATION B: *Herr Weigand von der Firma Telatextil reserviert Zimmer per Telefon*

ZUM START

Bitte sortieren Sie die Monate! Hören Sie dann die Kassette.

Februar April Juni Dezember

Januar Juli September Mai

November Oktober August März

SCHLÜSSELWÖRTER

Business	
von der Firma	*from the company*
der Konferenzraum	*conference room*
vom 2. März bis zum 7. März	*from 2 March to 7 March*
von 9 Uhr bis 12 Uhr	*from 9 o'clock till 12 o'clock*
ein Fax mit allen Details senden	*send a fax with all the details*
die Bestätigung	*confirmation*
Hotel	
Vollpension	*full board*
Halbpension	*half board*
Frühstück	*breakfast*
Telephone	
in Ordnung	*OK*
vielen Dank für Ihren Anruf	*thank you for calling*

KONVERSATION: HÖREN

Make a note of the details of the booking.

no. and type of rooms	dates	board	additional info

KONVERSATION: LESEN UND HÖREN

Read, listen and then amend your notes above.

REZEPTIONISTIN: *Seven Sisters Hotel. Can I help you?*
HERR WEIGAND: Ja. Mein Name is Weigand von der Firma Telatextil in Hamburg. Ich möchte Zimmer bei Ihnen reservieren.
REZEPTIONISTIN: Wann möchten Sie kommen?
HERR WEIGAND: Vom 23. bis zum 26. Februar. Wir möchten drei Einzelzimmer mit Bad und Telefon.
REZEPTIONISTIN: Also, drei Einzelzimmer vom 23. bis zum 26. Februar. Das geht. Möchten Sie Vollpension, Halbpension oder nur Frühstück?
HERR WEIGAND: Vollpension, bitte. Und wir möchten auch einen Konferenzraum buchen für den 25. Februar von 9 Uhr bis 12 Uhr.
REZEPTIONISTIN: Können Sie bitte ein Fax mit allen Details senden?
HERR WEIGAND: Ja, natürlich. Wie ist die Nummer, bitte?
REZEPTIONISTIN: Die Faxnummer ist 0044-81-8967543. Wir senden dann sofort eine Bestätigung.
HERR WEIGAND: In Ordnung.
REZEPTIONISTIN: Vielen Dank für Ihren Anruf.
HERR WEIGAND: Danke auch. Auf Wiederhören.
REZEPTIONISTIN: Auf Wiederhören.

ERKLÄRUNGEN

More ordinal numbers

Add -ten *for numbers up to 19:*	im fünf**ten** Stock am vierzehn**ten** März
Add -sten *for numbers over 20:*	im zwanzig**sten** Stock am einundzwanzig**sten** Mai

INFO

- Germans always put a full stop after the day and the month when writing the date in figures: 3.1.1994

VERSTEHEN

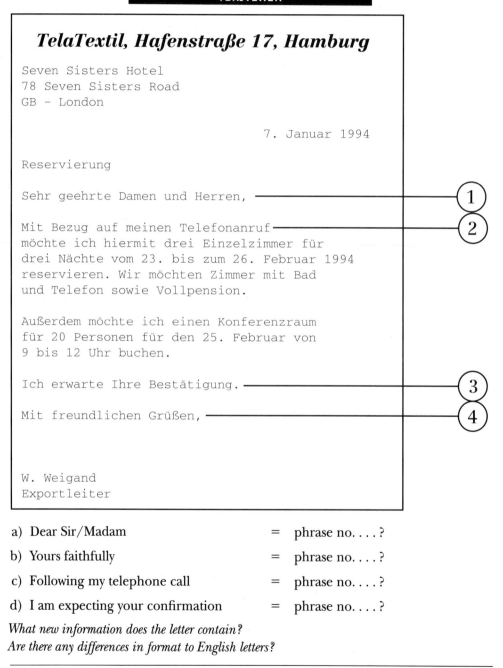

TelaTextil, Hafenstraße 17, Hamburg

Seven Sisters Hotel
78 Seven Sisters Road
GB - London

7. Januar 1994

Reservierung

Sehr geehrte Damen und Herren, — (1)

Mit Bezug auf meinen Telefonanruf — (2)
möchte ich hiermit drei Einzelzimmer für drei Nächte vom 23. bis zum 26. Februar 1994 reservieren. Wir möchten Zimmer mit Bad und Telefon sowie Vollpension.

Außerdem möchte ich einen Konferenzraum für 20 Personen für den 25. Februar von 9 bis 12 Uhr buchen.

Ich erwarte Ihre Bestätigung. — (3)

Mit freundlichen Grüßen, — (4)

W. Weigand
Exportleiter

a) Dear Sir/Madam = phrase no. . . . ?

b) Yours faithfully = phrase no. . . . ?

c) Following my telephone call = phrase no. . . . ?

d) I am expecting your confirmation = phrase no. . . . ?

What new information does the letter contain?
Are there any differences in format to English letters?

AUFGABEN

1 Listen to the German tourists booking hotels and decide what date they would like to come.

a)	☐ 7	☐ 17	☐ 27	☐ June	☐ November	☐ January
b)	☐ 3	☐ 23	☐ 30	☐ March	☐ December	☐ May
c)	☐ 21	☐ 23	☐ 29	☐ January	☐ June	☐ July

2 Listen to the answerphone messages and note down arrival and departure dates.

	Arrival date	Departure date
Herr Meier		
Frau Steinbeck		
Herr und Frau Schön		
Firma Elektrolax		

3 Your conference facilities are fully booked for the rest of the year. Just a few dates are still available. Use the model below to make up your own sentences to let the customers know.

Der Konferenzraum ist frei:

17.3.	am siebzehnten März
1.5.	
24.6.	
3.8.	
30.11.	
12.12.	

4 Practise the conversation below following the prompts, then listen to the tape.

- Sprechen Sie Deutsch?
- *(Yes, a little.)*
- Mein Name ist Behrends von der Firma Supersoft. Ich möchte einen Konferenzraum für den dritten April reservieren.
- *(Yes, for how many people?)*
- 20.
- *(Yes, that is possible. Can you send a fax with the details, please?)*
- Ja, das ist kein Problem.
- *(Thank you for calling. Good-bye.)*

SITUATION C: *Frau Kissinger reist ab*

ZUM START

Wie geht es Ihnen heute?

Phantastisch!
Sehr gut.
Gut.
Es geht.
Nicht so gut.
Schlecht.
Sehr schlecht.
Furchtbar!

SCHLÜSSELWÖRTER

ich reise heute ab	*I am leaving today*
das ist schade!	*that's a pity*
die Rechnung	*the bill*
Ihre Rechnung	*your bill*
kann ich mit Eurocheque bezahlen?	*can I pay by Eurocheque?*
kann ich mit Kreditkarte bezahlen?	*can I pay by credit card?*
welches Datum haben wir?	*which date is it?*
die Übernachtung	*overnight stay*
zwei Übernachtungen	*two nights' stay*
lassen Sie den Schlüssel im Zimmer!	*leave the key in the room*
gute Reise!	*have a good journey!*

KONVERSATION: HÖREN

Was ist richtig?

a) Frau Kissinger geht es
- ☐ gut
- ☐ nicht so gut.

b) Sie möchte
- ☐ die Rechnung
- ☐ den Schlüssel

c) Sie bezahlt
- ☐ mit Eurocheque
- ☐ mit Kreditkarte

d) Die Konversation ist am
- ☐ 11. August
- ☐ 12. August

KONVERSATION: LESEN UND HÖREN

Words have been left out from standard phrases. Do you remember them?

REZEPTIONISTIN: Guten Morgen, Frau Kissinger. Wie .... es Ihnen heute?
FRAU KISSINGER: Nicht so gut. Ich reise heute ab.
REZEPTIONISTIN: Richtig, Sie reisen heute ab. Das ist .... !
FRAU KISSINGER: Ja, und ich möchte die Rechnung, bitte.
REZEPTIONISTIN: Sofort. Das ist Zimmer Nummer sechzehn, ja?
FRAU KISSINGER: Ja.
REZEPTIONISTIN: Hier ist Ihre Rechnung: £250 für zehn Übernachtungen mit Frühstück und £3,50 für das Telefon.
FRAU KISSINGER: Kann ich mit Eurocheque bezahlen?
REZEPTIONISTIN: Ja, wir akzeptieren Eurocheques.
FRAU KISSINGER: Welches .... haben wir heute?
REZEPTIONISTIN: Den zwölften August.
FRAU KISSINGER: So – hier bitte.
REZEPTIONISTIN: Danke. Und hier ist Ihr Paß zurück. Lassen Sie den Schlüssel bitte im Zimmer.
FRAU KISSINGER: In ....
REZEPTIONISTIN: Ja dann – auf Wiedersehen und gute .... !
FRAU KISSINGER: Vielen .... Auf Wiedersehen.

ERKLÄRUNGEN

Können *(to be able to/can)*

This is an irregular verb. Please memorise the forms in bold print.

ich **kann**	*I can*	wir **können**	*we can*
du kannst	*you can (informal)*	ihr könnt	*you can (plural informal)*
er/sie **kann**	*he/she can*	Sie/sie **können**	*you can (formal)/they can*

Numbers up to 1000

100 (ein)hundert
200 zweihundert
300 dreihundert
400 vierhundert
500 fünfhundert
600 sechshundert
700 siebenhundert
800 achthundert
900 neunhundert
1000 (ein)tausend

703 sechshundertdrei *(one word, no* und*)*
720 sechshundertzwanzig
725 sechshundertfünfundzwanzig

Please fill out the Eurocheque.

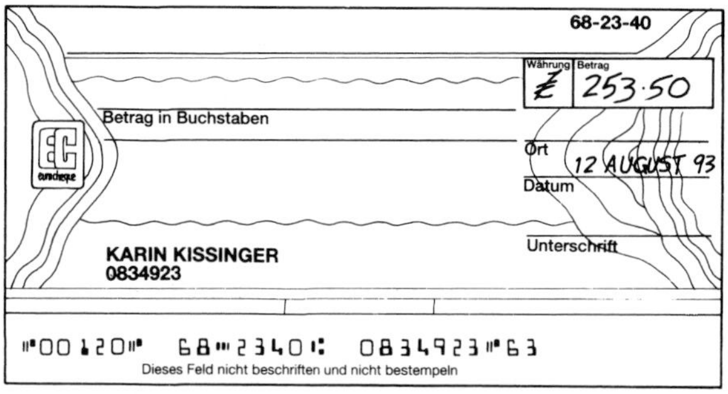

INFO

- Eurocheques are much more widely used in Germany than in England. They are the most common means of payment used by Germans travelling abroad. Credit cards are less common than in England, although many people do have them.

VERSTEHEN

What can you find out from the bill below?

Hambach ▷Hotel◁

Telefon: 08121/97300
Fax: 08121/972088

309
Zimmer-Nr.:

Frau Seifert
Name

10. März 1994
Datum

Übernachtung	2 x mit Halbpension	DM 144,-
Telefon	10 Einheiten	DM 5,-
Bar	1 Cognac 2 Export	DM 13,-
Inklusive 15% MwSt.		DM 162,-

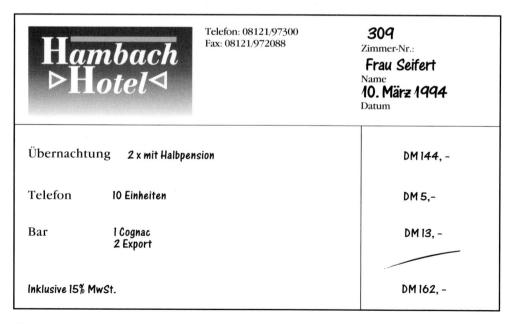

Look back at the dialogue and use the bill to make up a similar one.

AUFGABEN

1 *Kann* or *können*?

a) .... ich Ihnen helfen?

b) .... Sie am Montag kommen?

c) Herr Schmidt .... nicht bezahlen!

d) Wir .... nach London kommen.

e) Sie .... den Schlüssel im Zimmer lassen.

f) Hallo – .... ich noch einen Kaffee haben, bitte?

2 Find 10 'hotel' words.

K	A	U	F	Z	U	G	S	O	I	M	M	E	R
D	U	S	C	H	E	K	H	T	Y	U	M	N	E
B	T	B	E	T	T	S	P	L	K	L	F	E	Z
A	D	A	S	S	D	T	O	N	B	K	F	M	E
L	M	N	F	E	R	N	S	E	H	E	R	M	P
K	O	S	A	U	N	A	A	M	I	R	E	T	T
O	M	L	G	E	P	Ä	C	K	A	T	O	M	I
N	O	M	N	K	G	N	A	C	H	T	L	P	O
S	E	R	D	G	E	S	C	H	O	S	S	P	N

3 You are working at the reception of a large hotel when a customer comes in. Complete the dialogue in any appropriate way.

– Guten Tag.

– ....

– Haben Sie ein Einzelzimmer frei für eine Nacht?

– ....

– Mit Bad, bitte.

– ....

– Nur mit Frühstück. Was kostet das?

– ....

– Das Formular, ja. Welches Datum haben wir heute?

– ....

– Ich habe kein Gepäck.

Kapitel Sechs 6

IM FREIZEITPARK

SITUATION A: *Familie Hansemann kauft Eintrittskarten*

ZUM START

Which of the following phrases are you not likely to hear at the ticket office of a theme park?

Kann ich Ihnen helfen?

Ich möchte ein Einzelzimmer.

Wo ist die Kathedrale?

Was ist das?

Sind die Attraktionen inklusive?

Zwei Erwachsene, bitte.

Wie alt sind die Kinder?

Wo ist Ihr Gepäck?

Haben Sie einen Plan?

SCHLÜSSELWÖRTER

die Familienkarte	*family ticket*
zwei oder mehr Kinder	*two or more children*
billig	*cheap*
ist das (denn) billiger?	*is that cheaper (then)?*
normal	*normal*
eine normale Eintrittskarte	*a normal ticket*
im Prospekt steht	*the prospectus says*
nur am Mittwoch	*only on Wednesday(s)*
da ist es billiger	*it is cheaper then*
sind die Attraktionen inklusive?	*are the attractions included?*
die meisten, nicht alle	*most of them, not all of them*

KONVERSATION HÖREN

Look back at the **Zum Start** *section. Which phrases do you hear?*

KONVERSATION: LESEN UND HÖREN

Please fill in all numbers and prices.

HERR HANSEMANN: Guten Tag. . . . . Erwachsene und . . . . Kinder, bitte.
ANGESTELLTE: Wie alt sind die Kinder?
HERR HANSEMANN: . . . . und . . . .
ANGESTELLTE: Möchten Sie eine Familienkarte?
HERR HANSEMANN: Was ist das?
ANGESTELLTE: Das ist eine Karte für zwei Erwachsene und zwei oder mehr Kinder für £ . . . .
HERR HANSEMANN: Ist das denn billiger?
ANGESTELLTE: Ja, die normale Eintrittskarte kostet £ . . . . für Kinder und £ . . . . für Erwachsene.
HERR HANSEMANN: Aber im Prospekt steht £ . . . . für Erwachsene!
ANGESTELLTE: Das ist nur am Mittwoch. Da ist es billiger!
HERR HANSEMANN: Ach so! Ja dann, eine Familienkarte, also. Die Attraktionen sind inklusive, ja?
ANGESTELLTE: Die meisten Attraktionen sind inklusive, nicht alle.
HERR HANSEMANN: Hm, hm. Kann ich mit Eurocheque bezahlen?
ANGESTELLTE: Nein, es tut mir leid. Wir akzeptieren keine Eurocheques.
HERR HANSEMANN: Also, hier, £ . . . .
ANGESTELLTE: Vielen Dank. £ . . . . zurück.
HERR HANSEMANN: Haben Sie einen Plan?
ANGESTELLTE: Ja, natürlich. Hier bitte.

ERKLÄRUNGEN

Comparison of adjectives

To say in German that something is cheaper, smaller, more expensive etc. you always add -er *to the adjective.*

der Apfelkuchen ist billig	*(cheap)*
der Karottenkuchen ist billig**er**	*(cheaper)*
der Apfelkuchen ist klein	*(small)*
der Karottenkuchen ist klein**er**	*(smaller)*
der Apfelkuchen ist schlecht	*(bad)*
der Karottenkuchen ist schlecht**er**	*(worse)*

Often adjectives with an a *or* o *also get an* Umlaut.

der Kaffee ist kalt	*(cold)*
das Bier ist **kälter**	*(colder)*

The comparative of gut *is* besser.

der Weißwein ist **gut** *(good)*
der Rotwein ist **besser** *(better)*

A very useful phrase to know is:
Bitte sprechen Sie langsamer *(please speak more slowly)*

or more simply:
Bitte langsamer.

INFO

- Although Germany is not exactly cheap, many Germans will find entrance fees for leisure centres, historical monuments etc. in England very high.

VERSTEHEN

Pick out as many details as you can about the Patrick Collection.

EIN EINZIGARTIGES AUTOMUSEUM, TERRASSENFÖRMIG ANGELEGTE GÄRTEN UND EIN GOURMET-RESTAURANT HABEN ZUSAMMEN

DIE HÖCHSTE ANZIEHUNGSKRAFT

DIE EXKLUSIVE PATRICK COLLECTION

DIE MANSELL-HALLE

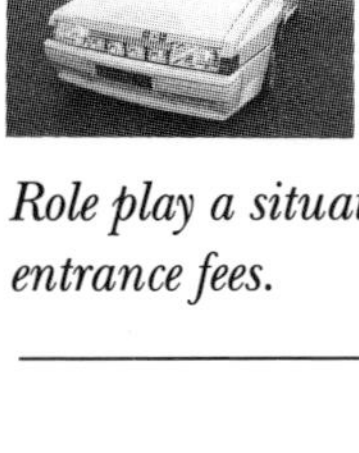

Die Mansell-Halle wurde nach dem britischen Rennfahrer Nigel Mansell benannt, der sie 1986 eröffnet. Hier gibt es eine einzigartige Ausstellung von Super-Autos der achtziger Jahre. Von Rally-Sportwagen der Gruppe B und dem außerordentlich seltenen Aston Martin Zagato bis zu Mansells JPS Lotus finden Sie hier Fahrzeuge, die den Gipfelpunkt der Kraftfahrzeugtechnik darstellen – einige der in diesem Jahrzehnt erzeugten besten Wagen der Welt.

· WO SIE UNS FINDEN ·

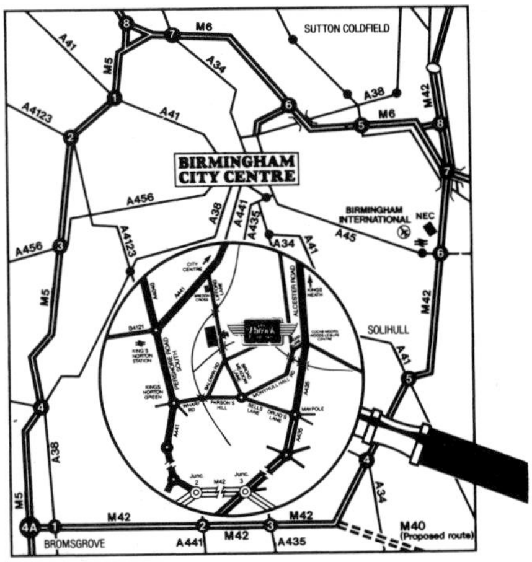

· WISSENSWERTES FÜR BESUCHER ·

Die Patrick Collection ist das ganze Jahr geöffnet.
Mitte Januar bis Mitte März – nur sonntags
Parken ist kostenlos.
Einzelheiten, Öffnungszeiten und Eintrittspreise erhalten Sie durch Anruf. Telefon: (021) 459 9111.
Reservierungen im Lombard Room Restaurant – Tel. (021) 451 3991

The Patrick Collection

MOTOR MUSEUM AND CONFERENCE CENTRE

The Patrick Collection, 180 Lifford Lane, Kings Norton, Birmingham B30 3NT. Telephone: 021-459 9111. Fax: 021-433 3048.

The Patrick Foundation is a registered charity. No. 515566.

Role play a situation where a German caller rings the Patrick Collection to find out about entrance fees.

AUFGABEN

1 Below is a summary of the conversation between Mr Hansemann and the ticket clerk. Please fill in the missing words.

Familie Hansemann möchte Eintrittskarten.
Sie sind zwei .... und zwei ....
Die Kinder sind neun und sieben .... alt.
Die Familienkarte ist .... Sie .... £17.
Der Freizeitpark akzeptiert .... Eurocheques.
Herr Hansemann möchte auch einen ....

2 Listen to your German colleague reading out the numbers of visitors to the park this week and make a note of them.

Montag	Dienstag	Mittwoch	Donnerstag	Freitag	Samstag	Sonntag
175						

3 Write out the amounts shown to pay for deliveries from Germany.

DM 134,50	Hundertvierunddreißig Mark fünfzig
DM 29,–	....
DM 890,–	....
DM 1000,–	....
DM 625,30	....
DM 720,–	....
DM 215,60	....

4 A group of schoolchildren arrives at the theme park with their teacher, Frau Sommer, where you are working at the ticket office. React in any appropriate way.

FRAU SOMMER: Guten Tag. Wir möchten Eintrittskarten, bitte.
SIE: ....
FRAU SOMMER: Ja, wir sind eine Gruppe.
SIE: ....
FRAU SOMMER: 12 Kinder und ein Erwachsener.
SIE: ....
FRAU SOMMER: Die Kinder sind 11 oder 12 Jahre alt.
SIE: ....
FRAU SOMMER: Hier bitte, £50.

SITUATION B: *Familie Reuter besucht den Park*

ZUM START

Listen to the cassette and tick off the places mentioned.

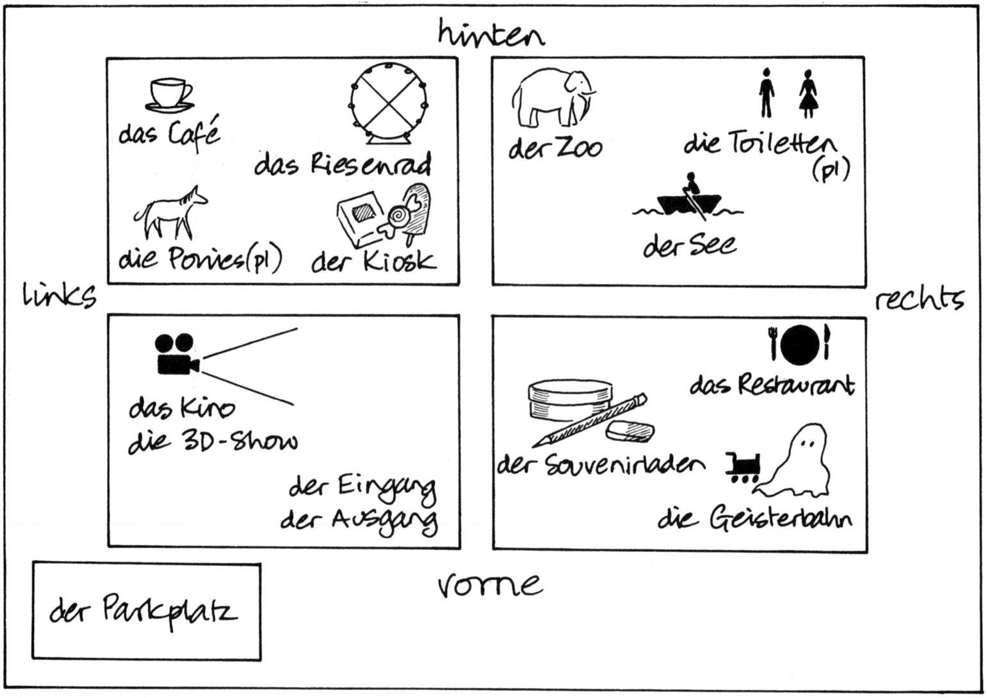

Wo ist das Kino? Wo sind die Ponies?
With a partner, make up some mini-dialogues.

SCHLÜSSELWÖRTER

der Eingang	*entry*
der Ausgang	*exit*
das Riesenrad	*Big Wheel*
die Geisterbahn	*Ghost Train*
das Kino	*cinema*
der See	*lake*
Boot fahren	*go boating*
der Souvenirladen	*gift shop*
gleich hier	*right here*
ganz hinten	*right at the back*
die Studentenermäßigung	*student reduction*
ich muß mal (children's talk)	*I must go to the toilet*
kann man?	*is it possible to? (can one?)*
und so weiter	*and so on (etc.)*

KONVERSATION: HÖREN

Listen to the cassette then write down the facilities that are talked about.

KONVERSATION: LESEN UND HÖREN

FRAU REUTER: Wo ist der Eingang, bitte?
MANN: Gleich hier, rechts.
FRAU REUTER: Danke.

FRAU REUTER: Guten Tag, wir möchten Eintrittskarten, bitte.
ANGESTELLTER: Ja, für wieviele Personen?
FRAU REUTER: Zwei Erwachsene und zwei Kinder unter fünf.
ANGESTELLTER: Die Kinder sind frei.
FRAU REUTER: Und gibt es eine Studentenermäßigung? Mein Mann ist Student.
ANGESTELLTER: Ja, Studenten bezahlen £4. Also, einmal voller Preis und einmal mit Ermäßigung. Das macht £9,50.
KIND: Mami, ich muß mal!
FRAU REUTER: Wo sind die Toiletten, bitte?
ANGESTELLTER: Die sind ganz hinten. Gehen Sie immer geradeaus und dann rechts.
FRAU REUTER: Oh je. Und wo sind die Ponies?
ANGESTELLTER: Die sind links.
FRAU REUTER: Kann man auch Boot fahren?
ANGESTELLTER: Ja, der See ist hinten rechts, wo die Toiletten sind. So – hier sind Ihre Karten.
FRAU REUTER: Haben Sie auch einen Führer?
ANGESTELLTER: Gehen Sie in den Souvenirladen! Dort gibt es Broschüren und so weiter.
FRAU REUTER: Vielen Dank.

Richtig oder falsch?

a) Frau Reuter is a student.

b) Students pay half price.

c) Her two children are over five.

d) The ticket clerk does not sell guidebooks.

e) It is possible to go boating on the lake.

ERKLÄRUNGEN

Die sind links

If you don't want to repeat a word already mentioned, you can just repeat the article.

wo ist der Eingang? (m)	der ist hier rechts	*It is . . .*
wo ist die Geisterbahn? (f)	die ist vorne rechts	*It is . . .*
wo ist das Kino? (n)	das ist hinten links	*It is . . .*
wo sind die Ponies? (pl)	die sind links	*They are . . .*

How to give an instruction

In order to give instructions, you just use the basic form of the verb and add the word for 'you' (formal): Sie.

gehen Sie links!	*go left*
fahren Sie rechts!	*go/drive right (in a car)*
nehmen Sie die zweite Straße links!	*take the second street to the left*

VERSTEHEN

Try to match up the signs, the German phrases and the English phrases.

q) 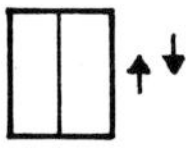

r) 

s) 

t) 

u) 

v) 

w) 

x) 

y) 

z) 

1 Toiletten

2 Aufzug

3 Laden

4 Erste Hilfe

5 Auskunft

6 Erfrischungen

7 ausgenommen Blindenhunde

8 Hunde sind an der Leine zu führen

9 Zutritt verboten

10 Gebührenpflichtiger Parkplatz

a) guide dogs only b) no entry c) toilets d) pay and display e) lift f) shop g) dogs on leash h) First Aid i) information j) refreshments

AUFGABEN

1 Listen to the cassette and decide what places the letters a–e stand for. Be careful, they will not be mentioned in the correct order.

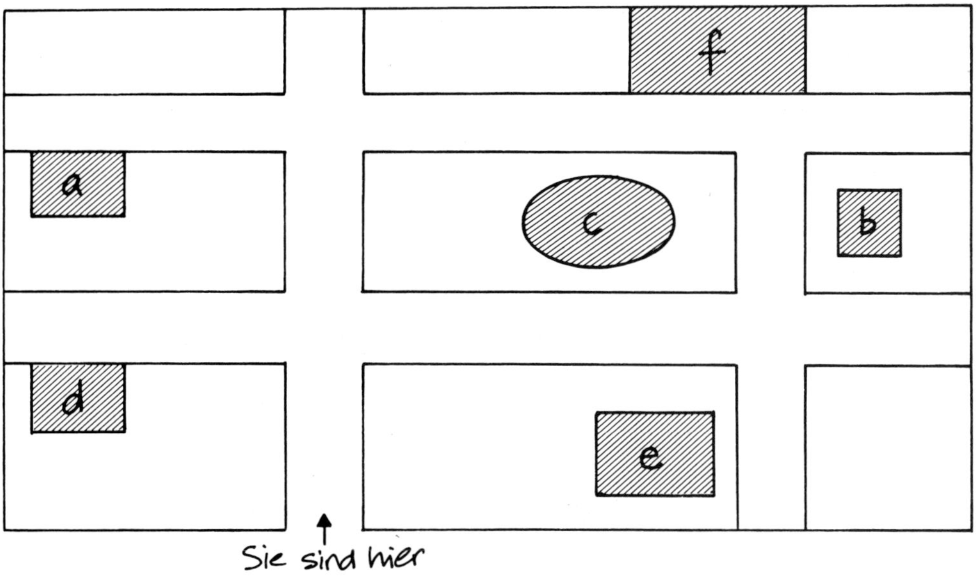

2 *Kann man . . . ?* Please match up questions and answers.

i) Kann man hier Boot fahren?	a) Ja, es gibt ein gutes Restaurant ganz hinten.
ii) Kann man hier etwas essen?	b) Im Café. Nehmen Sie die zweite Straße links.
iii) Kann man hier übernachten?	c) Nein, leider nicht.
iv) Wo kann man ein Stück Kuchen essen?	d) Ja, es gibt eins gleich hier rechts.
v) Kann man hier Riesenrad fahren?	e) Nein, hier nicht, aber es gibt ein Hotel 300 m von hier.
vi) Kann man hier mit Eurocheque bezahlen?	f) Ja, es gibt einen See. Gehen Sie rechts und dann links.

3 You are the ticket clerk; help this tourist buy some tickets. (Practise with a partner and then listen to the cassette.)

TOURIST: Guten Tag. Zwei Eintrittskarten, bitte. Ein Student und ein Kind.
SIE: *(Say you are sorry, but there is no reduction for students.)*
TOURIST: Gut, also einmal voller Preis und ein Kind.
SIE: *(That comes to £8.20. Would you like a guidebook?)*
TOURIST: Nein, danke. Wo ist das Kino, bitte?
SIE: *(At the back to the left and there is also a 3-D show.)*

SITUATION C: *Es gibt Probleme*

ZUM START

Try to fill in the words then listen to the cassette.

Knie Hand Ohren Füße

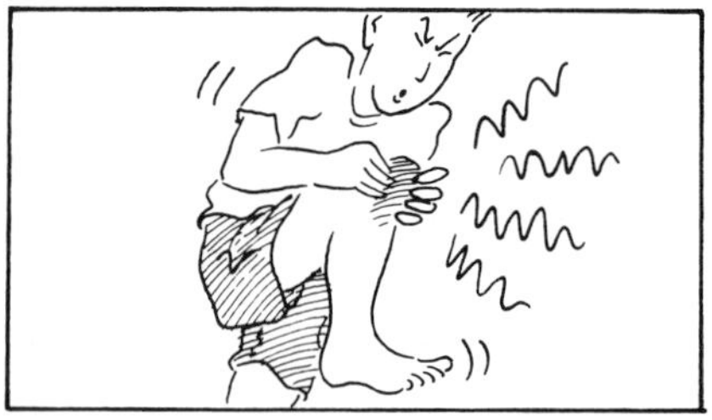

1 Mein .... tut weh!

2 Meine .... tut weh!

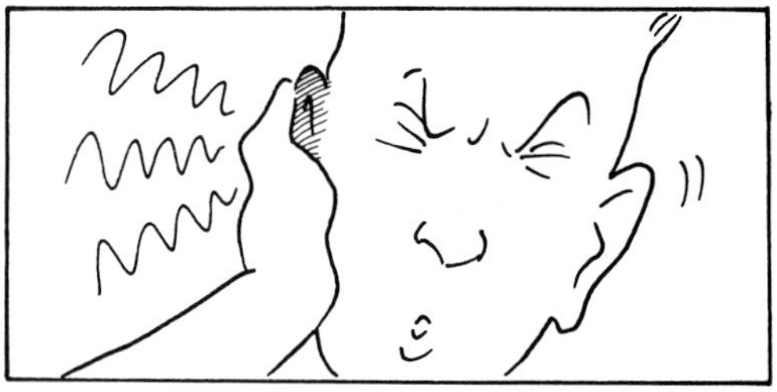

3 Meine .... tun weh!

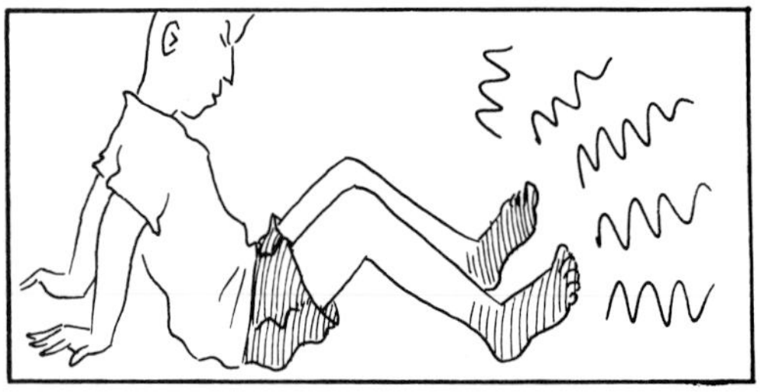

4 Meine .... tun weh!

SCHLÜSSELWÖRTER

... tut weh	*(it) hurts*
... tun weh	*(they) hurt*
ich bin verletzt	*I am injured*
er ist verletzt	*he is injured*
ich bin gefallen	*I have fallen*
er ist gefallen	*he has fallen*
ich bin ohnmächtig	*I have fainted*
er ist ohnmächtig	*he has fainted*
mir ist schlecht	*I feel sick*
die Erste Hilfe Station	*First Aid post*
wir brauchen einen Krankenwagen	*we need an ambulance*
was ist passiert?	*what has happened?*
holen	*to fetch*
ich hole Hilfe	*I'll fetch help*
setzen Sie sich!	*sit down*
warten Sie!	*wait!*
fünfjährig	*five-year-old*
ihre Eltern	*her parents*

KONVERSATION: HÖREN

Listen to the cassette; there are five problems. What are they?

KONVERSATION: LESEN UND HÖREN

In what order do you hear the five conversations?

1
A: Achtung, die fünfjährige Lisa sucht ihre Eltern. Bitte kommen Sie zu Ausgang B.

2
A: Mein Mann ist verletzt. Wir brauchen einen Krankenwagen!
B: Was ist passiert?
A: Er ist gefallen. Es ist das Knie.
B: Warten Sie! Ich telefoniere für Sie.

3
A: Wo ist die Erste Hilfe Station, bitte?
B: Hier links. Was ist passiert?
A: Ich bin gefallen. Meine Hand tut weh.

4
A: Meine Frau ist ohnmächtig.
B: Einen Moment. Ich hole Hilfe.

5
A: Mir ist schlecht.
B: Setzen Sie sich. Ich hole ein Glas Wasser.

ERKLÄRUNGEN

How to say my, your etc.

	mein Kopf	(m)	Ihr Kopf
	meine Hand	(f)	Ihre Hand
	mein Knie	(n)	Ihr Knie
	meine Füße	(pl)	Ihre Füße
ich	mein/meine *my*		Ihr/Ihre *your* Sie

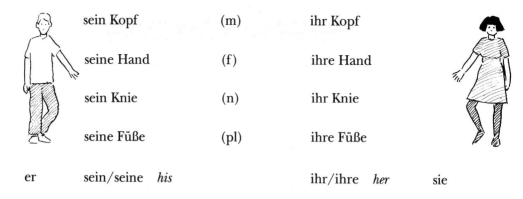

	sein Kopf	(m)	ihr Kopf	
	seine Hand	(f)	ihre Hand	
	sein Knie	(n)	ihr Knie	
	seine Füße	(pl)	ihre Füße	
er	sein/seine *his*		ihr/ihre *her*	sie

VERSTEHEN

1 *Complain about different parts of the body hurting.*
Mein Kopf tut weh!
Meine Füße tun weh!

2 *Report someone else's complaints.*
Sein/ihr Kopf tut weh.
Seine/ihre Füße tun weh.

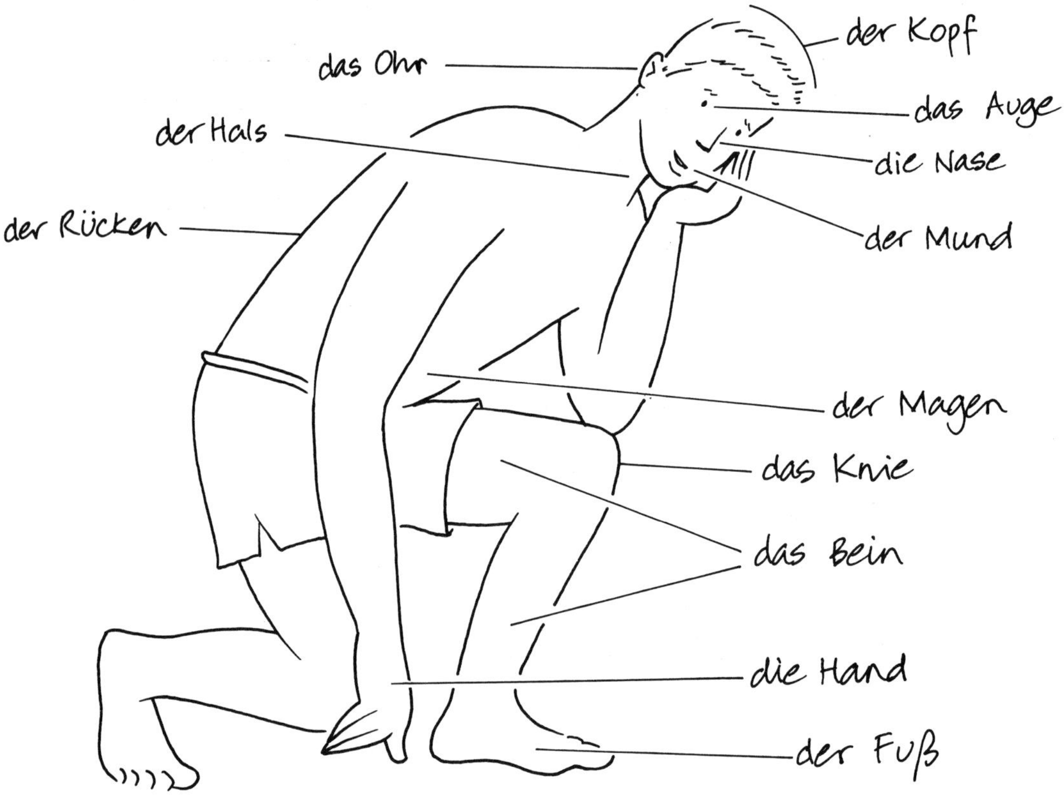

AUFGABEN

1 Fill in the gaps with the following possessive adjectives:
mein meine Ihr Ihre sein seine ihr ihre

a) .... Name is Sven und das ist .... Frau Louise. *(my) (my)*

b) Ich bin gefallen und .... Arm tut weh! *(my)*

c) Einen Moment, bitte. So – hier ist .... Paß. *(your)*

d) .... Mann is verletzt; .... Bein tut weh. *(my) (his)*

e) Der sechsjährige Martin sucht .... Eltern. *(his)*

f) .... Frau ist gefallen; .... Hand tut weh. *(my) (her)*

g) Wie ist .... Telefonnummer? *(your)* .... Telefonnummer ist 34 56 98. *(my)*

2 What would you consider appropriate action? Match up the complaints and actions.

a) Mir ist schlecht!	i) Ich hole einen Krankenwagen.
b) Mein Arm tut weh!	ii) Setzen Sie sich!
c) Mein Mann ist ohnmächtig.	iii) Ich hole Hilfe.
d) Mein Kopf tut weh!	iv) Ich hole einen Whisky!
e) Meine Frau ist verletzt!	v) Ich hole ein Aspirin.
f) Mein Hals tut weh!	vi) Gehen Sie zur Erste Hilfe Station.

3 Please complete the dialogue.

HERR KLEIN: Wo ist die Erste H . . . . Station, bitte?
SIE: Was ist p . . . . ?
HERR KLEIN: Meine Frau ist ge . . . . . . Es ist ihr B. . . .
SIE: Tut es w . . ?
HERR KLEIN: Ja.
SIE: Brauchen Sie einen Kr. . . . . ?
HERR KLEIN: Nein.
SIE: Bitte, w. . . . . Sie! Ich h . . . Hilfe.

Kapitel Sieben

IM REISEBÜRO

SITUATION A: *Frau Grabowski bucht eine Busreise*

ZUM START

England
Schottland
Wales
Irland

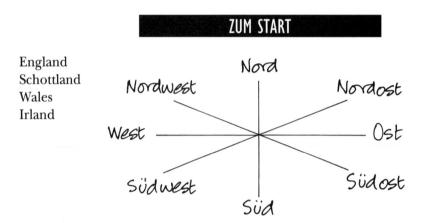

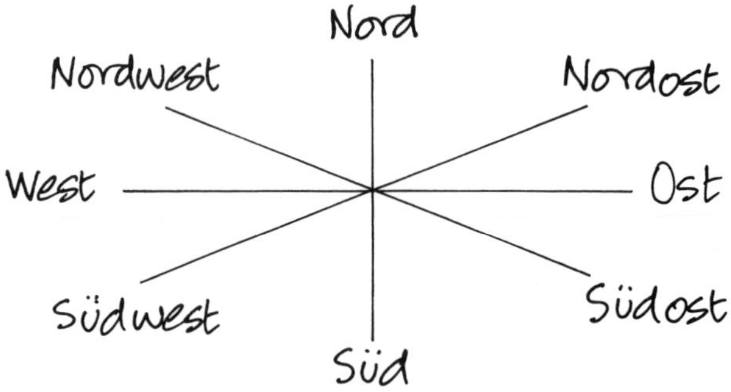

TOURIST: Liverpool . . . wo ist das?
ANGESTELLTER: Das ist in Nordwest-England.

Choose other locations and make up your own mini-dialogues.

SCHLÜSSELWÖRTER

eine Tour machen	*go on a tour*
die nächste Tour	*the next tour*
den Bus nehmen	*take the bus*
den Zug nehmen	*take the train*
die Altstadt	*the old part of the town*
beginnen	*begin/start*
kommen . . . zurück	*come back*
wie ist Ihr Name?	*what is your name?*
Ihr Vorname	*first name*
Ihr Nachname	*second name*
buchstabieren	*spell out*
woher kommen Sie?	*where are you from?*
wie ist Ihre Adresse?	*what is your address?*

KONVERSATION: HÖREN

Listen to the cassette and correct the text below.

Frau Grabowski would like to travel round the North West of England. She would like to take the train. The suggested tour starts on Friday 16th. The employee explains to her that Durham is an old market town. The price for the tour includes accommodation in a double room and entrance fees. Frau Grabowski books the suggested tour. Her nationality is German and she lives in Berlin.

KONVERSATION: LESEN UND HÖREN

Read, listen and check your answers to the previous section.

ANGESTELLTE: Guten Tag. Kann ich Ihnen helfen?
FRAU GRABOWSKI: Ja, ich möchte eine Tour durch Nord- oder Nordost-England machen.
ANGESTELLTE: Ja, wir haben da eine organisierte Bus-Tour nach York und Durham und in die Dales und die Moors. Das ist für eine Woche. Oder möchten Sie den Zug nehmen?
FRAU GRABOWSKI: Nein, ich möchte eine Bus-Tour machen. Was gibt es in Durham zu sehen?
ANGESTELLTE: Durham ist eine alte Universitätsstadt. Es gibt eine Kathedrale, eine Burg und eine schöne Alstadt.
FRAU GRABOWSKI: Und wann beginnt die Tour?
ANGESTELLTE: Die nächste Tour beginnt am Donnerstag, den 15. und Sie kommen am Mittwoch, den 21. zurück. Hier ist das Programm.
FRAU GRABOWSKI: Was kostet die Tour?
ANGESTELLTE: £215 inklusive Einzelzimmer mit Frühstück im Hotel, Busfahrt und Eintrittskarten.
FRAU GRABOWSKI: Gut, ich buche die Tour für Donnerstag, den 15.
ANGESTELLTE: Wie ist Ihr Name, bitte?
FRAU GRABOWSKI: Mein Name ist Grabowski.
ANGESTELLTE: Können Sie das buchstabieren?
FRAU GRABOWSKI: Ja, das ist G–R–A–B–O–W–S–K–I.
ANGESTELLTE: Und wie ist Ihr Vorname?
FRAU GRABOWSKI: Antje. A–N–T–J–E.
ANGESTELLTE: Und woher kommen Sie?
FRAU GRABOWSKI: Aus Deutschland.
ANGESTELLTE: Wie ist Ihre Adresse in Deutschland?
FRAU GRABOWSKI: Das ist Steinweg 7. S–T–E–I–N–W–E–G. In Bonn.

ERKLÄRUNGEN

The Alphabet

Listen and repeat.

A B C D E F G H I J K L M
N O P Q R S T U V W X Y Z
Ä = A Umlaut Ö = O Umlaut Ü = U Umlaut ß = Eszett

Now make a note of the names given on the tape and then spell your own name.

VERSTEHEN

What services does TourBu *offer?*

AUFGABEN

1 Listen to the five Germans saying where they come from. Then enter the place names on the map.

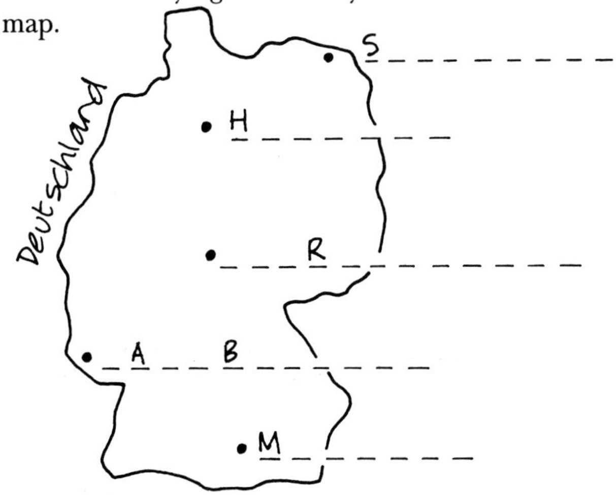

2 Several different spellings exist for what is one of the most common German names. In what order do you hear them?

a) Meier ☐ b) Meyer ☐ c) Maier ☐ d) Mayer ☐

3 You are booking hotel accommodation in Germany for the people below. Spell out their names to your colleague in Germany then check with the tape.

a) Darren Eden — Ich buchstabiere: Der Vorname ist D–A–R–R–E–N
Der Nachname ist E–D–E–N.

b) Simon Fletcher

c) Jenny Milton

d) Lisa Townsend

e) Vaughan West

4 *Rollenspiel: Im Reisebüro.*

SIE: *(Say hello, can I help you.)*
TOURIST: Ja, ich möchte die Bus-Tour nach Südwest-England buchen. Die ist hier im Prospekt.
SIE: *(Ask whether it is only for one person.)*
TOURIST: Ja, nur für eine Person.
SIE: *(Ask his name.)*
TOURIST: Söderbaum.
SIE: *(Ask him to spell it out.)*

Now continue the conversation in any appropriate way.

SITUATION B: *Ein Tourist bucht seinen Rückflug*

ZUM START

Match up numbers and countries, then listen to the cassette. Which countries are not members of the EC?

Belgien	die Niederlande	Frankreich	Luxemburg	Deutschland
Großbritannien	Irland	Italien	Spanien	Portugal
Griechenland	Dänemark	die Schweiz	Österreich	

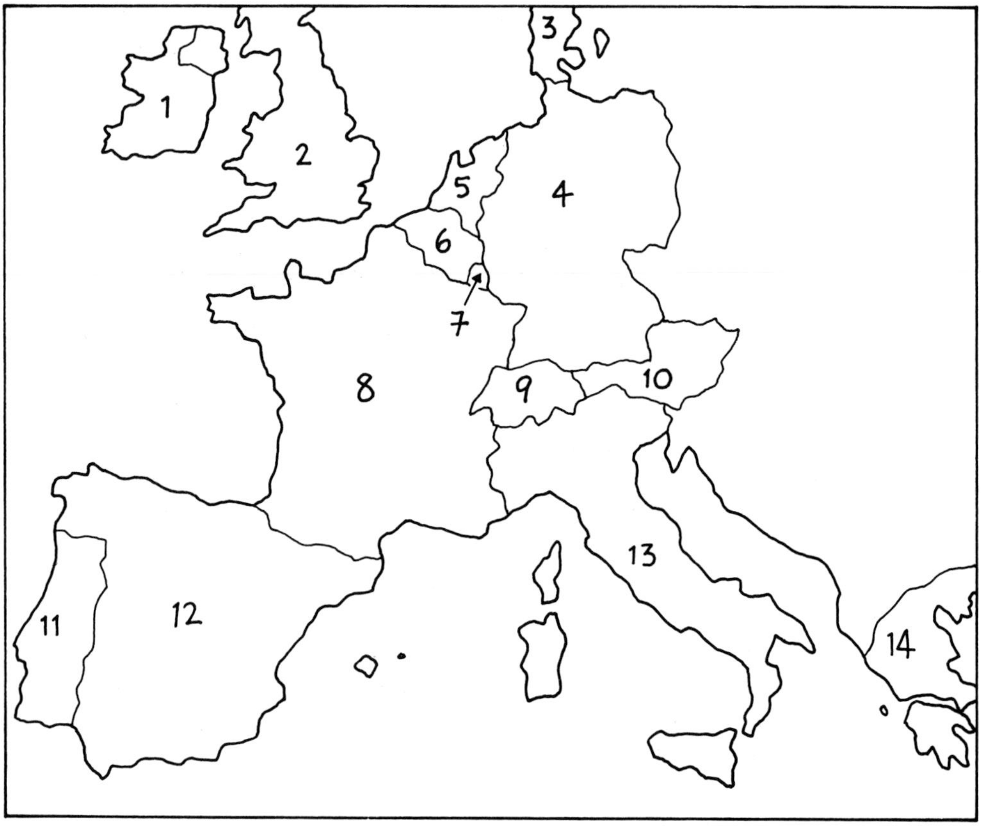

SCHLÜSSELWÖRTER

der Flug	*flight*
der Rückflug	*return flight*
fliegen	*fly*
wohin fliegen Sie?	*where are you flying to?*
vormittags	*in the morning*
nachmittags	*in the afternoon*

die Ankunft	*arrival*
der Abflug	*departure*
fünf Tage vor Abflug	*five days before departure*

KONVERSATION: HÖREN

Was ist richtig?

Der Tourist fliegt	☐ nach Österreich	☐ nach Frankreich
Er fliegt	☐ vormittags	☐ nachmittags
Das Ticket kostet	☐ £230	☐ £220
Sein Name ist	☐ Hinz	☐ Hins

KONVERSATION: LESEN UND HÖREN

Fill in the following words: Flug (×3), Rückflug, fliegen (×2), Ankunft (×2), Abflug

Tourist: Guten Tag. Ich möchte meinen .... buchen.
Angestellte: Ja, wohin .... Sie?
Tourist: Nach Österreich, nach Wien.
Angestellte: Und wann möchten Sie .... ?
Tourist: Am 5. März, nachmittags, wenn es geht.
Angestellte: Ja, einen Moment, bitte.
So, es gibt einen .... mit British Airways von London Heathrow um 14.30 Uhr, ... in Wien um 17.50 Uhr und der nächste .... ist dann um 18.15, ... in Wien um 21.55 Uhr.
Tourist: Ich nehme den .... um 14.30. Was kostet der?
Angestellte: £230.
Tourist: Kann ich mit Kreditkarte bezahlen?
Angestellte: Ja, natürlich. Wie ist Ihr Name, bitte?
Tourist: Hinz, Walter Hinz.
Angestellte: Ist das mit 's'?
Tourist: Nein, mit 'z'.
Angestellte: Wie ist Ihre Adresse in England?
Tourist: Cavendish Square 16, in London.
Angestellte: Und haben Sie Telefon?
Tourist: Ja, die Telefonnummer ist 89 67 54 31.
Angestellte: Gut, vielen Dank. Wir senden Ihnen das Ticket 5 Tage vor ....

ERKLÄRUNGEN

Telling the time

It is very common on the continent to use the 24-hour clock. You first say the hour, then the word Uhr *then the minutes.*

Wieviel Uhr ist es?	Es ist siebzehn Uhr dreißig.
(What is the time?)	*(It is 17.30/5.30 p.m.)*
Um wieviel Uhr fliegen Sie?	Um siebzehn Uhr dreißig.
(At what time are you flying?)	*(At 17.30/5.30 p.m.)*

One

Note that 'one' directly in front of a noun is never translated as eins, *instead the indefinite article* ein/eine *(see Kapitel 1B) is used:*

	für eine Person	
	für eine Woche	
	für eine Nacht	
also:	es ist ein Uhr dreißig	*it is 1.30*
	um ein Uhr dreißig	*at 1.30*

Questions

You can form questions either by simply putting the verb first:

Haben Sie Telefon?	*are you on the telephone?*
Ist das mit 's'?	*is that with an 's'?*
Fliegen Sie nach London?	*are you flying to London?*

or by using a question word followed by the verb:

Wie ist Ihr Name?	*what is your name?*
Woher kommen Sie?	*where do you come from from?*
Wohin fliegen Sie?	*where are you flying to?*
Wann fliegen Sie?	*when are you flying?*

INFO

- Time: Germany, Austria and Switzerland are one hour ahead of the UK.
- Telephone numbers: continental people often say telephone numbers in pairs like this: 34 56 78 = *vierunddreißig sechsundfünfzig achtundsiebzig*

VERSTEHEN

Mit Alpha in die Sonne

7mal die Woche nach Honolulu und zurück
(über Los Angeles)

Abflug	Ankunft	Wochentag
Frankfurt 11.15	Honolulu 18.00	Mo, Mi, Do, Fr
Frankfurt 23.45	Honolulu 06.30	Di, Sa, So
Honolulu 09.10	Frankfurt 15.45	täglich

Die Abflugs- und Ankunftszeiten beziehen sich auf den Winterflugplan 1995.

Nichts ist schöner … **Alpha Air**

See what you understand of the advert above, then use it for speaking practice, making up conversations similar to the one earlier on in this Situation section.

AUFGABEN

1 Listen to the two conversations on the cassette. Correct the errors on the first form, then fill in the second one.

a)

Name: Schmit
Vorname: Christian
Nationalität: deutsch
Adresse: Beethoven-Ring 25, Bonn
Telefonnummer: 01049-558-675432

b)

Name:
Vorname:
Nationalität:
Adresse:
Telefonnummer:

2 Ask the right questions to fit the answers, then practise with the cassette.

a) Mein Name ist Peters.

b) Mein Vorname ist Maria.

c) Ich bin 24 Jahre alt.

d) Ich komme aus Österreich.

e) Karlstraße 43, in Salzburg.

f) Ich fliege nach Wien.

g) Am Montag um 17 Uhr 30.

3 Unjumble the names for the countries!

CWIZEHS	....
TILANEI	....
DRENILENEDA	....
TROPULAG	....
LINDAR	....
RIKERFANCH	....

SITUATION C: *Frau Müller storniert ihren Flug*

ZUM START

Fill in the clock faces.

Est ist einundzwanzig Uhr.

Es ist zweiundzwanzig Uhr.

Es ist sechzehn Uhr.

Es ist fünfzehn Uhr.

SCHLÜSSELWÖRTER

einen Flug stornieren	*cancel a flight*
einen anderen Flug buchen	*book another flight*
eine Gebühr	*a fee*
die Passagierliste	*list of passengers*
ich muß in Brüssel Halt machen	*I have to stop in Brussels*

KONVERSATION: HÖREN

Listen to the beginning of the conversation several times and fill in the details of the flight that is to be cancelled. Then read and listen to the whole conversation.

Guten Tag, ich möchte meinen Flug stornieren: Das ist . . . .-Flug . . . . von . . . . nach . . . . am . . . . den . . . . , Abflug um . . . .

KONVERSATION: LESEN UND HÖREN

FRAU MÜLLER: Guten Tag, ich möchte meinen Flug stornieren: Das ist Lufthansa-Flug 301 von London Heathrow nach Frankfurt am Freitag, den 13. März, Abflug um 20.45 Uhr.
ANGESTELLTE: Wie ist Ihr Name, bitte?
FRAU MÜLLER: Müller.
ANGESTELLTE: Ja, hier ist die Passagierliste. Ist das Frau Friederike Müller?
FRAU MÜLLER: Nein, mein Vorname ist Heike.
ANGESTELLTE: Ah ja. Haben Sie Ihr Ticket, bitte.
FRAU MÜLLER: Ja, hier.
ANGESTELLTE: Und möchten Sie einen anderen Flug buchen?
FRAU MÜLLER: Nein, ich nehme den Zug. Ich muß in Brüssel Halt machen. Kostet das eine Gebühr?
ANGESTELLTE: Nein, das ist in Ordnung.
FRAU MÜLLER: Gut, vielen Dank.

ERKLÄRUNGEN

Pronunciation

So far you have learnt the pronunciation of a word by imitating the cassette. It is possible however to know how a German word is pronounced just by looking at it. Below are some pronunciation rules which will help you avoid common mistakes.
Try to say all the words before listening to the cassette, then listen to check.

a *can be short as in 'bat' or long as in 'lager'*
Try to say: Mann, man kann, Vater, fahren.

e *at the end of a word is always pronounced*
Try to say: Porsche, Dusche, Gruppe

u *is pronounced short like in 'put' or long like the 'oo' in 'boot'*
Try to say: Suppe, gut, das tut mir weh.

ei, ey, ay, ai *are all pronounced like the 'i' sound in 'mine', 'wine'.*
Try to say: mein, Wein, Speisekarte, Mai.

ie *is pronounced like 'bee'.*
Try to say: **Sie**, **Bier**, h**ie**r.

eu *is pronounced like the English 'oy'.*
Try to say: n**eu**n, n**eu**nzehn, h**eu**te.

au *is pronounced like 'ou' in 'house'.*
Try to say: H**au**s, **au**ch, **au**s, ich komme **au**ch **au**s **Au**stralien.

ch *has two different pronunciations.*
After all consonants and the vowels 'i', 'e', 'ä', 'ö', 'ü', *the* 'ch' *sound is produced just behind the teeth.*
Try to say: mö**ch**ten Sie Kaffee?, ni**ch**t so gut, der Tee ist für mi**ch**, für zwei Nä**ch**te.

After the vowels 'a', 'o', 'u', *the* 'ch' *sound is produced at the back of the throat (like in the Scottish 'loch').*
Try to say: gute Na**ch**t, no**ch** Kaffee?, haben Sie au**ch** Honig?

d *and* g *at the end of a word are voiceless, i.e. they are often pronounced as if they were a 't' or 'k'.*
Try to say: mit Ba**d**, Guten Ta**g**, Deutschlan**d**.

j *is pronounced like the English 'y' in 'yes'.*
Try to say: **j**a, 10 **J**ahre.

k *at the beginning of a word is pronounced.*
Try to say: **Kn**ie, **Kn**eipe.

st *and* sp *are pronounced as if they were 'scht' or 'schp'.*
Try to say: **St**udent, Früh**st**ück, **Sp**anien

th *is pronounced just like an ordinary 't'.*
Try to say: **Th**eater, A**th**en.

v *is pronounced like an English 'f'.*
Try to say: **v**ier, **v**ierzehn, **v**ielen Dank.

w *is pronounced like an English 'v'.*
Try to say: **w**o ist . . . ? **w**as ist das? **W**asser.

z *is a very hard sound, like the 'ts' in 'cuts', 'hits'.*
Try to say: **Z**immer, Ein**z**el**z**immer, **z**ehn.

AUFGABEN

1 You are booking a tour around Germany for some English tourists. The places they are visiting are shown below. See whether you can pronounce them, then check with the tape.

a) Loreley

b) Rothenburg ob der Tauber

c) Schwarzwald

d) Garmisch-Partenkirchen

e) Eisenach

f) Ostfriesland

2 Say hello to the following people, then check your pronunciation with the cassette.

Peter Kleiber	Guten Tag, Herr Kleiber!
Sabine Schmidt	Guten Tag Frau Schmidt!
Andrea Sievers	
Manfred Giesinger	
Sven Theiss	
Karl-Heinz Woltersdorf	
Sieglinde Braun-Veitinger	

3 You are a guide on a bus tour. Call out the full names of the German tourists on your passenger list. Then check with the cassette.

Friedrich Aichinger
Anja Durst
Günter Franke
Hans-Peter Meininger
Franziska Obermeier
Stefan Sauer
Petra Teuchert

4 Say the following times aloud using the 24-hour clock.

a) 5 p.m. b) 1 a.m. c) 7.45 p.m. d) 11.15 a.m.

e) 6 a.m. f) 11.45 p.m. g) 12 a.m.

Kapitel Acht

8 IN LONDON

SITUATION A: *Familie Klein kommt in die Touristeninformation am Bahnhof Victoria*

ZUM START

Transportmittel: Ordnen Sie zu!

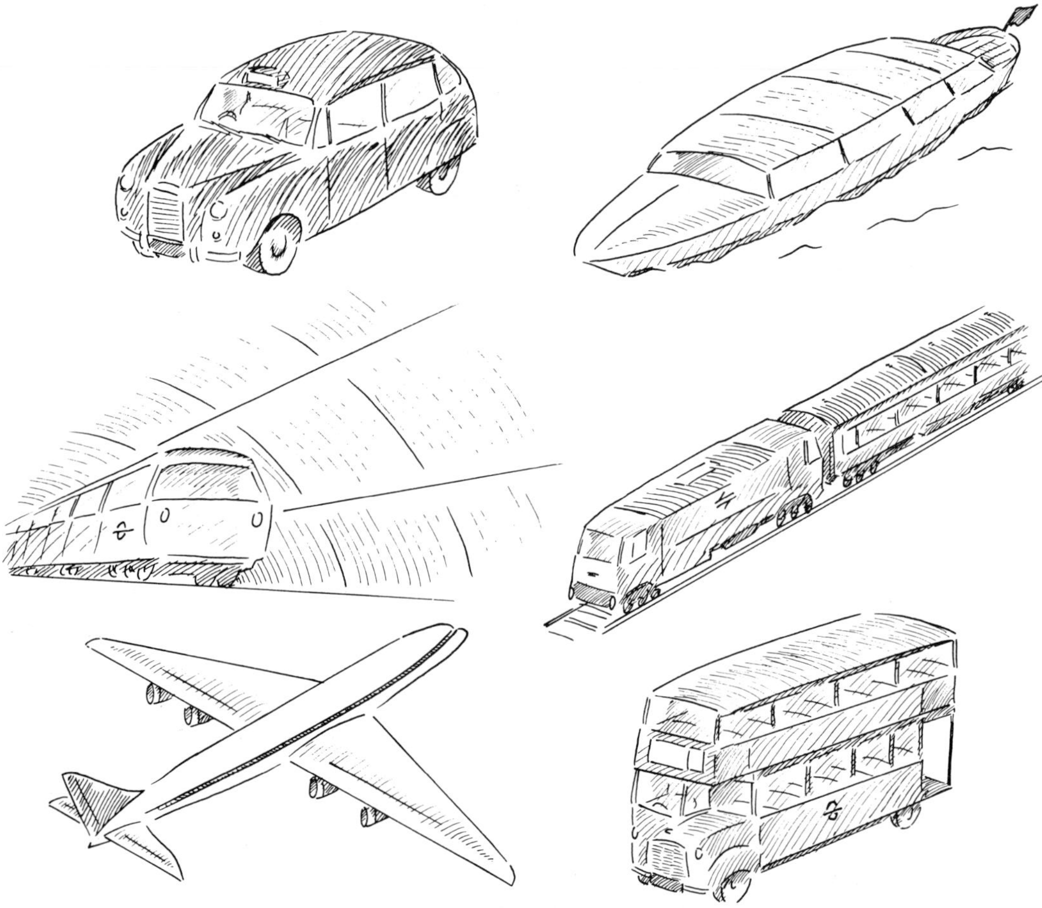

der Bus die U-Bahn der Zug das Flugzeug das Boot das Taxi

SCHLÜSSELWÖRTER

das Wachsfigurenkabinett besichtigen	*visit the wax figure museum*
wie kommen wir zu . . . ?	*how do we get to . . . ?*
die U-Bahn bis . . .	*the underground up to . . .*
und dann die braune Linie	*and then the brown line*
die Stadtrundfahrt	*sightseeing tour*
das Stadtzentrum	*city centre*
der Kommentar auf Kassette	*commentary on cassette*
die Haltestelle	*(bus-) stop*
der Fahrplan	*timetable*
fahren	*go/drive/travel*
die Fahrt	*the journey*
die Fahrt unterbrechen	*break the journey*
vielen Dank für Ihre Hilfe	*many thanks for your help*

KONVERSATION: HÖREN

What two things do the Klein family intend to do in London?

KONVERSATION: LESEN UND HÖREN

Fill in the blanks with words from the **Schlüsselwörter** *section.*

FRAU KLEIN: Guten Tag. Wir möchten das . . . . besichtigen. Wo ist das bitte?
ANGESTELLTE: Das ist in Baker Street.
FRAU KLEIN: Und wie kommen wir zu Baker Street?
ANGESTELLTE: Nehmen Sie die U-Bahn bis Oxford Circus und dann die braune Linie bis Baker Street.
FRAU KLEIN: Wir möchten dann auch eine . . . . machen.
ANGESTELLTE: Ja, es gibt eine Bus-Tour. Der Bus fährt durch das Stadtzentrum und es gibt eine . . . . in Baker Street direkt neben Madame Tussaud's.
FRAU KLEIN: Wir sprechen kein Englisch. Spricht der Führer im Bus Deutsch?
ANGESTELLTE: Es gibt keinen Führer im Bus, aber eine Kassette mit Kommentar. Hier ist der . . . . für die Busse mit Kommentar auf Deutsch.
FRAU KLEIN: Was kostet die . . . . ?
ANGESTELLTE: £6 für Erwachsene und £4 für Kinder und Sie können die Fahrt unterbrechen, wo Sie möchten.
FRAU KLEIN: Vielen Dank für Ihre Hilfe.
ANGESTELLTE: Bitte schön.

ERKLÄRUNGEN

Verbs which are almost regular

	fahren *(to go)*	sprechen *(to speak)*
ich	fahr**e**	sprech**e**
du	**fährst**	spr**i**ch**st**
er/sie	**fährt**	spr**i**ch**t**
wir	fahr**en**	sprech**en**
ihr	fahr**t**	sprech**t**
sie/Sie	fahr**en**	sprech**en**

INFO

- The Germans make no difference between a town and a city. Both are called *Stadt*.
- The Germans do make a difference between going somewhere on foot (*gehen*) and going or travelling somewhere by another means of transport (*fahren*).

VERSTEHEN

Match up the colours in German and English.

1 rot
2 blau
3 gelb
4 schwarz
5 grau
6 grün
7 braun
8 violett
9 hellblau
10 dunkelblau

black	grey	red	green	blue	yellow	purple	brown	dark blue	light blue

Using an Underground map make up dialogues like the example below using the vocabulary given here.

die braune Linie
die rote Linie
die gelbe Linie
die grüne Linie
die graue Linie
die violette Linie
die schwarze Linie
die dunkelblaue Linie
die hellblaue Linie

Sie sind in Victoria: machen Sie Dialoge!

A: Entschuldigung, wie komme ich zu *Camden Town*?
B: Nehmen Sie die hellblaue Linie bis Warren Street und dann die schwarze Linie.

(Regent's Park, St Paul's, Hyde Park, Leicester Square, Charing Cross)

AUFGABEN

1 *Fahre – fährt – fahren?*

a) Ich . . . . heute nach London.

b) Wir . . . . nach Manchester.

c) Der Bus . . . . um 14.30.

d) . . . . Sie geradeaus und dann links!

e) Die U-Bahn . . . . bis Heathrow.

2 *Spreche – spricht – sprechen?*

a) . . . . Sie Deutsch?

b) Mein Mann . . . . kein Englisch.

c) Ich . . . . Deutsch, Englisch, Spanisch und Chinesisch.

d) Die Rezeptionistin . . . . nicht gut Deutsch.

3 What goes together?

a)	das Wachsfigurenkabinett	i)	nehmen
b)	den Bus	ii)	machen
c)	eine Stadtrundfahrt	iii)	kosten
d)	Englisch	iv)	fahren
e)	nach London	v)	besichtigen
f)	£6	vi)	sprechen

4 *Rollenspiel: Sprechen Sie und hören Sie dann die Kassette.*

Tourist: Guten Morgen, wir möchten den Tower besichtigen. Wo ist der, bitte?
Sie: *(Tell them to take the underground: the green or the yellow line up to Tower Hill.)*
Tourist: Und gibt es auch eine Stadtrundfahrt?
Sie: *(Say yes, there is a bus tour, there is a stop at Victoria, here is the timetable.)*
Tourist: Vielen Dank für Ihre Hilfe.
Sie: *(Say you are welcome.)*

SITUATION B: *Eine Schülergruppe macht eine Bootsfahrt auf der Themse*

ZUM START

Match up the different places of departure with the means of transport.

a) der Flughafen

b) der Taxistand

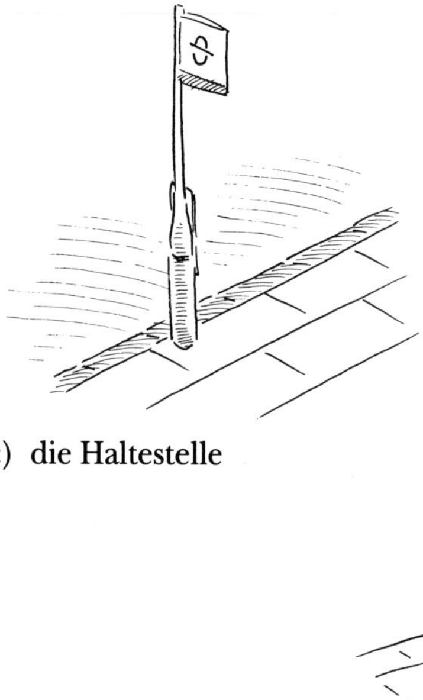

c) die Haltestelle

d) der Bahnhof

e) die Anlegestelle

das Boot	das Flugzeug	der Zug	das Taxi	der Bus

SCHLÜSSELWÖRTER

wo fährt das Boot nach Greenwich ab?	*where does the boat for Greenwich leave from?*
wann kommt das Boot in Greenwich an?	*when does the boat arrive at Greenwich?*
die Ankunft	*arrival*
die Abfahrt	*departure*
Karten kaufen	*buy tickets*
einfach	*single*
hin und zurück	*return*
einfach oder hin und zurück	*single or return*
zwischen 10 und 16 Jahren	*between (the ages of) 10 and 16*
Kinder unter 14	*children under 14*
Jugendliche über 14	*young people over 14*
in 20 Minuten	*in 20 minutes*

KONVERSATION: HÖREN

Please take the details:

a) Number of adults:

b) Number of children/young people:

c) Type of ticket wanted:

d) Price in total:

e) Arrival time at Greenwich:

KONVERSATION: LESEN UND HÖREN

Richtig oder falsch?

a) Children over 14 pay the full price.

b) The group will catch another boat back.

c) The boat leaves at 8 p.m.

LEHRERIN: Entschuldigung, wo fährt das Boot nach Greenwich ab?
ANGESTELLTER: Hier. Möchten Sie Karten kaufen?
LEHRERIN: Ja, bitte.
ANGESTELLTER: Einfach oder hin und zurück?
LEHRERIN: Einfach, bitte. Wir nehmen den Bus zurück.
ANGESTELLTER: Wieviele Personen sind Sie?
LEHRERIN: Zwei Erwachsene und 15 Kinder zwischen 10 und 16 Jahren.

ANGESTELLTER: Wieviele Kinder sind unter 14?
LEHRERIN: 12.
ANGESTELLTER: Gut, also, das ist zwölfmal halber Preis und fünfmal voller Preis. Das macht £66.
LEHRERIN: Wann kommen wir in Greenwich an?
ANGESTELLTER: Ankunft in Greenwich ist um 14.30 Uhr. Das Boot fährt in 20 Minuten ab.

ERKLÄRUNGEN

Ankommen *(to arrive)*

ich	komm**e**	um 16 Uhr	**an**	*I arrive at 4 p.m.*
du	komm**st**	um 22 Uhr	**an**	*you arrive at 10 p.m.*
er/sie	komm**t**	um 9 Uhr	**an**	*he/she arrives at 9 a.m.*
wir	komm**en**	um 10 Uhr	**an**	*we arrive at 10 a.m.*
ihr	komm**t**	um 11 Uhr	**an**	*you arrive at 11 a.m.*
sie/Sie	komm**en**	um 19 Uhr	**an**	*they/you arrive at 7 p.m.*

The an *is part of the verb and changes its original meaning:*

kommen = *to come* kommen . . . an = *to arrive*

In a dictionary you will find this verb listed as ankommen. *These sorts of verbs are known as separable verbs.*

Abfahren *(to leave/to depart)*

ich	fahr**e**	um 16 Uhr	**ab**	*I leave at 4 p.m.*
du	**fährst**	um 22 Uhr	**ab**	*you leave at 10 p.m.*
er/sie	**fährt**	um 9 Uhr	**ab**	*he/she leaves at 9 a.m.*
wir	fahr**en**	um 10 Uhr	**ab**	*we leave at 10 a.m.*
ihr	fahr**t**	um 11 Uhr	**ab**	*you leave at 11 a.m.*
sie/Sie	fahr**en**	um 19 Uhr	**ab**	*they/you leave at 7 p.m.*

In a dictionary you will find this verb as abfahren.

Nach Greenwich/zu Madame Tussaud's

If you want to say that you are going to a town or a country, 'to' will translate as nach.

Ich fahre nach Greenwich.
Ich fahre nach Deutschland.

If you want to say that you are going to a certain place within a town you would normally use zu.

Ich fahre zu Madame Tussaud's.
Wie komme ich zu Baker Street?

INFO

- Most place names are not translated. However, some particularly well-known ones are. Listen to *die Themse* (the River Thames) and to how *London* is pronounced.

VERSTEHEN

See how much you can understand of the text below without using a dictionary and then look through it again with one for reference if necessary.

Stadtrundfahrten in London
Bus- und Bootsfahrten mit Führer sind eine gute Gelegenheit, London und Südengland kennenzulernen. Broschüren gibt es in allen Touristeninformationszentren. Für Auskunft und Anmeldung stehen außerdem viele Hotels und Reisebüros sowie das Verkehrsbüro im Busbahnhof Victoria zur Verfügung. Die telefonische Anmeldung (nur mit Kreditkarte) kann unter 071-998877 erfolgen. Kombikarten für eine Stadtrundfahrt + Besichtigung von Madame Tussauds sind ebenfalls erhältlich.

AUFGABEN

1 Listen to the five mini-dialogues and decide which modes of transport people are talking about. Put the letters a–e in the boxes.

2 *Zu oder nach?*

a) Ich fahre am 23. Juni .... Hamburg.

b) Entschuldigung, wie komme ich .... Oxford Circus?

c) Wann fährt das Boot .... Greenwich ab?

d) Was gibt es in London zu sehen? Gehen Sie .... Madame Tussaud's. Das ist sehr interessant.

e) Ich möchte .... Südwestengland fahren.

3 Listen to German tourists speaking and decide whether the statements below are true ✓ or false ✗.

a) The tourist would like five single tickets.

b) The tourist would like to know when the boat leaves Greenwich.

c) The tourist would like to know when the boat arrives.

d) The tourist would like to know when the next boat leaves.

e) The tourist would like a single ticket for the 4 o'clock boat.

4 *Rollenspiel:* you are working for a boat company offering sightseeing trips. It is Saturday, 12.40 p.m.

TOURIST: Wann fährt das nächste Boot ab, bitte?
– *(Answer appropriately.)*
TOURIST: Und wann kommen wir an?
– *(Answer appropriately.)*
TOURIST: Ein Erwachsener und zwei Kinder. Was macht das?
– *(Answer appropriately.)*

Rundfahrten

£8 (Kinder halber Preis)

Mo – Fr

Abfahrt	Ankunft
15.00	16.30
17.00	18.30

Sa + So

Abfahrt	Ankunft
11.00	12.30
13.00	14.30
15.00	16.30

SITUATION C: *Peter Steinbach geht in den Souvenirladen*

ZUM START

Listen to the cassette and write the correct prices on the price tags.

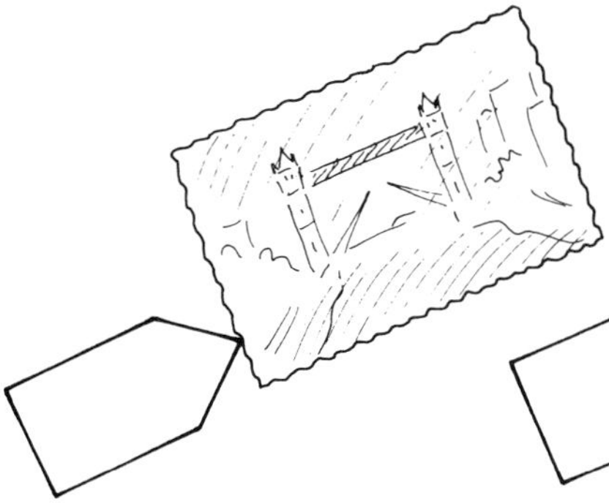

a) die Postkarte

b) die Briefmarke

c) der Stadtplan

d) das T-Shirt

e) der rote Bus

f) der England-Führer

SCHLÜSSELWÖRTER

Verkäufer(in)	*shop assistant*
die normale Briefmarke	*normal stamp*
die Sondermarke	*special stamp, greetings stamp*
das Stück	*piece, item*
draußen	*outside*
drinnen	*inside*
welche Größe(n)?	*what size(s)?*
welche Farbe(n)?	*what colour(s)?*
in schwarz	*in black*
in blau	*in blue*
ist das alles?	*is that all?*
zusammen	*altogether*

KONVERSATION: HÖREN

Which two services is the shop unable to offer?

KONVERSATION: LESEN UND HÖREN

Fill in the German for 'it comes to', 'we have', 'that is not possible', 'in blue', 'OK', 'good-bye'.

PETER STEINBACH: Guten Tag. Ich möchte die fünf Postkarten hier, bitte.
VERKÄUFERIN: Ja, ... £2.
PETER STEINBACH: Haben Sie auch Briefmarken?
VERKÄUFERIN: Ja, ... normale Briefmarken – vier Stück oder 10 Stück – oder Sondermarken – 10 Stück.
PETER STEINBACH: Ich nehme die Sondermarken, aber ich möchte nur fünf. Geht das?
VERKÄUFERIN: Nein, es tut mir leid. . . . .
PETER STEINBACH: OK. Ich nehme die 10. Und Sie haben draußen ein T-Shirt mit *I love London*, was kostet das?
VERKÄUFERIN: Die T-Shirts kosten £8.
PETER STEINBACH: Welche Größen gibt es?
VERKÄUFERIN: S, M, L und XL jeweils . . . . oder schwarz.
PETER STEINBACH: Gut, ich nehme eins in schwarz, Größe L, bitte.
VERKÄUFERIN: . . . . Ist das alles?
PETER STEINBACH: Ja.
VERKÄUFERIN: Also, fünf Postkarten, 10 Briefmarken, und ein T-Shirt, das macht zusammen £12,40, bitte.
PETER STEINBACH: Nehmen Sie auch D-Mark?
VERKÄUFERIN: Nein, nur Pfund.
PETER STEINBACH: Also, hier bitte. 12 Pfund und 40 Pence.
VERKÄUFERIN: Vielen Dank. . . . . !

ERKLÄRUNGEN

Shopping and the accusative case

Remember to use the accusative (see Kapitel 3) *with verbs like* möchten *(would like)*, nehmen *(to take)*, suchen *(to look for) or* haben *(to have)*.
The definite article can also be used in the accusative to mean 'it' and the indefinite article to mean 'one'.

ich suche **einen** Pullover — *I am looking for a jumper*

wir haben hier **einen** in blau	*we have got one in blue*
gut, **den** nehme ich	*all right, I'll take it*
ich suche **eine** Vase	*I am looking for a vase*
wir haben hier **eine** für £20	*we have got one for £20*
gut, **die** nehme ich	*all right, I'll take it*
ich suche **ein** T-Shirt	*I am looking for a T-Shirt*
wir haben hier **eins**(!) in grün	*we have got one in green*
gut, **das** nehme ich	*all right, I'll take it*

Now you try

Ich suche einen Stadtplan.	*Say you have got one for £5.*
Ich möchte eine Vase.	*Say you have got one in red.*
Ich suche ein Sweat-Shirt.	*Say you have got one in yellow.*

INFO

- *DM = Deutsche Mark/D-Mark. Das kostet eine Mark.*
  (not *Deutschmark*)
  ÖS = Österreichischer Schilling. Das kostet einen Schilling.
  Sfr = Schweizer Franken. Das kostet einen Franken.
  £ = Pfund Sterling. Das kostet ein Pfund.

VERSTEHEN

See which items you can match up with the descriptions and then with a partner make up dialogues as in the **Lesen und Hören** *section.*

a)

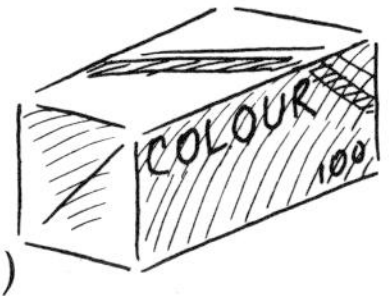

b)

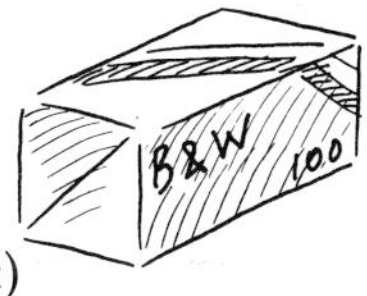

c)

d)

e)

f)

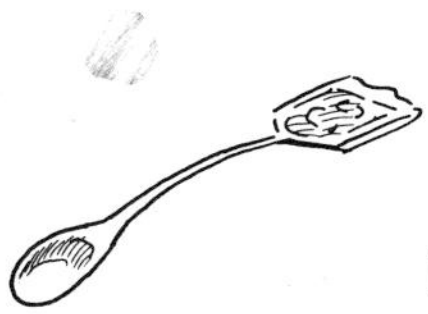
g)

h)

1 die Tasche 2 das Portemonnaie 3 der Schal 4 das Buch 5 der Löffel 6 der Farbfilm 7 der Schwarzweißfilm 8 der Schlüsselring

AUFGABEN

1 Find an appropriate reply for what the customers say.

a) Ich suche ein T-Shirt.

b) Ich möchte die drei Postkarten hier.

c) Haben Sie auch Briefmarken?

d) Was kostet eine Briefmarke für eine Postkarte nach Deutschland?

e) Ich suche einen Pullover für meine Frau.

f) Gibt es das T-Shirt auch in blau?

i) Ja, welche Größe hat Ihre Frau? ii) Welche Größe haben Sie? iii) Nein, nur in schwarz. iv) Ja, möchten Sie vier Stück oder 10 Stück? v) Das macht ein Pfund zwanzig. vi) 24 Pence.

2 Look back at the explanation on plurals (Kapitel 2B), then give the price for the souvenirs below (using the plural).

a) das T-Shirt(–s) (£8) Die T-Shirts kosten acht Pfund.

b) der Shetland-Pullover(–) (£45)

c) die Postkarte(–n) (50p)

d) der Bus(–se) (£4,50)

e) die Briefmarke(–n) (DM 1,–)

f) der Schlüsselring(–e) (ÖS 50)

g) der Stadtplan(¨–e) (Sfr 20)

3 Unjumble the conversation which takes place in a souvenir shop.

a) Verkäufer: Ja, was möchten Sie? Ein T-Shirt oder ein Portemonnaie oder einen kleinen roten Bus?
b) Touristin: Ja, ich suche ein Geschenk *(a present)* für meinen Mann.
c) Verkäufer: Guten Tag. Kann ich Ihnen helfen?
d) Touristin: Ein T-Shirt mit London-Motiv.
e) Verkäufer: £14.
f) Touristin: Was kostet das?
g) Verkäufer: Ja, hier bitte, ein grünes T-Shirt, Größe XL.
h) Touristin: XL. Haben Sie eins in grün?
i) Verkäufer: Welche Größe hat Ihr Mann?

Kapitel Neun

IM SPORTZENTRUM

SITUATION A: *Ein Tourist mietet einen Squashplatz*

ZUM START

Which object goes with which facility?

1 der Tennisplatz
2 der Badmintonplatz
3 die Squashhalle
4 der Tischtennisraum
5 der Konditionsraum
6 das Schwimmbad
7 die Sauna
8 das Solarium

a) 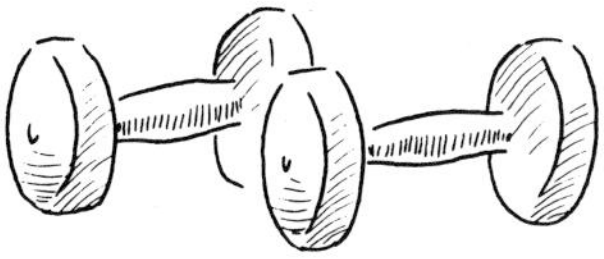

b) 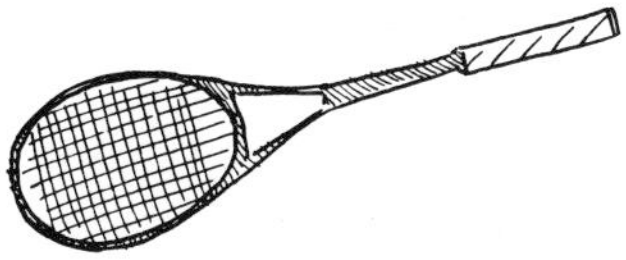

c) 

d) 

e) 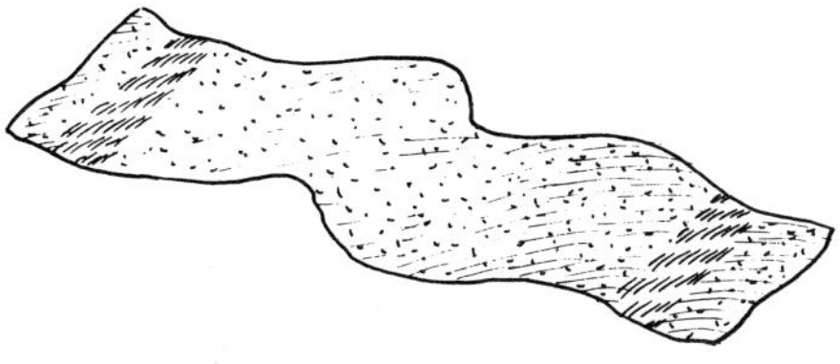

f) 

g) 

h) 

SCHLÜSSELWÖRTER

einen Platz mieten	*rent a court*
geöffnet	*open*
geschlossen	*closed*
wir haben geschlossen	*we are closed*
für eine Stunde	*for one hour*
für zwei Stunden	*for two hours*
Schläger leihen	*to hire rackets*
wo genau?	*where exactly?*
in Richtung Norden (Süden/ Westen/Osten)	*heading north (south/west/east)*
etwa 2 km außerhalb	*about 2 km outside (of town)*
auf der rechten/linken Seite	*on the right-hand/left-hand side*
neben	*next to*
gegenüber von	*opposite*

KONVERSATION: HÖREN

Wo ist das Sportzentrum?

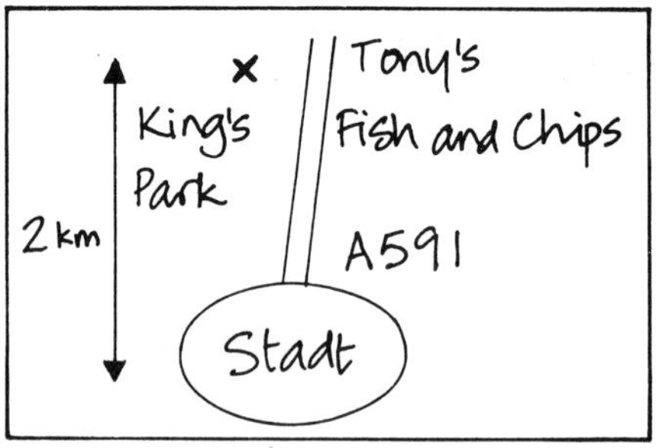

a)

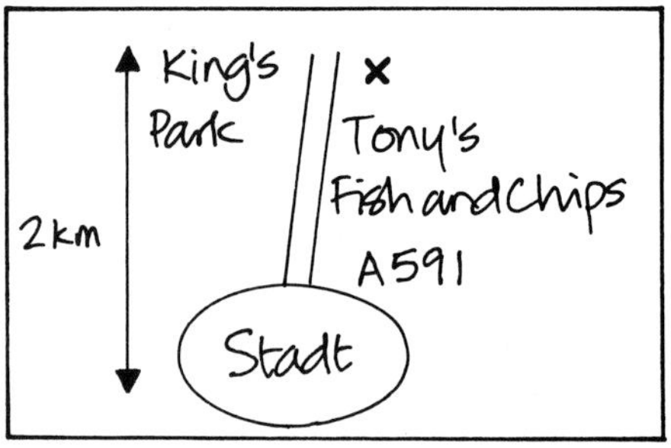

b)

KONVERSATION: LESEN UND HÖREN

Of the alternatives given in brackets circle the one which is actually used in the conversation.

ANGESTELLTE: *Leisureland Sports Centre, hello.*
HERR KUNERT: Guten Tag. Sprechen Sie Deutsch?
ANGESTELLTE: Ja, ich spreche Deutsch.
HERR KUNERT: Ich möchte (einen Squashplatz/einen Tennisplatz) mieten, bitte.
ANGESTELLTE: Ja, für wann?
HERR KUNERT: Für Mittwoch (nachmittag/vormittag), wenn es geht.
ANGESTELLTE: Es tut mir leid. Wir haben mittwochs (nachmittags/vormittags)

(geschlossen/nicht geöffnet). Können Sie am Donnerstag oder am Freitag kommen?

HERR KUNERT: Ja, am Donnerstag vormittag so um 10. Geht es da?

ANGESTELLTE: Ja, das geht. Ist das für eine Stunde?

HERR KUNERT: (Ja, für eine Stunde./Nein, für zwei Stunden.) Was kostet das, bitte?

ANGESTELLTE: (£9 pro Stunde./£5 für 30 Minuten.)

HERR KUNERT: Und kann man auch Schläger leihen?

ANGESTELLTE: (Ja, aber das kostet extra./Nein, leider nicht.)

HERR KUNERT: In Ordnung.

ANGESTELLTE: Also, ich reserviere den Platz für Sie für Donnerstag von 10 bis 11 Uhr. Wie ist Ihr Name, bitte?

HERR KUNERT: Kunert K–U–N–E–R–T. Wo genau ist das Sportzentrum?

ANGESTELLTE: Kommen Sie im Auto?

HERR KUNERT: Ja.

ANGESTELLTE: Nehmen Sie von der Stadtmitte aus die A 591 in Richtung Norden. Wir sind etwa 2 km außerhalb auf der linken Seite, neben *King's Park*. Der Eingang ist gegenüber von *Tony's Fish and Chips.*

HERR KUNERT: Vielen Dank.

ANGESTELLTE: Bitte schön. Auf Wiederhören.

ERKLÄRUNGEN

Mittwochs nachmittags

am Mittwoch	*on Wednesday (a specific day)*
mittwoch**s**	*on Wednesdays (in general)*
am Vormittag	*in the morning (specific)*
vormittag**s**	*in the mornings (general)*
am Nachmittag	*in the afternoon (specific)*
nachmittag**s**	*in the afternoons (general)*
am Abend	*in the evening (specific)*
abend**s**	*in the evenings (general)*
am Mittwoch nachmittag	*on Wednesday afternoon (specific)*
mittwoch**s** nachmittag**s**	*on Wednesday afternoons (general)*

INFO

- German visitors may not be used to thinking of distances in miles, so it is worth remembering that 1 mile equals roughly 1.6 kilometres.

VERSTEHEN

Which of these signs do you understand?

Sport- und Freizeitzentrum Tannenhof

geöffnet tägl. 8-21 Uhr
montags geschlossen

Mittwochs: Familientag
Ermäßigter Eintritt für Familien mit zwei oder mehr Kindern

Wassertemperatur heute
großes Becken: 22°C
Kinderbecken: 24°C

Barfußzone.
Bitte keine Schuhe!

Der **Tischtennis-Club** sucht neue Mitglieder. Alle willkommen!
Training dienstags abends (18-21 Uhr) in Halle 5. Monatsbeitrag: DM 20,–

AUFGABEN

1 Listen to four answerphone messages from people who would like to book facilities at a sport centre and note down the details.

	Name	Facility	Day	Time
a)				
b)				
c)				
d)				

2 Look at the extracts from maps below and explain to people how they can get to your sports centre (✗) from the town.

Example:

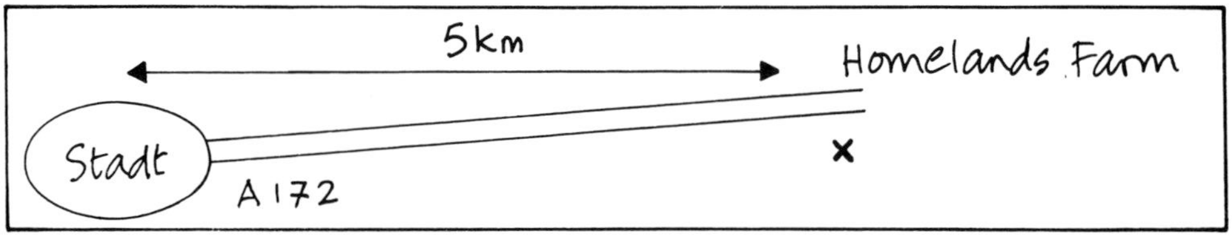

Nehmen Sie die A172 in Richtung Osten. Fahren Sie etwa 5 Kilometer. Das Sportzentrum ist auf der rechten Seite gegenüber von Homeland's Farm.

a)

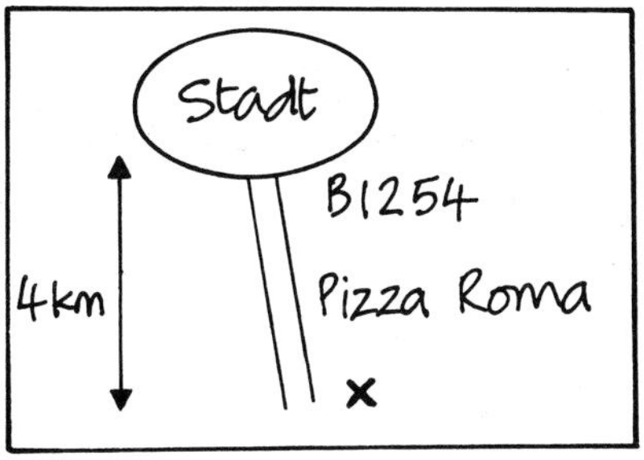

b)

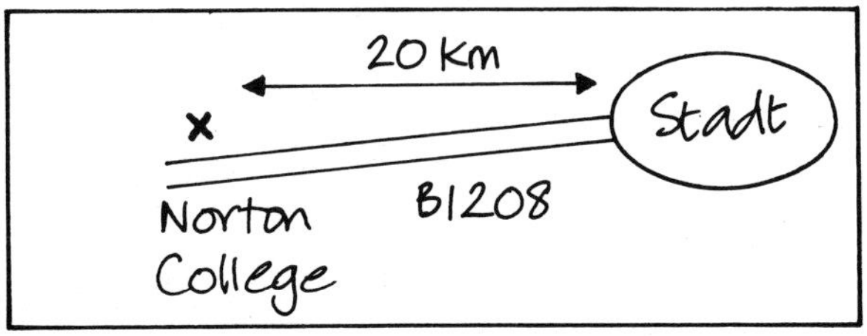

c)

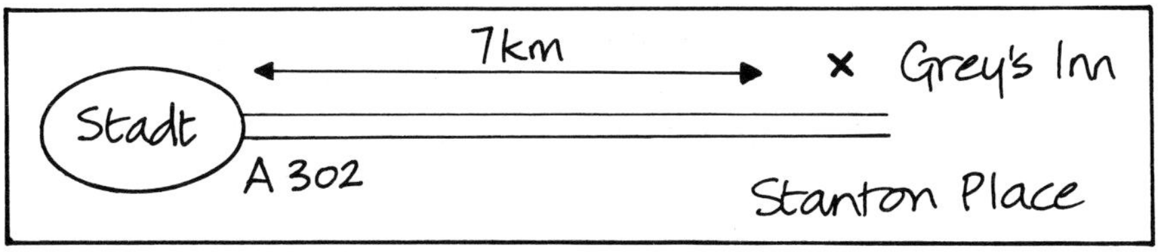

3 Find the odd one out!

a) vormittags – nachmittags – donnerstags – abends – nachts

b) Stunde – Minute – Tag – Monat – Woche – Jahr – Schläger

c) Auto – Tisch – Zug – Bus – U-Bahn – Straßenbahn – Flugzeug – Boot

SITUATION B: *Eine deutsche Touristin besucht das Schwimmbad*

ZUM START

Was ist verboten? *(What is forbidden?) Match up the German and English phrases.*

1 Rauchen verboten!
2 Bitte keine Straßenschuhe!
3 Ballspielen verboten
4 Bitte nicht vom Beckenrand springen!
5 Wir dürfen hier nicht rein!
6 Skateboardfahren verboten
7 Wasserrutsche – nicht für Kinder unter fünf

a) ball games b) diving c) bringing in dogs d) skateboarding
e) smoking f) outdoor shoes g) using the chute (under fives)

SCHLÜSSELWÖRTER

wie bitte?	*pardon?*
ich verstehe nicht!	*I don't understand!*
Sie sind Deutsche/Sie sind Deutscher	*you are German (woman/man)*
dürfen (ich darf)	*to be allowed to*
müssen (ich muß)	*to have to*
die Schuhe	*shoes*
Schuhe tragen	*to wear shoes*
das Schließfach	*locker*
gehen Sie an die Kasse	*go to the cash desk*
(Geld) wechseln	*change (money)*
machen	*to do*
wie lange darf man bleiben?	*how long is one allowed to stay?*
Ball spielen	*to play ball games*
das ist verboten	*that is forbidden*
noch nicht	*not yet*
sie müssen vorher duschen	*they must have a shower before*

KONVERSATION: HÖREN

Was ist verboten?

KONVERSATION: LESEN UND HÖREN

ANGESTELLTE: *Excuse me, you are not allowed to wear shoes in here.*
FRAU BEHRENDS: Wie bitte? Ich verstehe nicht.
ANGESTELLTE: Sie sind Deutsche?
FRAU BEHRENDS: Ja.
ANGESTELLTE: Sie dürfen hier keine Schuhe tragen. Die Schuhe müssen ins Schließfach.
FRAU BEHRENDS: Ja gut, aber ich habe kein 50-Pence-Stück für das Schließfach.
ANGESTELLTE: Gehen Sie an die Kasse. Dort können Sie Geld wechseln.
FRAU BEHRENDS: Können Sie das für mich machen? Die Frau am Eingang spricht kein Deutsch. Hier ist ein Pfund.
ANGESTELLTE: In Ordnung. Warten Sie einen Moment . . .
So, hier bitte.
FRAU BEHRENDS: Vielen Dank! Wie lange darf man im Schwimmbad bleiben?
ANGESTELLTE: Eine Stunde.
FRAU BEHRENDS: Und dürfen die Kinder Ball spielen?
ANGESTELLTE: Nein, leider nicht. Das ist verboten. Und die Kinder dürfen noch nicht ins Wasser! Sie müssen vorher duschen!

Korrekt oder nicht korrekt?

a) Frau Behrends kommt aus Deutschland.

b) Frau Behrends spricht kein Englisch.

c) Frau Behrends hat kein £1 Stück.

d) Es gibt kein Schließfach.

e) Frau Behrends hat Kinder.

f) Die Kinder duschen im Moment.

ERKLÄRUNGEN

Modal verbs

	müssen *(to have to, must)*	dürfen *(to be allowed to)*
ich	muß	darf
du	mußt	darfst
er, sie (man)	muß	darf
wir	müssen	dürfen
ihr	müßt	dürft
sie, Sie	müssen	dürfen

Müssen *and* dürfen *as well as* können *are called 'modal' verbs and share some special features.*

1 *They are irregular.*

2 *They are often used with the impersonal pronoun* man *(one).*

man muß	*one must*
man kann	*one can*
man darf nicht	*one must not*

In English you would probably say 'you have to', etc.

3 *They can be used with or without another verb.*

die Kinder müssen duschen	*the children must have a shower*
die Kinder müssen in den Garten	*the children must (go) into the garden*
die Schuhe müssen ins Schließfach	*the shoes must (be put) in the locker*

Negatives

ich muß nicht	*I do not have to*
ich darf nicht	*I am not allowed to/I must not*

VERSTEHEN

What leisure facilities do these hotels offer? (Use your dictionary if you need to.)

Hotel Erika

Zimmer: 20 Betten: 38
4 Konferenzräume für 15–20 Pers.

Kleines gemütliches Hotel auf der Halbinsel Amtswerder Sauna, Tagungsmöglichkeiten, Ruderboot- und Fahrradverleih, Vermittlung von Bootsfahrten sowie Reit- und Fahrttourismous, ruhige Stadtrandlage, eigener Reisebus mit 45 Plätzen

Zimmerpreise (incl. Frühstück)

Zimmerart	Preis von	/ bis (DM)
DZ, fließ. Warmwasser	50,–	60,–
DZ, Du/WC	60,–	95,–

Hotel Schöneck

Zimmer: 19 Betten: 42
2 Konferenzräume für 30–40 Pers.

Hotel in ruhiger Lage u. landschaftlich schöner Umgebung. Restaurant mit bürgerlicher Küche mit Wild- u. Fischgerichten aus dem Umland. Swimmingpool, Sauna, Solarium, Fitneßräume. Freiluftkegelbahn und Sportplatz.
Zimmer mit TV

Zimmerpreise (incl. Frühstück)

Zimmerart	Preis von	/ bis (DM)
DZ, Dusche/WC	65,–	90,–

AUFGABEN

1 Listen to some people asking questions. In what order do they mention the following activities? Write the numbers 1–6 in the boxes.

a) smoking ☐ b) eating ☐ c) having a shower ☐

d) diving ☐ e) playing ball games ☐ f) wearing trainers ☐

2 *kann, darf* or *muß*?

a)  Man .... hier Kaffee trinken.

b)  Man .... nicht Ball spielen.

c)  Man .... hier geradeaus gehen.

d) 

Man .... hier bezahlen.

e) 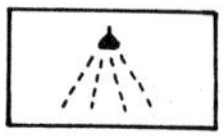 Man .... hier duschen.

f)  Man .... nicht springen.

g)  Man .... nicht Skateboard fahren.

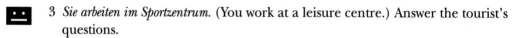

3 *Sie arbeiten im Sportzentrum.* (You work at a leisure centre.) Answer the tourist's questions.

TOURIST: Guten Tag. Sprechen Sie Deutsch?
SIE: *(Say, yes I speak German.)*
TOURIST: Phantastisch! Was kann man hier im Sportzentrum machen?
SIE: *(Say there is a swimming pool, a sauna, a fitness room, a squash court and a table tennis room.)*
TOURIST: Was kostet der Squashplatz?
SIE: *(Say it costs £8 for one hour.)*
TOURIST: Und der Eintritt für das Schwimmbad?
SIE: *(Say £2.20 for adults and £1.10 for children.)*
TOURIST: Wann haben Sie geöffnet?
SIE: *(Say you are open from 8 till 8.)*
TOURIST: Vielen Dank!
SIE: *(Say you are welcome.)*

SITUATION C: *Es gibt einen Bombenalarm, während eine deutsche Touristengruppe im Schwimmbad ist*

ZUM START

Please label the facilities at the swimming pool.

das Schwimmbecken
das Nichtschwimmerbecken
das Sprungbrett
die Kabine(–n)
das Schließfach(¨–er)
die Dusche(–n)
die Toilette(–n)
die Bar
die Kasse
der Eingang/der Ausgang

SCHLÜSSELWÖRTER

was ist los?	*what is the matter?*
der Bombenalarm	*bomb alert*
die Bombe	*bomb*
das (Schwimm)becken verlassen	*leave the pool*
gehen Sie nach draußen!	*go outside!*
das Handtuch	*towel*
ein Handtuch bekommen	*to get a towel*
der Notausgang	*emergency exit*
meine Kleider	*my clothes*
machen Sie sich keine Sorgen!	*don't worry!*
was passiert jetzt?	*what is happening now?*
die Polizei	*the police*
wie lange dauert das?	*how long does it take?*
ich weiß nicht	*I don't know*

KONVERSATION: HÖREN

a) Why does everybody have to go outside?

b) What will people be given while waiting outside?

c) Where is the emergency exit?

d) What are the police going to do and how long will it take them?

KONVERSATION: LESEN UND HÖREN

Please fill in words for the facilities.

Lautsprecher-Ansage auf Englisch
TOURIST: Entschuldigung, ich verstehe kein Englisch. Was ist los?
ANGESTELLTER: Es gibt einen Bombenalarm. Bitte verlassen Sie das . . . .
TOURIST: Wohin muß ich gehen?
ANGESTELLTER: Nach draußen. Sie bekommen ein großes Handtuch.
Nein – gehen Sie nicht in die . . . . ! Der . . . . ist hier links.
TOURISTIN: Aber meine Kleider sind im . . . .
ANGESTELLTER: Machen Sie sich keine Sorgen! Gehen Sie nach draußen!
TOURIST: Und was passiert jetzt?

ANGESTELLTER: Die Polizei kommt und sucht die Bombe.
TOURIST: Wie lange dauert das?
ANGESTELLTER: Ich weiß nicht. Es tut mir leid.

ERKLÄRUNGEN

Speaking about the future

In German you can use the simple present tense to speak about events in the future.

ich komme morgen nach London	*I am coming to London tomorrow*
ich fahre am 21. März nach Berlin	*I will go to Berlin on 21 March*
was passiert jetzt?	*what will happen now?*
die Polizei sucht die Bombe	*the police will look for the bomb*

Please try to put these sentences into German.

a) I will book the room for you.

b) I will bring the coffee at once.

c) The boat will leave in 20 minutes.

Speaking about groups

*In English, the plural verb form is used for groups of people: 'the Sievers family **are** coming', 'the police **are** here'.*
In German you would use the singular:
Familie Sievers **kommt** nach London. Die Polizei **ist** hier.

INFO

- In Germany you can find one or several outdoor swimming pools (*Freibad*) in every town. In the summer, schoolchildren and families may spend a lot of their free time there.

VERSTEHEN

Study the information on outdoor swimming pools in the Frankfurt area and tick the facilities mentioned.

FREIBÄDER IN FRANKFURT

Was geboten wird und wie der FVV Sie hinbringt:

– Das meistbesuchte Bad in Frankfurt, in dem an Spitzentagen schon einmal 12 000 Handtücher nebeneinander liegen, ist das Eschersheimer Bad, Im Uhrig. Das geschwungene Becken mit Natursteinrand, ein zur Rutsche umgearbeitetes Wehr, ein Sprühfeld mit Sandsteinfiguren und nicht zuletzt die idyllische Lage inmitten alter Bäume versprechen viel Badespaß und Erholung.

Mit der Buslinie 60 (Rödelheim – Heddernheim – Alt-Eschersheim) ist es gut zu erreichen.

– Etwas außerhalb im Grünen liegt das Stadionbad. Seit der Renovierung vor zwei Jahren sind dort eine Riesen-Rutschbahn, ein künstlicher Wasserfall und großzügige Schwimm- und Spring-Anlagen (Zehn-Meter-Turm) die Attraktionen.

Die Buslinie 61 (Lokalbahnhof – Flughafen), Haltestelle Stadion/Schwimmbad, bringt Sie hin.

– Landschaftlich schön gelegen am Berger Streuobst-Hang ist das Freibad Bergen-Enkheim, Fritz-Schubert-Ring. Mit einem abgetrennten Sprungbecken, einem Schwimmbecken mit Wettkampfmaßen, einem Nichtschwimmerbecken und einem Extra-Planschbecken für die Kleinen bietet es für jede Wasserratte etwas.

Durch die direkt am Eingang gelegene Haltestelle Schwimmbad Bergen-Enkheim der Buslinie 42 (Enkheim – Hessen-Center) gut angebunden.

– Das Farbwerksbad, Silostraße, wird von der Hoechst AG betrieben, ist aber für jeden zugänglich. Es hat eine sehr gepflegte, parkähnliche Anlage mit alten Bäumen und als Extras Tischtennisplatten und einen wassersprühenden Froschkönig.

An der Haltestelle Farbwerksbad/Ballsportanlage der Buslinie 54 und 807 aussteigen.

– Mit einem etwas kleineren Schwimmbecken, einem allmählich abfallenden Nichtschwimmerbecken und einem Babybecken ist das Freibad Hausen sehr gut für Familien geeignet.

Es liegt in der Nähe der Haltestelle Fischstein, an der die U6 (Zoo – Heerstraße) und die Buslinie 34 (Bornheim Mitte – Mönchhofstraße) halten.

PLANSCHEN IM UMLAND

Vor den Toren Frankfurts haben zahlreiche Gemeinder der attraktive Badeanlagen geschaffen. Im folgenden eine Auswahl inklusive der Verbindung mit öffentlichen Nahverkehrsmitteln:

– Das Parkbad Kriftel hat ein 50-Meter-Becken mit Sprungturm und angrenzendem Kinderbecken. Es liegt inmitten des Freizeitparks Kriftel, der Minigolf, Freizeitkegelbahn, Tischtennis, Kneippanlagen, Spiel- und Bolzplätze, Rollschuhbahn sowie ausgedehnte Spazierwege bietet. Mit dem Bus 810 (Hofheim Bahnhof – Schwalbach Bahnhof) bis zur Haltestelle Kirche Kriftel fahren.

– Besonders für Kinder ist das Freibad Hattersheim attraktiv mit seiner 45-Meter-Rutschbahn, Wasserpilz (Springbrunnen) und einer ,,Matsch''-Spielanlage. Außerdem gibt es ein Volleyballfeld mit Sandgrube.

Erreichbar ist das Freibad (Haltestelle Hofheimer Straße) mit den Buslinien 813 (Hofheim Bahnhof – Eddersheim Bahnhof) und 824 (Hattersheim Bahnhof – Hattersheim Gesamtschule).

Name	Main Pool	Children's Pool	Diving Pool/ Board	Chute	Other Facilities e.g. table tennis	Public Transport
Eschersheimer Bad	✓			✓		bus no. 60
Stadionbad						
Freibad						
Bergen-Enkheim						
Farbwerksbad						
Freibad Hausen						
Parkbad Kriftel						
Freibad Hattersheim						

AUFGABEN

1 Look at the notices displayed at a leisure centre with in- and outdoor facilities and decide which of the following an eleven-year-old child is allowed to do (✓) or not allowed to do (✗).

a) skateboarding
b) using the chute
c) using the fitness room
d) eating
e) diving from the side of the pool
f) playing ball games outside
g) wearing outdoor shoes
h) listening to pop music

Ballspiele nur draußen!

Skateboard fahren streng verboten

Fitness-Raum
Kein Eintritt für Kinder unter 14!

Bitte nicht vom Beckenrand springen

Wasserrutsche – nur für Kinder über 5!

Keine Straßenschuhe!

Bitte keine Musik. Sie stören vielleicht andere!

Hier kann man Picknick machen

2 Vital phrases. Write them out, then listen to the tape and practise.

a) That is forbidden!

b) That is no problem!

c) I don't understand.

d) I'm sorry!

e) I don't know.

f) Don't worry!

g) Can you spell it, please?

3 You are working for a leisure centre which is open 8 till 8 Mon–Wed and 9 till 9 on Friday, Saturday and Sunday. It is closed on Thursdays. On Wednesday afternoons there is free entry for children under 6. It is forbidden to smoke. Make up some signs in German to put around the centre.

Kapitel Zehn

IM RESTAURANT

SITUATION A: *Herr und Frau Schwarz studieren die Speisekarte*

ZUM START

Was ist das?

Which explanation goes with which item?

1	prawn cocktail	a)	Das ist gemischter Salat.
2	garlic mushrooms	b)	Das sind Erdbeeren mit Sahne.
3	onion soup	c)	Das ist Krabbencocktail.
4	fish fillet in white wine	d)	Das sind Champignons mit Knoblauch.
5	roast beef and vegetables	e)	Das ist Fischfilet in Weißweinsoße.
6	mixed salad	f)	Das ist Zwiebelsuppe.
7	strawberries and cream	g)	Das ist Rinderbraten mit Kartoffeln und Gemüse.

Now listen to the cassette.

SCHLÜSSELWÖRTER

können Sie uns helfen?	*can you help us?*
sehen Sie hier!	*look here!*
das Gericht	*dish*
das Fleischgericht	*meat dish*
die Beilage(–n)	*side dish(es)*
was für Beilagen?	*what side dishes?*
verschiedene Gemüse	*various vegetables*
eine Flasche Wein	*a bottle of wine*
es tut mir sehr leid	*I am very sorry*
macht nichts	*it doesn't matter*

KONVERSATION: HÖREN

Richtig oder falsch?

a) There is no menu.
b) Herr Schwarz is having the prawns.
c) Frau Schwarz is having a salad.
d) The fish comes in a garlic sauce.
e) Herr Schwarz orders a glass of wine.
f) There are no chips.

KONVERSATION: LESEN UND HÖREN

Read the conversation below and amend the previous section if necessary.

HERR SCHWARZ: Wir verstehen die Speisekarte nicht. Können Sie uns helfen?
KELLNER: Ja, natürlich.
HERR SCHWARZ: Was ist das hier?
KELLNER: *Prawn cocktail*? Das ist Krabbencocktail.
FRAU SCHWARZ: Und haben Sie auch Knoblauchbrot?
KELLNER: Ja, sehen Sie hier, *Garlic bread*. Das ist Knoblauchbrot.
FRAU SCHWARZ: Das nehme ich.
HERR SCHWARZ: Also, einmal Knoblauchbrot und einmal Krabbencocktail. Was für Fleisch- und Fischgerichte haben Sie?
KELLNER: Wir haben Rinderbraten oder Rindersteak, Fischfilet in Weißweinsoße, Fischfilet paniert . . .
HERR SCHWARZ: Und was für Beilagen gibt es?
KELLNER: Pommes frites oder eine gebackene Kartoffel und verschiedene Gemüse.
FRAU SCHWARZ: Ich nehme das Fischfilet in Weißweinsoße mit Pommes frites.
HERR SCHWARZ: Ich auch. Und eine Flasche Weißwein, bitte.
KELLNER: Also zweimal Fischfilet und eine Flasche Weißwein.

Fünf Minuten später:
KELLNER: Es tut mir sehr leid, aber wir haben kein Knoblauchbrot mehr.
FRAU SCHWARZ: Macht nichts. Dann nehme ich eine Tomatensuppe.

ERKLÄRUNGEN

Kein . . . mehr – *no more*

You use this phrase if you have run out of something.

wir haben **keinen**	Rinderbraten	**mehr** (m)
wir haben **keine**	Tomatensuppe	**mehr** (f)
wir haben **kein**	Knoblauchbrot	**mehr** (n)
wir haben **keine**	Champignons	**mehr** (pl)

Now say that you have run out of the following:

a) der Cheddar-Käse

b) die Sahne

c) das Hähnchen

d) die Tomaten (pl)

INFO

- *Beilagen: Gemüse* means vegetables, but Germans do not classify *Kartoffeln* as a type of *Gemüse.* The term *Beilagen* is used to cover *Kartoffeln, Reis, Nudeln* as well as *Gemüse.*
- Calling the waiter: traditionally Germans used to call the waiter *Herr Ober* and the waitress *Fräulein.* These terms are still used by some people.

VERSTEHEN

The Baxmann restaurant is offering different specialities at different times of the year (see overleaf). Decide in which month(s) they offer the following:

a) strawberries

b) steaks

c) fish

d) asparagus

e) radishes

f) onion tart

g) goose

h) game and poultry

i) salads

j) dishes from other countries

Use a dictionary if you get stuck.

Der kulinarische Terminkalender 1993

BAXMANN IN DER STADTHALLE

BAXMANN IN DER STADTHALLE

JAN./FEB.

22.01.-07.02. *Fischers Fritz fischt* ***frische Fische***
14.02. ***Valentinsmenü*** *für Verliebte*
24.02. ***Aschermittwoch***
Großes Matjesessen

MÄRZ

06.-21.03. ***Fit in den Frühling***
mit vielen Salaten

APRIL

08.04. *Wir eröffnen die* ***Spargelsaison***
11.+12.04. ***Ostermenüs***

MAI

01.-23.05. ***Maischolle zum Sattessen***
Genießen Sie die schönste
Frucht des Jahres
*"****Erdbeeren*** *in großer Auswahl"*

JUNI

19.06. ***Frischer Matjes ist da***

JULI/AUG.

Wir erinnern an Ihren Urlaub

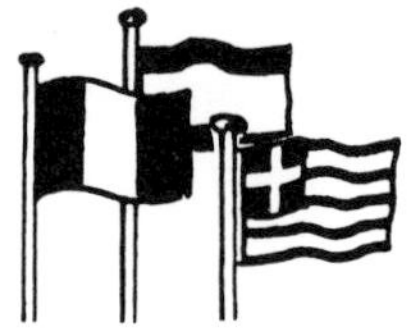

SEPTEMBER

Steaks *in ihrer ganzen Vielfalt*

OKTOBER

16.10. ***Oktoberfest*** *in der Stadthalle*
mit Radi und Gaudi
09.-24.10. *Junger Wein und Zwiebelkuchen*

NOVEMBER

06.-14.11. ***Ganz viel Gans*** *- Martinsgans!*
Reservieren Sie rechtzeitig Ihre
Weihnachtsfeier

DEZEMBER

01.-22.12. ***Wild und Geflügel***
in großer Auswahl
25.+26.12. *Festliche Menüs*

AUFGABEN

1 Listen to some German customers on the cassette. In what order do they say the following? Put 1–7 in the boxes.

a) Do you have a free table for tomorrow night? ☐

b) We would like to book a table. ☐

c) We would like the menu, please! ☐

d) I don't understand the menu. ☐

e) Could you help me, please? ☐

f) Could we have the bill, please? ☐

g) We don't have any cutlery! ☐

2 Try to explain the following items in German. (You may have to simplify some of them a little.) Then practise with the tape.

a) Was ist das: *chicken Kiev*? Das ist . . .

b) Was ist das: *chocolate fudge cake and cream*? Das ist . . .

c) Was ist das: *cream of mushroom soup*? Das ist . . .

d) Was ist das: *mixed salad with prawns*? Das ist . . .

e) Was ist das: *Blue Nun*? Das ist . . .

f) Was ist das: *Guinness*? Das ist . . .

3 *Rollenspiel: Sie sind Kellner/in im Restaurant.*

GAST: Die Speisekarte, bitte.
SIE: *(Say here you are.)*
GAST: Ich verstehe nicht viel Englisch. Können Sie mir helfen?
SIE: *(Say yes, of course.)*
GAST: *Plaice poached in white wine sauce.* Was ist das?
SIE: *(Say it is fish fillet in a white wine sauce.)*
GAST: Und was für Beilagen gibt es?
SIE: *(Say chips and a salad.)*
GAST: Gut, ich nehme den Fisch und ein Glas Weißwein.
SIE: *(Repeat the order.)*

Now listen to the tape and practise your pronunciation.

SITUATION B: *Frau Rautendorf möchte bestellen*

ZUM START

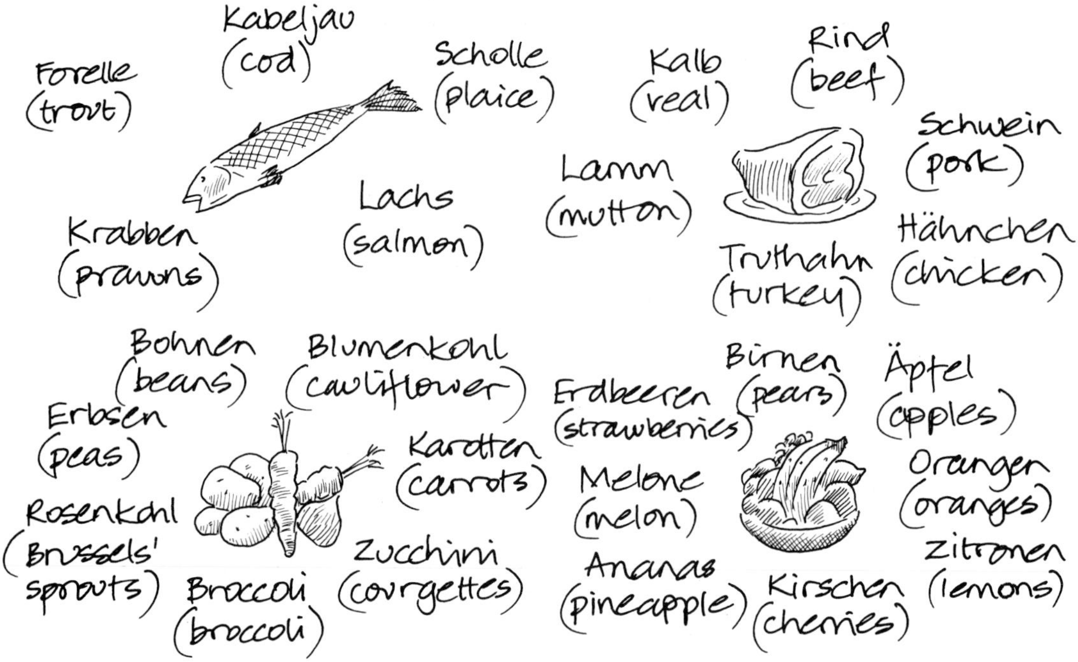

Was essen Sie gern? *(What do you like to eat?)*

Ich esse gern . . .

Ich esse nicht gern . . .

SCHLÜSSELWÖRTER

die Vorspeise	*starter*
als Vorspeise (nehme ich)	*for a starter (I'll have)*
das Hauptgericht	*main course*
als Hauptgericht	*for the main course*
das Dessert	*dessert*
als Dessert	*for dessert*
die Hähnchenbrust	*chicken breast*
lieblich	*sweet (for wines)*
trocken	*dry (for wines)*
ich nehme einen lieblichen Wein	*I'll have a sweet wine*
ich nehme einen trockenen Wein	*I'll have a dry wine*
guten Appetit!	*enjoy your meal!*

KONVERSATION: HÖREN

Was bestellt Frau Rautendorf?

- ☐ die Hähnchenbrust
- ☐ das Schollenfilet
- ☐ den Schweinebraten
- ☐ die gebackene Kartoffel mit Butter
- ☐ die gebackene Kartoffel mit saurer Sahne
- ☐ den Reis
- ☐ die Zucchini
- ☐ die Erbsen
- ☐ einen lieblichen Wein
- ☐ einen trockenen Wein
- ☐ den Käsekuchen
- ☐ das Orangensorbet

KONVERSATION: LESEN UND HÖREN

KELLNER: Möchten Sie bestellen?
FRAU RAUTENDORF: Ja, ich bekomme die Hähnchenbrust in Orangensoße.
KELLNER: Möchten Sie auch eine Vorspeise?
FRAU RAUTENDORF: Nein danke, keine Vorspeise.
KELLNER: Und was für Beilagen möchten Sie? Es gibt Pommes frites oder eine gebackene Kartoffel oder Reis und als Gemüse Zucchini oder Erbsen.
FRAU RAUTENDORF: Ich nehme die gebackene Kartoffel und Zucchini.
KELLNER: Möchten Sie die Kartoffel mit Butter oder mit saurer Sahne?
FRAU RAUTENDORF: Mit saurer Sahne.
KELLNER: Und was möchten Sie trinken?
FRAU RAUTENDORF: Einen trockenen Weißwein, bitte. Und als Dessert nehme ich den Erdbeer-Käsekuchen.

KELLNER: So, einmal Hähnchenbrust mit Kartoffel. Das Gemüse bringe ich sofort.

KELLNER: Hier bitte, Ihre Zucchini. Guten Appetit!
FRAU RAUTENDORF: Vielen Dank!

ERKLÄRUNGEN

Word order

The German verb always comes as the ***second idea*** *in a sentence. If a sentence starts with the subject, the word order is:*

1 subject	**2** verb	**3** other	
ich	nehme	das Hähnchen	
ich	bringe	das Gemüse	sofort

If a sentence starts with another item the word order is:

1 other	**2** verb	**3** subject	**4** other
das	nehme	ich	
das Gemüse	bringe	ich	sofort
dann	nehme	ich	die Tomatensuppe
als Dessert	nehme	ich	den Käsekuchen

Notice that verb and subject get swapped around:

Ich bringe . . . → . . . bringe ich

INFO

- In Germany, the difference between a pub which also serves food and a restaurant is not as clear cut as in Britain. You certainly wouldn't find the two under the same roof and Germans might sometimes be confused as to where they want to eat when entering a place with both a lounge bar with bar meals and a restaurant.

VERSTEHEN

What was the set meal at this hotel on 30 October?

Hotel Plaza
Sonntag, den 30. Oktober

Broccolicremesuppe

Salate vom Buffet

Truthahnmedaillons in Calvadossauce
oder
Lachsschnitte
Butterreis, Mischgemüse

Eisbecher 'Birne Hélène'

AUFGABEN

1 Put the words of these sentences in the right order starting with the word/phrase in bold print. Then listen to the cassette.

a) **ich** das T-Shirt nehme

b) ich **das T-Shirt** nehme

c) ist hier **der Schlüssel**

d) ist **hier** der Schlüssel

e) bringe die Speisekarte sofort **ich**

f) bringe **die Speisekarte** sofort ich

g) **Herr Schmidt** fliegt um 19 Uhr nach Düsseldorf

h) Herr Schmidt fliegt **um 19 Uhr** nach Düsseldorf

i) **wir** leider keine Tomatensuppe mehr haben

j) wir **leider** keine Tomatensuppe mehr haben

2 Write out a dialogue in a restaurant using at least ten of the phrases below.

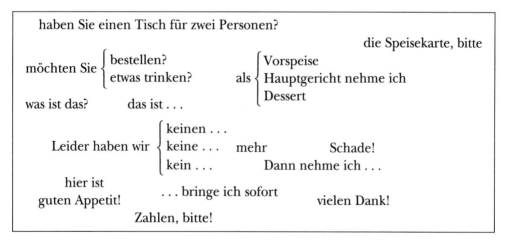

haben Sie einen Tisch für zwei Personen?

die Speisekarte, bitte

möchten Sie { bestellen? / etwas trinken? }

als { Vorspeise / Hauptgericht / Dessert } nehme ich

was ist das?

das ist . . .

Leider haben wir { keinen . . . / keine . . . / kein . . . } mehr

Schade!

Dann nehme ich . . .

hier ist

guten Appetit!

. . . bringe ich sofort

vielen Dank!

Zahlen, bitte!

SITUATION C: *Mehrere deutsche Touristen sind im Restaurant*

ZUM START

Falsche Freunde

Some words look the same, but do not mean the same!

der Chef	*boss*	*chef*	der Koch
das Menü	*set meal*	*menu*	die Speisekarte
das Trinkgeld	*tip*	*piece of advice*	der Tip

"Ich bin der Chef" "Ich bin der Koch!"

SCHLÜSSELWÖRTER

hat es geschmeckt?	*did you enjoy your meal?*
es war	*it was*
zusammen oder getrennt?	*together or separately*
das Tagesmenü	*set meal of the day*
ist etwas nicht in Ordnung?	*is something wrong?*
dauern	*to take time*
das dauert lange	*it takes a long time*
manchmal	*sometimes*
die gegrillte Ente	*barbecued duck*
der griechische Salat	*Greek salad*
auf Kosten des Hauses	*on the house*
(den Koch) fragen	*to ask (the cook)*
(den Chef) holen	*to fetch (the boss)*

KONVERSATION: HÖREN

Which answers do customers give to the questions the waiter asks?

1 Hat es geschmeckt?
2 Zusammen oder getrennt?
3 Ist etwas nicht in Ordnung?
4 Der Tisch dort links ist frei.
5 Möchten Sie ein Dessert auf Kosten des Hauses bestellen?

a) Zusammen, bitte.
b) Ach so, danke.
c) Ich warte schon 30 Minuten.
d) Ja, gern, vielen Dank. Ich nehme den Apfelkuchen.
e) Ja, danke, es war sehr gut.

KONVERSATION: LESEN UND HÖREN

In what order do you hear the conversations?

1

KELLNER: Hat es geschmeckt?
GAST: Ja, danke, es war sehr gut. Wir möchten dann zahlen, bitte.
KELLNER: Zusammen oder getrennt?
GAST: Zusammen.
KELLNER: Also, das war zweimal das Tagesmenü, ein großes Bier und ein Glas Orangensaft. Das macht £23,80.

2

GAST: Hallo, Herr Ober!
KELLNER: Ist etwas nicht in Ordnung?
GAST: Ich warte schon 30 Minuten.
KELLNER: Das tut mir leid. Was haben Sie bestellt?
GAST: Die gegrillte Ente.
KELLNER: Das dauert manchmal lange. Einen Moment. Ich frage den Koch.

3
(Two tourists are sitting at a table)

KELLNER: Es tut mir leid, der Tisch ist reserviert. Der Tisch dort links ist frei.
GAST: Ach so, danke.

4

KELLNER: So . . . hat es geschmeckt?
GAST: Ja, aber ich habe einen griechischen Salat bestellt, und einen normalen Salat bekommen, ohne Käse und Oliven!

KELLNER: Das tut mit sehr leid. Möchten Sie ein Dessert auf Kosten des Hauses bestellen?
GAST: Ja gern, vielen Dank. Ich nehme den Apfelkuchen.

5

GAST: Guten Tag. Wir möchten einen Tisch für eine große Gruppe für den 23. April reservieren.
KELLNER: Sie müssen den Chef fragen. Einen Moment, ich hole ihn.

ERKLÄRUNGEN

Personal pronouns

The personal pronouns er, sie, es (see Kapitel 2) *change to* ihn, sie, es *if they are the direct object rather than the subject of a sentence. They can be used for people and things alike.*

Ich hole den Chef. → Ich hole **ihn**. (m)
Ich hole die Chefin. → Ich hole **sie**. (f)
Ich hole das Baby. → Ich hole **es**. (n)

Say you will fetch the following:

den Wirt	Einen Moment, ich hole . . .
die Kollegin	
das Messer	

INFO

- In Germany people walk into a restaurant and sit down at a free table. They do not wait to be seated. For groups of people bills are made out separately if the customers prefer.

VERSTEHEN

Brotzeit *is a small and mostly cold meal, found especially in the South of Germany. Find out whether the* Café-Bistro Sowieso *offers the following:*

smoked trout	soup	barbecued food	salmon sandwich	prawn cocktail
goulash	cold roast	ham sandwich	cheese sandwich	baked potato

Brotzeitkarte

Bei Gartenbetrieb gilt ausschließlich diese Karte

frische Spare-Ribbs 15,80
mit Salat (feurig-pikant)

Inclusivpreise

Südtiroler Schinkenplatte 12,50

Brotzeitplatte für 2 Personen mit Schinken, Wurst, Käse, reichlich garniert, dazu 1 Obstler 23,50

Geräuchertes Forellenfilet mit Meerrettich und Toast 10,50

Unsere Grillspezialitäten entnehmen Sie bitte dem Aushang am Grill, oder fragen Sie unser Servicepersonal

Guten Appetit wünscht Klaus Wilk

hausgem. Gulaschsuppe mit Brot ..	5,–
Bayerischer Wurstsalat	6,80
Schweizer Wurstsalat	7,80
Belegtes Brot mit Schinken oder Käse .	5,80
Lachsbrot mit Lachsersatz	8,50
Obazda mit Brot	6,80
Kalter Braten mit Kren	7,80
hausgem. Tellersülze mit Brot	7,80
gemischter Pressack sauer	5,80

AUFGABEN

1 Listen to the cassette and tick the items on the menu to which people are referring.

Desserts	
1 Frische Erdbeeren mit Schlagsahne	DM 6,80
2 Exotischer Obstsalat	DM 6,20
3 Schokoladencreme	DM 6,20
4 Gemischtes Eis	DM 5,50
5 Eisbecher Hawaii (Vanilleeis, Ananas, Sahne, Likör)	DM 8,50
6 Eiskaffee (Vanilleeis, Kaffee, Sahne, Schokoladenraspel)	DM 6,50
7 Torten und Kuchen vom Buffet	DM 4,– bis 6,–

Listen a second time and make a note of any special wishes they have.

2 *Er oder ihn?*

a) Sie müssen den Chef fragen. Ich hole . . . .

b) Das ist Herr Sievers. . . . . kommt aus Hamburg.

c) Der Pullover ist sehr schön. Ich nehme . . . .

d) Der Konferenzraum ist frei. Ich reserviere . . . . für Sie.

e) Herr Schmidt möchte einen Flug buchen. . . . . muß am Dienstag nach Hamburg fliegen.

f) Da ist mein Kollege. . . . . kann Ihnen helfen.

3 Fill in the gaps. The numbered letters will then form the solution.

GAST: Die _ p _ _ _ _ _ _ _ _[7] _ bitte.
KELLNER: So, möchten Sie _ e _ _[10] _ _ _ _ _ ?
GAST: Ja, ich nehme den Schweinebraten mit _ _[8] _ _ _ _ _ _ _ _[2] _ _ _.
KELLNER: Möchten Sie auch eine V _ _[9] _ _ _ _ _ _ ?
GAST: Nein danke.
KELLNER: Und was möchten Sie _ r _ _ _[1] _ _ ?
GAST: Ein _ _ _ _[4] trockenen Rotwein. Und als Dessert _ _ _[6] _ _ ich die _ _[3] _ _ _ _ _ _ _ mit Sahne.
KELLNER: Es tut mir leid. Wir haben keine Sahne _ _[11] _ r.
GAST: Macht n _ _[5] _ _ _. Dann nehme ich das Zitronensorbet.

LÖSUNG: _ _ _ _ _ _ _ _ _ _ _
1 2 3 4 5 6 7 8 9 10 11

Kapitel Elf

IM HISTORISCHEN MUSEUM

SITUATION A: *Familie Baumann kommt ins historische Museum*

ZUM START

Aktivitäten: Ordnen Sie zu!

a) b) c) d) e)

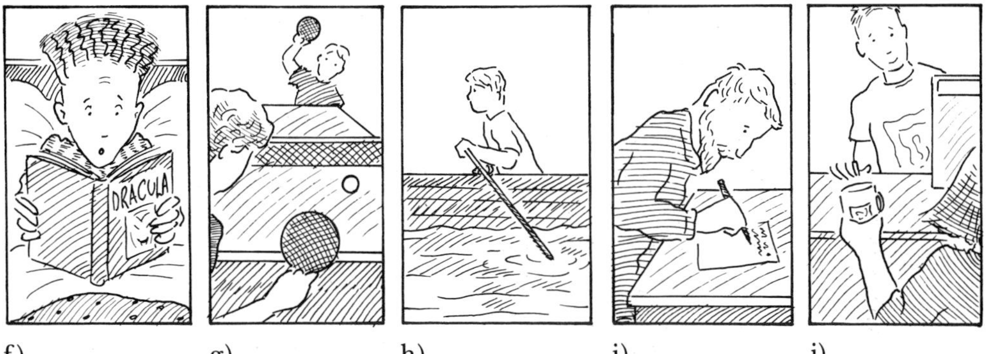

f) g) h) i) j)

1 fotografieren 2 Tischtennis spielen 3 Deutsch sprechen
4 Musik hören 5 Geld wechseln 6 lesen 7 schreiben
8 einen Film sehen 9 ein Souvenir kaufen 10 Boot fahren

SCHLÜSSELWÖRTER

unser Sohn	*our son*
unsere Tochter	*our daughter*
die Ausstellung(–en)	*exhibition*
viele Dinge	*many things*
zum Beispiel	*for example*
das Leben im 14. Jahrhundert	*life in the 14th century*
kommst du mit?	*are you coming along?*
gewinnen	*to win*
Sie müssen mir Ihre Tasche geben	*you must give me your bag*
wenn Sie Fragen haben	*if you have questions*
der Saal	*large room*

KONVERSATION: HÖREN

Was kann man im Museum machen?

- ☐ Eintrittskarten kaufen
- ☐ eine Show sehen
- ☐ ein Quiz machen
- ☐ fotografieren
- ☐ Boot fahren
- ☐ einen Walkman gewinnen
- ☐ Deutsch sprechen
- ☐ Kaffee trinken

KONVERSATION: LESEN UND HÖREN

Fill in the German for: adults, things, century, address, bag, large room

FRAU BAUMANN: Zwei . . . ., bitte. Und kann unser Sohn hier warten und lesen? Er findet historische Ausstellungen nicht sehr interessant.

ANGESTELLTE: Ja, natürlich. Aber wir haben viele . . . . auch für Kinder, zum Beispiel eine Multi-Media-Show über das Leben im 14. . . . . und ein Quiz.

FRAU BAUMANN: Aber er spricht nur Deutsch.

ANGESTELLTE: Das macht nichts. Die Show ist auf Englisch, Deutsch und Französisch und das Quiz auch.

FRAU BAUMANN: Kommst du dann mit?

SOHN: OK.

ANGESTELLTE: Also zweimal voller Preis und einmal halber Preis. Hier ist das Quiz für den jungen Mann. Du schreibst hier Namen und . . . . und du kannst dann einen Walkman gewinnen.

HERR BAUMANN: Darf man fotografieren?

ANGESTELLTE: Nein, das ist leider verboten. Und Sie müssen mir auch Ihre . . . . geben. Sie beginnen hier rechts. Wenn Sie Fragen haben: Frau Bower, unsere Führerin in . . . . 3 spricht Deutsch.

FRAU BAUMANN: Vielen Dank. Gibt es auch ein Café?
ANGESTELLTE: Ja, das ist im ersten Stock.

ERKLÄRUNGEN

More regular verbs

	warten *(to wait)*		finden *(to find)*
ich	wart**e**	ich	find**e**
du	wart**est**	du	find**est**
er, sie, es	wart**et**	er, sie, es	find**et**
wir	wart**en**	wir	find**en**
ihr	wart**et**	ihr	find**et**
sie, Sie	wart**en**	sie, Sie	find**en**

Regular verbs whose stems end in –d *or* –t *sometimes need to keep the* e *before the ending to make them pronounceable.*

More verbs which are not quite regular

Look back at sprechen *and* fahren *in* Kapitel 8A. *Similar to these (i.e. with irregularities occurring in the* du *and* er/sie/es *forms) are:*

	nehmen *(to take)*	geben *(to give)*	lesen *(to read)*	sehen *(to see)*	essen *(to eat)*
ich	nehm**e**	geb**e**	les**e**	seh**e**	ess**e**
du	**nimmst**	**gibst**	**liest**	**siehst**	**ißt**
er, sie, es	**nimmt**	**gibt**	**liest**	**sieht**	**ißt**
wir	nehm**en**	geb**en**	les**en**	seh**en**	ess**en**
ihr	nehm**t**	geb**t**	les**t**	seh**t**	e**ßt**
sie, Sie	nehm**en**	geb**en**	les**en**	seh**en**	ess**en**

Note that es gibt *has the special meaning of 'there is'/'there are'.*

VERSTEHEN

What are people doing wrong in the heritage centre overleaf? The phrases below will help you.

ein Kind ißt ein Eis   ein Kind schreibt seinen Namen   eine Frau macht Gymnastik   ein Mann raucht   eine Frau fotografiert   eine Frau trinkt Bier   ein Mann hat eine große Tasche   ein Kind hört Musik   ein Kind fährt Skateboard   eine Frau hat einen Hund   ein Kind trägt einen Pyjama

AUFGABEN

1 *Mieten* (to rent) and *senden* (to send) are just like *warten* and *finden.* Can you fill them in?

ich .... ein Auto	ich .... ein Telegramm
du *mietest* ein Boot	du .... ein Telex
er .... einen Konferenzraum	sie .... einen Brief
wir .... einen Partyraum	wir .... ein Telefax
ihr .... ein Appartement	ihr *sendet* Postkarten
sie .... einen Squashplatz	Sie .... ein Paket

2 All these verbs are regular verbs which you have come across in earlier units. Can you match them up with their meaning in English?

a) (zwei Bier) bestellen

b) (das Besteck) bringen

c) (einen Flug) buchen

d) (ein Zimmer) suchen

e) (den Chef) holen

f) (geradeaus) gehen

g) (DM 50,–) bezahlen *or* zahlen

h) (einen Schläger) leihen

i) (eine Eintrittskarte) kaufen

j) (5 Stunden) dauern

k) (Deutsch) verstehen

l) (eine Stunde) bleiben

hire	book	order	last/take time	buy	stay
bring	fetch	understand	pay	look for	go

3 *Was machen Sie oft?* Decide whether you do the activities below often *(oft)*, sometimes *(manchmal)* or never *(nie)*.

Tennis spielen	Musik hören	Spaghetti essen	Milch trinken	
Whisky trinken	Souvenirs kaufen	Geld wechseln	Deutsch sprechen	lesen
Postkarten schreiben	Boot fahren	Auto fahren	Bus fahren	
einen Film sehen	ins Museum gehen	fotografieren	telefonieren	
ein Hotelzimmer buchen	einen Flug buchen	ein Quiz machen		

oft	manchmal	nie

SITUATION B: *Herr Grün bucht eine Führung für eine Gruppe: es ist der 30. April*

ZUM START

30. April	1. Mai	2. Mai
heute	morgen	übermorgen
today	*tomorrow*	*the day after tomorrow*

Wann möchten die Gruppen kommen? *(Tick what you hear.)*

☐ heute vormittag	☐ morgen vormittag	☐ übermorgen vormittag
☐ heute nachmittag	☐ morgen nachmittag	☐ übermorgen nachmittag
☐ heute abend	☐ morgen abend	☐ übermorgen abend

SCHLÜSSELWÖRTER

entweder . . . oder	*either . . . or*
eine einstündige Führung	*a one-hour guided tour*
eine zweistündige Führung	*a two-hour guided tour*
die Dauerausstellung	*the permanent exhibition*
die Sonderausstellung	*the special exhibition*
über die Geschichte der Region	*about the history of the region*
schließt . . . mit ein	*includes*
bis wann?	*until what time?*
öffnen	*to open*
Sprechen ist schwierig	*speaking is difficult*
auf welchen Namen	*in what name?*
alles klar	*that's fine*
bis morgen	*see you tomorrow*

KONVERSATION: HÖREN

Listen and underline the correct alternative.

Herr Grün möchte eine Führung für eine Gruppe von (12/20) Personen buchen. Er möchte die (einstündige/zweistündige) Führung. Er bucht die Führung für (heute nachmittag/morgen vormittag). Das Museum öffnet am 1. Mai (um 9 Uhr/ um 10 Uhr). Die Führung ist (auf Deutsch/auf Englisch). Herr Grün versteht (kein Englisch/ein bißchen Englisch).

KONVERSATION: LESEN UND HÖREN

Read and amend the previous section if necessary.

ANGESTELLTE: *Heritage Centre, hello.*
HERR GRÜN: Guten Tag. Sprechen Sie Deutsch?
ANGESTELLTE: Ja, ein bißchen.
HERR GRÜN: Wir sind eine Gruppe von 12 Personen und wir möchten entweder heute nachmittag oder morgen vormittag eine Führung machen.
ANGESTELLTE: Ja, wir haben eine einstündige und eine zweistündige Führung. Die einstündige Führung ist nur für die Dauerausstellung über die Geschichte der Region und die zweistündige Führung schließt die Sonderausstellung und den Garten mit ein.
HERR GRÜN: Bis wann haben Sie heute geöffnet?
ANGESTELLTE: Bis 17 Uhr.
HERR GRÜN: Und morgen öffnen Sie um 10?
ANGESTELLTE: Nein um 9.
HERR GRÜN: Aber morgen ist Feiertag.
ANGESTELLTE: Nein, hier in England ist der 1. Mai nicht immer Feiertag. Der Feiertag ist am Montag. Das ist dieses Jahr der 5. Mai.
HERR GRÜN: Gut, dann kommen wir morgen um 9 und machen die zweistündige Führung.
ANGESTELLTE: Die Führung ist auf Englisch, aber es gibt auch Kassetten mit Kommentar auf Deutsch.
HERR GRÜN: Nein, wir möchten gerne die Führung machen. Wir verstehen alle ein bißchen Englisch, nur Sprechen ist schwierig.
ANGESTELLTE: Gut, das ist dann also für morgen um 9 Uhr für 12 Personen.
HERR GRÜN: Richtig.
ANGESTELLTE: Und auf welchen Namen?
HERR GRÜN: Grün. Das ist G–R–U Umlaut–N.
ANGESTELLTE: Alles klar. Vielen Dank, Herr Grün. Bis morgen.

INFO

- Public holidays in Germany are different from those in England. The following holidays apply to the whole of Germany: *Neujahr* (New Year) on 1 Jan, *Karfreitag* (Good Friday), *Ostermontag* (Easter Monday), *Maifeiertag* (May Day), always on 1 May, not on the following Monday, *Christi Himmelfahrt* (Ascension Day) on a Thursday in May, *Pfingstmontag* (Whit Monday), *Tag der deutschen Einheit* (Day of German Unity) on 3 October, *Buß- und Bettag* (Day of Prayer and Repentance) on the third Wednesday in November, *Erster Weihnachtsfeiertag* (Christmas Day), *Zweiter Weihnachtsfeiertag* (Boxing Day).

- On *Heilig Abend* (Christmas Eve) and *Silvester* (New Year's Eve) shops would be closed in the afternoon.
- *Fastnacht* or *Fasching* (carnival) is celebrated in February and in many areas there are additional holidays or half holidays.
- In the South, which is the Catholic part of Germany, there are also additional religious holidays.

VERSTEHEN

You are working at the tourist information office at Nuremberg main station (Hbf = Hauptbahnhof = *main station*). *People ask you questions about the Transport Museum* (Verkehrsmuseum). *Try to answer them, then practise with the cassette.*

a) Wo ist das Verkehrsmuseum, bitte?

b) Wie ist die Adresse?

c) Wie ist die Telefonnummer?

d) Was gibt es dort zu sehen?

e) Kann man dort auch essen?

f) Hat das Museum am 1. Mai geöffnet?

VERKEHRSMUSEUM
NÜRNBERG
ADLER
Geschichte der Bahn lebendig gestaltet
Berühmte Originalfahrzeuge auf 360 m Gleis
Größte Eisenbahnmodellsammlung im Maßstab 1:10
Filmvorführung „Mitfahrt auf dem Führerstand"
Eisenbahnbautechnik
Große Modellbahnanlage
Gemütliches Restaurant
(Freitag Ruhetag im Restaurant)
Geöffnet:
Montag bis Sonntag 9³⁰– 17⁰⁰
Geschlossen:
Am 1. Feiertag des Oster-, Pfingst- und Weihnachtsfestes, 1. Januar, Faschingsdienstag, Karfreitag, 1. Mai, 3. Oktober, Buß- und Bettag, 24. und 31. Dezember
Frauentorgraben
Lessingstr.
Verkehrsmuseum
Bahnhofplatz
Hbf
Eilgutstr.
Sandstr.
VERKEHRSMUSEUM NÜRNBERG
DB
Das führende deutsche Eisenbahnmuseum
Lessingstraße 6 · 8500 Nürnberg 70 ☎ (0911) 219 - 2428 wenige Min. vom Hbf

AUFGABEN

1 In what order do you hear the explanations about the museum? Put the numbers 1–6 in the boxes.

a) There is an exhibition on English history. ☐

b) There is a special exhibition on the 12th century. ☐

c) There is a group reduction for groups of 12 or more people. ☐

d) The guide in room 11 speaks German. ☐

e) There is a film with German commentary. ☐

f) The museum is closed on Good Friday. ☐

2 Please complete the phrases below.

a) Das Museum hat am ersten Mai _ _ s _ _ _ _ _ _ _ _.

b) Das Museum hat sonntags von 9 bis 17 Uhr _ _ _ f _ _ _ _.

c) Neben _ a _ _ 5 gibt es ein Café.

d) Es gibt eine A _ _ _ _ _ _ _ _ _ _ über die Geschichte von Cornwall.

e) Es gibt auch Kassetten mit _ o _ _ _ _ _ _ _ auf Deutsch.

3 Put the following expressions of time in order starting with the shortest period and finishing with the longest.

a) die Minute b) das Jahr c) die Stunde d) die Sekunde

e) die Woche f) der Tag g) das Jahrhundert h) der Monat

4 You work at the museum and receive a phone call.

TOURISTIN: Guten Tag. Ich möchte eine Führung für 20 Personen buchen.
SIE: *(Ask when they would like to come.)*
TOURISTIN: Morgen vormittag um 10 Uhr.
SIE: *(Say the museum will open at 11 tomorrow. It is a holiday. Ask whether they can come at 11.)*
TOURISTIN: Ja, das geht auch.
SIE: *(Ask in what name.)*
TOURISTIN: Müller. M–U Umlaut–L–L–E–R.
SIE: *(Say that's fine, Mrs Müller. See you tomorrow.)*

SITUATION C: *Frau Prenzberg sucht ihre Handtasche: es ist der 3. Oktober*

ZUM START

Was haben die Personen verloren? *Listen and tick off the items which people have lost.*

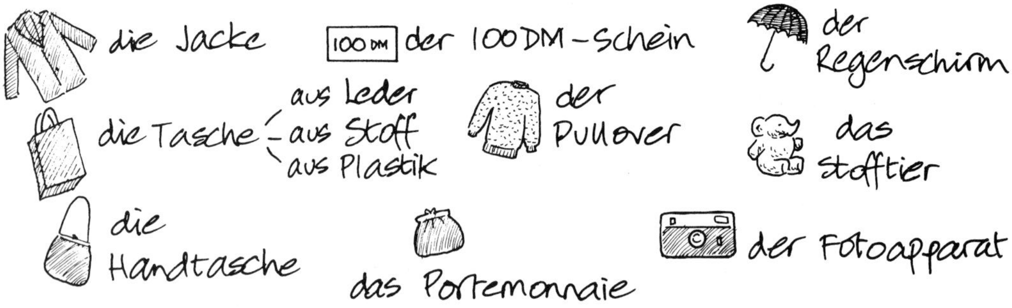

SCHLÜSSELWÖRTER

ich habe . . . verloren	*I have lost*
was war drin?	*what was inside?*
etwa £20	*about £20*
der Personalausweis	*identity card*
wo genau?	*where exactly?*
da hatte ich die Tasche noch	*I still had the bag then*
nicht mehr	*not any more*
noch einmal	*once again*
wenn wir die Tasche nicht finden	*if we don't find the bag*
die Polizei rufen	*call the police*
fehlt etwas?	*is something missing?*
nein, es fehlt nichts	*no, nothing is missing*
nichts zu danken!	*don't mention it.*

KONVERSATION: HÖREN

Wo war Frau Prenzberg? *Listen and indicate Frau Prenzberg's route.*

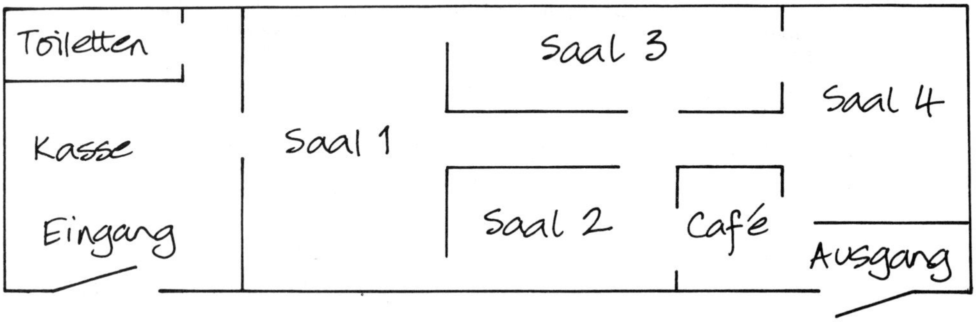

KONVERSATION: LESEN UND HÖREN

Richtig oder falsch?

a) Die Handtasche von Frau Prenzberg ist schwarz.

b) Frau Prenzberg hat deutsches und englisches Geld.

c) Frau Prenzberg möchte heute abend ins Theater gehen.

d) Ein Tourist findet die Tasche im Café.

e) Das deutsche Konsulat hat kein Telefon.

FRAU PRENZBERG: Ich habe meine Handtasche verloren. Ich kann sie nicht finden.
ANGESTELLTER: Was für eine Handtasche war das?
FRAU PRENZBERG: Eine braune Lederhandtasche.
ANGESTELLTER: Und was war drin?
FRAU PRENZBERG: Ja, also, da war mein Portemonnaie mit DM 200,– und etwa £20 und mein Schlüssel für das Hotelzimmer, Theaterkarten für heute abend, mein Personalausweis, meine Eurocheques, zwei Postkarten.
ANGESTELLTER: Und wo genau haben Sie die Tasche verloren?
FRAU PRENZBERG: Also ich war auf der Toilette und da hatte ich die Tasche noch und dann war ich lange in Saal 1 und dann in Saal 3 und Saal 4, und dann war ich im Café und dort hatte ich die Tasche nicht mehr.
ANGESTELLTER: Wir suchen noch einmal und wenn wir die Tasche nicht finden, dann rufe ich die Polizei und Sie können das deutsche Konsulat informieren. Ich habe die Telefonnummer hier.
FRAU PRENZBERG: Ja, aber das Konsulat hat heute geschlossen. In Deutschland ist Feiertag.
FÜHRER: Haben Sie Ihre Tasche verloren? Die braune Tasche hier war in Saal 4.
FRAU PRENZBERG: Das ist sie. Vielen Dank!
ANGESTELLTER: Fehlt etwas?
FRAU PRENZBERG: Einen Moment, nein es fehlt nichts. Vielen vielen Dank!
FÜHRER: Nichts zu danken.

ERKLÄRUNGEN

Speaking about events in the past

You can put sein *and* haben *into the past very easily. Try to remember at least the forms in bold print.*

ich	**war**	*I was*	ich	**hatte**	*I had*
du	warst	*you were*	du	hattest	*you had*

er	**war**	*he was*
sie	**war**	*she was*
es	**war**	*it was*
wir	**waren**	*we were*
ihr	wart	*you were*
sie	**waren**	*they were*
Sie	**waren**	*you were*

er	**hatte**	*he had*
sie	**hatte**	*she had*
es	**hatte**	*it had*
wir	**hatten**	*we had*
ihr	hattet	*you had*
sie	**hatten**	*they had*
Sie	**hatten**	*you had*

Describing objects

You say Was für ein/eine . . . ? *to ask about the type of object, and you use* in *to describe the colour and* aus *to describe the material in reply.*

Was für ein Pullover war das? (m)
Was für eine Tasche war das? (f)
Was für ein Portemonnaie war das? (n)

Das war ein Pullover in grün (*or*: ein grüner Pullover)
Das war eine Tasche in schwarz (*or*: eine schwarze Tasche)
Das war ein Portemonnaie in rot (*or*: ein rotes Portemonnaie)
Das war ein Pullover aus Wolle (*or*: ein Wollpullover)
Das war eine Tasche aus Plastik (*or*: eine Plastiktasche)
Das war ein Portemonnaie aus Leder (*or*: ein Lederportemonnaie)

The most important materials you need to know are:

aus Wolle	*made of wool*
aus Leder	*made of leather*
aus Plastik	*made of plastic*
aus Stoff	*made of fabric, cloth*

INFO

- In Germany, everybody over 16 must carry an identity card (*einen Personalausweis*). Within the EC and a number of other countries the ID card can be used for travelling instead of a passport.

AUFGABEN

1 Listen to people on the tape who have lost something. Then make a note of the details.

	lost object	colour/size/material	place where last seen
a)			
b)			
c)			
d)			

2 Try to say these things in the past:

a) Ich bin Student.

b) Herr Schmidt ist in London.

c) Wo sind Sie?

d) Das Steak ist sehr gut.

e) Wir haben ein Einzelzimmer mit Bad.

f) Die Dame hat eine schwarze Tasche.

g) Ich habe Ihre Adresse nicht.

3 A tourist has lost her bag. Play the part of a receptionist and find the German for the following phrases. Then practise with the tape.

a) What type of bag was it?

b) Where exactly was that?

c) What was in it?

d) I will call the police.

e) This is the phone number of the consulate.

f) Don't worry.

4 Now say something appropriate in German to this tourist. Then check with the cassette.

TOURIST: Ich habe mein Portemonnaie verloren.
SIE: ....
TOURIST: Über £100!
SIE: ....
TOURIST: Ein schwarzes Portemonnaie, aus Leder.
SIE: ....
TOURIST: Nein, nicht die Polizei! Ich informiere das Konsulat.

Kapitel Zwölf

12

GESCHÄFTSREISE

SITUATION A: *Herr Walter von der Firma Solms AG ändert eine Buchung*

ZUM START

Look at the illustration below and listen to the tape. Which three facilities are not mentioned?

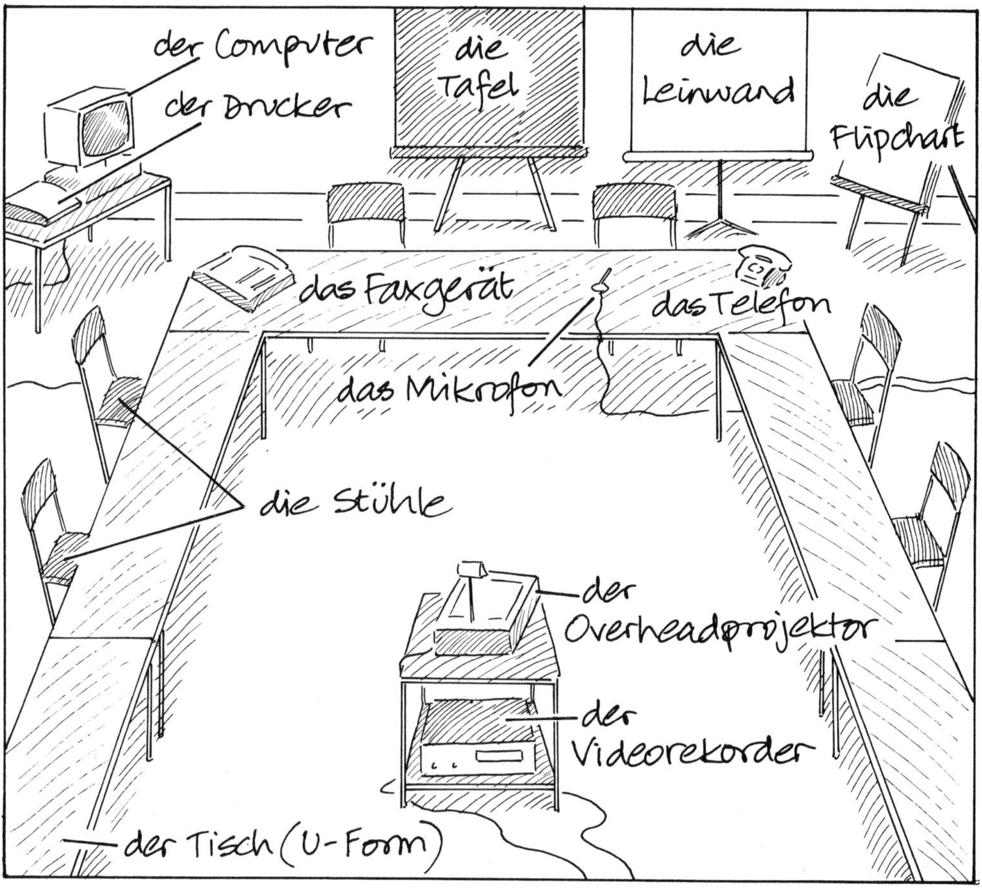

SCHLÜSSELWÖRTER

gestern	*yesterday*
die Buchung ändern	*change the booking*
ein bißchen größer	*a little bigger*
m^2 (Quadratmeter)	*square metres*
kein . . . sondern	*not . . . but*
ein kaltes Büffet	*cold buffet*
(etwas) notieren	*make a note of (something)*
sonst noch etwas?	*anything else?*

KONVERSATION: HÖREN

Listen to the cassette and fill in the booking form below.

Conference Booking

Name: No. of people:

Date: Equipment:

Time: Meals:

KONVERSATION: LESEN UND HÖREN

Fill in the following phrases: einen Moment, bitte – nichts zu danken – das macht nichts – das ist richtig – sonst noch etwas?

REZEPTIONISTIN: *Crown Hotel, hello.*
HERR WALTER: Guten Tag. Hier ist Walter von der Firma Solms AG. Ich habe gestern mit Ihnen telefoniert und einen Konferenzraum gebucht.
REZEPTIONISTIN: . . . . Ja, Herr Walter, wir haben für Sie einen Raum für 25 Personen für den 30. März reserviert.
HERR WALTER: . . . . Leider müssen wir die Buchung ändern. Geht es auch am 29. März oder am ersten April?
REZEPTIONISTIN: Also, am ersten April haben wir keinen Konferenzraum frei, aber am 29. März ist der Shakespeare-Saal frei. Der ist ein bißchen größer: $84m^2$.
HERR WALTER: . . . .

REZEPTIONISTIN: Gut, dann reserviere ich das für Sie. Das war von 9 Uhr bis 16 Uhr, ja? Mit zwei Kaffeepausen und Mittagessen um 12.30?
HERR WALTER: Richtig, aber kein warmes Mittagessen sondern ein kaltes Büffet.
REZEPTIONISTIN: Das habe ich notiert. Und Sie möchten auch einen Overheadprojektor und . . . . ?
HERR WALTER: Nein, ich glaube, das ist alles. Vielen Dank.
REZEPTIONISTIN: . . . . Auf Wiederhören.

ERKLÄRUNGEN

Speaking about the past

If you want to speak about events in the past and need verbs other than war *and* hatte (see Kapitel 11), *the most common way to do so is to use* haben *plus a special form of the verb called the past participle, which is formed by putting* ge– *at the beginning and* –t *at the end.*

buchen	ich habe	**ge**buch**t**	*(I booked)*
machen	ich habe	**ge**mach**t**	*(I made)*
senden	ich habe	**ge**sende**t**	*(I sent)*
spielen	ich habe	**ge**spiel**t**	*(I played)*
kaufen	ich	. . . .	*(I bought)*
warten	ich	. . . .	*(I waited)*
suchen	ich	. . . .	*(I looked for)*

Verbs which begin with a prefix such as be– *or which end in* –ieren *do not need the* ge–

bestellen	ich habe	bestell**t**	*(I ordered)*
bezahlen	ich habe	bezahl**t**	*(I paid)*
reservieren	ich habe	reservier**t**	*(I booked/reserved)*
telefonieren	ich habe	telefonier**t**	*(I telephoned)*

INFO

- Two of the most frequent company structures in Germany are:
  GmbH = a limited company (Ltd.)
  AG = a public limited company (PLC)

VERSTEHEN

You work for a travel agency specialising in business travel and have booked conference facilities at a German hotel for a client. Your client would like lunch, an evening meal and coffee breaks provided. They will need an OHP, a slide projector and a screen. The chairs are to be arranged in rows as in a cinema. They will travel by plane and hire car. Please tick the appropriate boxes on the form provided by the hotel.

Hotel Linde

Konferenzbuchung Raum 31

für: Dix Ltd/GB Datum: 31.10. Uhrzeit: 10.30–18.00

Bestuhlung:

- ☐ Runde Tische
- ☐ Reihen/Kino
- ☐ U-Form
- ☐ T-Form
- ☐ Konferenztisch

Mahlzeiten:

- ☐ Frühstück
- ☐ Mittagessen
- ☐ Abendessen
- ☐ Kaffeepausen

Anreise:

- ☐ Wagen/Mietwagen
- ☐ Bahn
- ☐ Flugzeug

Konferenztechnik:

- ☐ Flipchart
- ☐ Tafel
- ☐ Diaprojektor
- ☐ Filmprojektor
- ☐ Overheadprojektor
- ☐ Leinwand
- ☐ Laserpointer
- ☐ Magnettafel
- ☐ Monitor
- ☐ Mikrofonlanlage
- ☐ Videokamera
- ☐ Videorekorder

AUFGABEN

1 Listen to what the six people did yesterday and write the numbers 1 to 6 in the boxes.

a) booked a flight	☐	d) paid the bill	☐
b) telephoned	☐	e) went on a boat trip	☐
c) bought a ticket	☐	f) changed money	☐

2 *Was haben Sie gestern gemacht?* (Tick which of the following you did yesterday, then tell your partner.)

- ☐ Ich habe telefoniert.
- ☐ Ich habe Schokolade gekauft.
- ☐ Ich habe einen Konferenzraum gebucht.
- ☐ Ich habe eine Postkarte (ein Fax, ein Telex) gesendet.

☐ Ich habe eine Zigarette geraucht.
☐ Ich habe Tennis (Squash, Tischtennis, Badminton) gespielt.
☐ Ich habe mein Portemonnaie gesucht.
☐ Ich habe geduscht.
☐ Ich habe ein Bier bestellt.
☐ Ich habe Radio gehört.

3 *Rollenspiel: Am Telefon.* Practise with a partner, then again with the tape.

Frau Rot: Guten Tag. Mein Name is Rot von der Firma Sandel GmbH. Ich habe gestern einen Konferenzraum gebucht.

Sie: *(Say, yes, that's right, that was a room for 30 people for April 20.)*

Frau Rot: Ja, leider muß ich die Buchung ändern. Ist der Konferenzraum auch am 27. April frei?

Sie: *(Say yes, that's no problem. Would you like lunch and coffee breaks?)*

Frau Rot: Nur Kaffeepausen. Für das Mittagessen haben wir einen Tisch im China-Restaurant reserviert. Aber wir brauchen einen Overheadprojektor.

Sie: *(Say, you made a note of that.)*

Frau Rot: Gut. Vielen Dank. Auf Wiederhören.

Sie: *(Thank her as well and say goodbye.)*

SITUATION B: *Frau Wissmann kauft eine Fahrkarte für den Intercity*

ZUM START

Machen Sie Dialoge!

– Eine Fahrkarte { erster Klasse / zweiter Klasse } nach Manchester bitte.
– Ja, einfach oder hin und zurück?
– { Einfach, / Hin und zurück, } bitte. Wann fährt der nächste Zug?
– { Um 15 Uhr. / In 20 Minuten. }
– Und welches Gleis ist das?
– Gleis 3.

SCHLÜSSELWÖRTER

die Messe besuchen	*to visit the trade fair*
einen Platz reservieren	*to book a seat*
die Platzreservierung	*seat reservation*
die Fahrkarte	*(travel) ticket*
erster Klasse	*first class*
zweiter Klasse	*second class*
einfach	*single*
hin und zurück	*return*
Raucher	*smoker*
Nichtraucher	*non-smoker*
der Zuschlag	*supplement*
das Gleis	*platform*
welches Gleis?	*what platform?*
auf die Anzeigentafel schauen	*to look at the notice-board*

KONVERSATION: HÖREN

Listen to the cassette and tick the correct alternatives.

Frau Wissmann kauft
- ☐ eine einfache Fahrkarte.
- ☐ eine Fahrkarte, hin und zurück.

Sie möchte
- ☐ erster Klasse fahren.
- ☐ zweiter Klasse fahren.

Sie reserviert einen Platz für
- ☐ Raucher.
- ☐ Nichtraucher.

Sie möchte im Zug
- ☐ frühstücken.
- ☐ zu Abend essen.

KONVERSATION: LESEN UND HÖREN

ANGESTELLTER: Wie kann ich Ihnen helfen?

FRAU WISSMANN: Ich besuche morgen die Messe in Birmingham und möchte einen Platz im Intercity reservieren. Erster Klasse. Ich muß etwa von 10 bis 18 Uhr in Birmingham sein.

ANGESTELLTER: Einen Moment, also es gibt einen Intercity ab Euston um 8.10 Uhr, Ankunft in Birmingham um 9.50 Uhr und zurückfahren können Sie entweder um 17.40 Uhr oder um 18.40 Uhr.

FRAU WISSMANN: Um 18.40 dann.

ANGESTELLTER: Raucher oder Nichtraucher?

FRAU WISSMANN: Nichtraucher, bitte.

ANGESTELLTER: So, hier bitte. Ihre Fahrkarte und die Platzreservierung. Das macht £95.

FRAU WISSMANN: Ist das inklusive Intercity-Zuschlag?

ANGESTELLTER: In England müssen Sie für den Intercity keinen Zuschlag zahlen.

FRAU WISSMANN: Ach so. Das ist ja prima!

ANGESTELLTER: So – danke – 100 Pfund – und fünf Pfund zurück.

FRAU WISSMANN: Und welches Gleis ist das dann?

ANGESTELLTER: Das weiß ich nicht. Sie müssen auf die Anzeigentafel schauen.

FRAU WISSMANN: Kann man im Zug frühstücken?

ANGESTELLTER: Ja, natürlich. Es gibt ein Zugrestaurant.

FRAU WISSMANN: Vielen Dank!

ERKLÄRUNGEN

Word order

You will have noticed that German word order can sometimes be very different from English word order. If there are two verbs or two parts of a verb in one sentence, one of them comes as the second idea in the sentence (see Kapitel 10) *and the other one goes right to the end.*

Ich **möchte** einen Platz im Intercity **reservieren**.
Sie **müssen** für den Intercity keinen Zuschlag **zahlen**.
Ich **habe** ein Einzelzimmer mit Dusche für Sie **reserviert**.

Time before place

You say the time before you say the place.

Ich muß von 10 bis 18 Uhr in Birmingham sein.
Ich fliege morgen nach Hamburg.

INFO

- Fast trains in Germany are called *D-Zug, Intercity (IC), Eurocity (EC)* or *Intercity Express (ICE)*. For the latter three you have to pay extra.

VERSTEHEN

a) *What is this ticket for? Where and when exactly was it bought?*

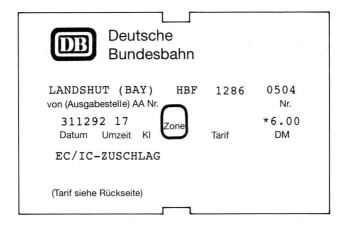

DB Deutsche Bundesbahn

LANDSHUT (BAY) HBF 1286 0504
von (Ausgabestelle) AA Nr. Nr.

311292 17 Zone *6.00
Datum Umzeit Kl Tarif DM

EC/IC-ZUSCHLAG

(Tarif siehe Rückseite)

b) *Your boss is going to Germany on business and will have to travel between Munich and Frankfurt a lot. Please, give him/her as much information as possible on the ICE-Sprinter train. (For example: When does it leave Munich in the morning? When does it arrive in Frankfurt? How fast does it go? How much does it cost? Where can you get a ticket and a seat reservation? Does it run on Saturday and Sunday? What services are included?)*

Der neue ICE-Sprinter Frankfurt-München-Frankfurt

Start: 1. Juni 1992

Schnell und bequem

Vor Geschäftsterminen sind Ruhe und Konzentration sehr entscheidend. Gerade am frühen Vormittag. Hier sorgt der neue ICE-Sprinter gleich für doppelten Nutzen: Sie reisen bei Höchstgeschwindigkeiten von 250 km/h bequem und entspannt – und das in neuer Bestzeit von 2 Stunden und 55 Minuten von München nach Frankfurt (Rhein-Sprinter) bzw. 2 Stunden und 59 Minuten von Frankfurt nach München (Isar-Sprinter).

Rhein-Sprinter (ICE 992)	Rückverbindungen
6.36 Uhr ab München Hbf 6.44 Uhr ab München Pasing 9.39 Uhr an Frankfurt	von 12.46 Uhr bis 18.46 Uhr jeweils stündlich ab Frankfurt
Mo.–Sa.	täglich

Isar-Sprinter (ICE 993)	Rückverbindungen
6.44 Uhr ab Frankfurt 7.22 Uhr ab Mannheim 9.43 Uhr an München	von 12.41 Uhr bis 19.41 Uhr jeweils stündlich ab München
Mo.–Fr.	täglich

Attraktiv und günstig

Auf Geschäftsreisen mit der Bahn können Sie mit Preisen rechnen, die sich sehen lassen können. So reisen Sie im ICE-Sprinter beispielsweise bereits für DM 198,–, inklusive Serviceleistungen, die Ihnen den kurzen Aufenthalt noch kürzer und angenehmer machen. Selbstverständlich schließt jedes Ticket der 1. und 2. Klasse eine Platzreservierung ein! Und ab sofort ist eine Express-Reservierung am „rollenden Counter“ direkt am ICE-Gleis noch wenige Minuten vor Abfahrt möglich, hier erhalten Sie darüber hinaus auch Ihre Bordkarte.

Preistabelle	Frankfurt – München				Mannheim–München			
	1. Klasse		2. Klasse		1. Klasse		2. Klasse	
	Erw.	Kind	Erw.	Kind	Erw.	Kind	Erw.	Kind
ICE-Sprinterpreis	198,–	109,–	128,–	69,–	190,–	105,–	116,–	63,–

Gut und inklusive

Genießen Sie Ihr Frühstück am Platz mit aromatischem Tee oder Kaffee, frischen Brötchen und zahlreichen Extras. Und anschließend studieren Sie vielleicht die aktuelle Tageszeitung (Frankfurter Allgemeine Zeitung bzw. Süddeutsche Zeitung) – in der 1. Klasse ist beides bereits im Preis enthalten. In der 2. Klasse erhalten Sie einen kleinen Frühstücks-Snack inklusive Kaffee bzw. Tee.

Modern und praktisch

Selbstverständlich bietet Ihnen der ICE-Sprinter auch einen kompletten Konferenzraum: Mit Funk-Telefon, Telefax, Schreibmaschine, Lap-Top-Anschluß und Euro-Signal-Empfänger lassen sich letzte Vorbereitungen selbst bei 250 km/h vorbildlich erledigen.

AUFGABEN

1 Please fill in appropriate words.

a) Ich möchte eine einfache .... nach Frankfurt, bitte.

b) Ich möchte einen Platz ....

c) Gibt es im Zug ein . . . . ? Ich habe im Hotel nicht gefrühstückt.

d) Fahren Sie erster oder zweiter . . . . ?

e) Welches . . . . ist das? – Das ist entweder . . . . 4 oder . . . . 5.

f) Wann fährt der nächste Zug nach London Victoria? – Ich weiß nicht. Schauen Sie auf die . . . .

2 Put these sentences in the right order, keeping the first word or words in bold as they are. Then listen to the cassette to check.

a) **Ich** einen Tennisplatz reservieren möchte.

b) **Mein Kollege** gestern hat gebucht einen Konferenzraum für 20 Personen.

c) **Herr Meier** fliegt nach London um 17 Uhr.

d) **Sie** nicht hier parken dürfen!

e) **Man** kann frühstücken im Speisesaal von 7 bis 10 Uhr.

f) **Der Zug** kommt an in Birmingham um 9.55 Uhr.

3 Make a dialogue using all sentences from the box and then check with the cassette.

– Ja, um wieviel Uhr müssen Sie in Edinburgh sein?
• Guten Tag.
• Wir möchten am Dienstag die Messe in Edinburgh besuchen und zwei Plätze im Intercity reservieren.
– Ach so. Das sind dann also zwei einfache Fahrkarten erster Klasse mit Platzreservierung nach Edinburgh. Das macht £204.
• Gut, dann reservieren Sie uns bitte zwei Plätze für 17.45.
– Guten Tag. Kann ich Ihnen helfen?
• Um 10 Uhr etwa.
• Nehmen Sie Visa?
– Erster oder zweiter Klasse?
– Dann müssen Sie am Montag nachmittag fahren. Der letzte Zug fährt um 17.45.
• Vielen Dank. Auf Wiedersehen.
– Ja, natürlich. – So hier sind Ihre Tickets.
• Erster Klasse.
– Und wann fahren Sie zurück?
• Wir fahren nicht zurück, wir nehmen dann das Flugzeug von Edinburgh direkt nach Frankfurt.

SITUATION C: *Im Centre Hotel findet eine Konferenz mit Teilnehmern aus Deutschland statt*

ZUM START

The eight rooms available for conferences at a large hotel in Germany are named after famous German personalities: Schiller, Goethe, Bismarck, Luther, Mozart, Beethoven, Nietzsche *and* Gebrüder Grimm. *Listen to the cassette and decide which is which.*

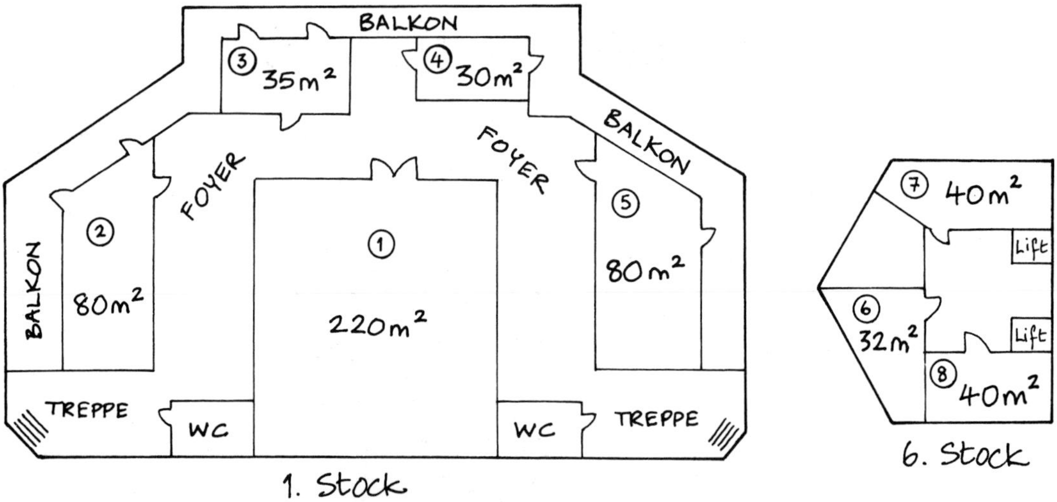

SCHLÜSSELWÖRTER

stattfinden (findet . . . statt)	*to take place*
der Teilnehmer/in	*participant*
die Teilnehmerliste	*list of participants*
einige Teilnehmer	*some participants*
sind schon gekommen	*have already come*
könnten Sie . . . ?	*could you?*
bald	*soon*
servieren	*to serve*
organisieren	*to organise*
wie bitte?	*pardon?*
ich habe nicht verstanden	*I didn't understand*
Verspätung haben	*to be delayed*
nicht vor 10 Uhr	*not before 10 o'clock*
kaputt	*broken*
das Faxgerät benutzen	*to use the fax machine*
der Termin	*appointment*
ich habe noch einen Termin	*I've got another appointment*

KONVERSATION: HÖREN

Richtig oder falsch?

a) Herr Mann organisiert die Konferenz.

b) Herr Filbinger hat einen Termin um 10 Uhr.

c) Frau Winter hat Verspätung.

d) Das Faxgerät in der Rezeption funktioniert nicht.

e) Die Konferenz findet im Erdgeschoß statt.

KONVERSATION: LESEN UND HÖREN

Read and check your answers to **Konversation: Hören**.

REZEPTIONISTIN: Herr Mann, haben Sie bitte eine Teilnehmerliste für Ihre Konferenz?
HERR MANN: Ja, einen Moment. Ich hole sie. Soo – hier bitte. Einige Teilnehmer sind schon gekommen. Könnten Sie bitte bald Kaffee servieren?
REZEPTIONISTIN: Ja, natürlich. Ich organisiere das.

Telephone rings
REZEPTIONISTIN: *Centre Hotel, hello.* Wie bitte? Ich habe Sie nicht verstanden. Ach so, machen Sie sich keine Sorgen. Ich informiere Herrn Mann. Auf Wiederhören. Das war ein Herr Filbinger. Sein Zug hat eine Stunde Verspätung und er kann erst um 10 Uhr hier sein.
HERR MANN: Ah ja, danke. Und noch etwas – es gibt kein Faxgerät im Konferenzraum.

REZEPTIONISTIN: Ich weiß. Das war leider kaputt. Sie können aber das Faxgerät hier in der Rezeption benutzen.
HERR MANN: Gut, danke.

FRAU WINTER: Guten Tag, mein Name ist Winter.
REZEPTIONISTIN: Guten Tag. Sie sind Konferenzteilnehmerin?
FRAU WINTER: Ja.
REZEPTIONISTIN: Gehen Sie in Saal 2. Das ist hier im Erdgeschoß links.
FRAU WINTER: Können Sie ein Taxi für 17 Uhr für mich bestellen? Ich habe noch einen Termin.
REZEPTIONISTIN: In Ordnung. Ich mache das für Sie.

ERKLÄRUNGEN

Herrn Mann

Herr *becomes* Herrn *in the accusative case.*

Speaking about events in the past

As you have seen, to express events in the past you use haben + ge*(verb)*t. *In some cases, however, the past participle is irregular and in some other cases you have to use* sein *instead of* haben.
Below is a list of a few useful irregular past participles:

verstehen	ich habe verstanden	*(I understood)*
sprechen	ich habe gesprochen	*(I spoke)*
essen	ich habe gegessen	*(I ate)*
trinken	ich habe getrunken	*(I drank)*
nehmen	ich habe genommen	*(I took)*
finden	ich habe gefunden	*(I found)*
verlieren	ich habe verloren	*(I lost)*
bringen	ich habe gebracht	*(I brought)*
gehen	ich bin gegangen	*(I went)*
fahren	ich bin gefahren	*(I went/drove)*
fliegen	ich bin geflogen	*(I flew)*
kommen	ich bin gekommen	*(I came)*
fallen	ich bin gefallen	*(I fell)*

INFO

- The size of a room in Germany will always be given in square metres (m^2/*Quadratmeter*).

VERSTEHEN

Which of the items on this bill do you think participants at a business conference will have to pay themselves (selbst) *and which ones will be on expenses* (a conto) ?

Rechnung für ______________

	Selbst	A Conto
Übernachtung		
Frühstück		
Mittagessen		
Abendessen		
Getränke zu den Mahlzeiten		
Konferenzgetränke		
Kaffeepausen		
Verzehr in Bars und Cafés		
Tabakwaren		
Spirituosen		
Telefon		
Persönliche Extras (Video, Minibar, Wäsche etc.)		

AUFGABEN

1 Try to say the following in German. After you have had a go yourself, listen to the cassette and decide in which order the utterances are made. Write the numbers 1 to 10 in the boxes. Then listen again and practise your pronunciation until you are quite fluent.

a) Good morning. Can I help you? ☐

b) What is your name, please? ☐

c) Pardon? I didn't understand you. ☐

d) Can you spell that, please? ☐

e) Do you have your passport? ☐

f) The conference room is on the first floor on the right. ☐

g) I have booked the room for you. ☐

h) We are closed tomorrow. ☐

i) That comes to £20.50. ☐

j) You are welcome. Good-bye. ☐

2 Tell your clients what you have dealt with on their behalf.

a) den Tisch reservieren — *Ich habe den Tisch für Sie reserviert.*

b) den Kaffee servieren

c) die Konferenz organisieren

d) telefonieren

e) ein Taxi bestellen

f) ein Fax senden

g) den Flug buchen

3 Please find the German for the following business terms in the wordsquare below.

company, appointment, confirmation, printer, fax machine, booking, participant, trade fair, telephone, plc

B	M	K	I	E	R	F	I	R	M	A	O	P	L	K	X	X	X	B
R	E	M	M	O	L	T	E	I	L	N	E	H	M	E	R	I	J	I
K	S	F	A	X	G	E	R	Ä	T	M	P	O	I	L	P	O	N	I
K	S	O	M	H	G	D	E	U	N	K	L	N	G	I	N	P	A	D
B	E	K	L	T	E	L	E	F	O	N	P	L	M	I	U	T	G	G
P	K	O	B	E	S	T	Ä	T	I	G	U	N	G	P	I	B	O	N
B	U	C	H	U	N	G	O	L	K	M	N	T	E	R	M	I	N	L
O	L	P	K	M	N	I	D	R	U	C	K	E	R	R	I	M	P	N

ASSIGNMENT 1

(This assignment can be attempted after studying Kapitel 3. Dictionaries may be used.)

SCENARIO

You work at the Tourist Information Office of a small town in the North West of England where you are organising accommodation and guided tours for German-speaking tourists.

Task One *(Listening and writing)*

Listen to the answerphone message from a German tourist and fill in the form below.

Request for Accommodation

Name: Mr/Mrs/Miss/Ms: ------------------------

Number of single rooms: ------------------------

with shower ------------------------

with bath ------------------------

Number of double rooms: ------------------------

with shower ------------------------

with bath ------------------------

Telephone number: ------------------------

Task Two *(Listening and speaking)*

You have found a suitable hotel. Ring the German tourist and tell her that the Hill View Hotel is very good. Give her the address and the telephone number and answer any questions she may have. Before you make your phone call, look up any words you do not know in your dictionary.

Hill View, 80 beds, rooms with shower or bath, garden, 2 restaurants, bar, central heating, parking. 15 Hill Road, tel.: 05394 867966, fax: 05394 867955

Task Three *(Reading a German text and writing in English)*

You have received a postcard from a German tour guide. Please write a memo in English to your boss informing her about the postcard and its content. (This means you will have to put the most important information into clear English. Do not attempt to translate the postcard word for word.)

6. Juni 1994

Sehr geehrte Damen und Herren,

Ich möchte im August mit einer Gruppe von 12 Personen nach England fahren. Bitte senden Sie mir Informationen, z.B. einen Stadtplan und eine Broschüre über die Region. Wir interessieren uns für historische Sehenswürdigkeiten. Was gibt es speziell in Nord-West England zu sehen? Bitte senden Sie auch eine Liste von Frühstückspensionen in der Stadt und informieren Sie mich, ob Sie eine Bustour für uns organisieren können.

Mit freundlichen Grüßen

Sabine Kleber-Dannhofer
Reiseleiterin

Task Four *(Writing in German)*

A group of Germans have just arrived and will be spending their first night in England in a traditional pub. Produce a menu in German for them.

Bar Meals

Soup and bread roll	£2.50
Fish and chips	£4.20
Chicken and chips	£4.50
Chicken curry	£4.50
Peppersteak, chips or baked potato, salad	£7.20
Lasagne	£3.80
Cheese Omelette	£3.00
Sandwich (Ham or Cheese)	£1.20

Task Five *(Listening and speaking)*

You have joined the group of tourists in the pub. They are not used to English money yet and will ask you the prices of items on the menu in German marks. Find out the exchange rate and calculate roughly how much each item will be in marks (leave out the *pfennige*) so that you can answer them.

ASSIGNMENT 2

(This assignment can be attempted after studying Kapitel 6. Dictionaries may be used.)

SCENARIO

You are PA to one of the Directors of Saunders PLC in London who are a large producer of office equipment. One of your main responsibilities is to look after travel arrangements for your boss and other members of the Board.
One of the other Directors will be attending an exhibition in Hanover on office and communication technology (*Büro-, Informations- und Telekommunikationstechnik*).
You and your boss are planning to visit the International Autumn Fair (*Internationale Herbstmesse*) in Frankfurt.

Task One *(Reading and explaining in English)*

You have been sent the promotional leaflet below. It is from a hotel in Hessisch-Oldendorf, a small town in pretty countryside about 50 kilometres outside Hanover. You think that this may appeal to the Director who needs to attend the exhibition there. Study the leaflet and then give him as much information as you can (either orally or in a short memo).
He will want to know:

a) what facilities the rooms have
b) what leisure facilities they have at the hotel
c) whether there will be sufficient parking spaces
d) whether there is a restaurant in the hotel
e) whether it would be possible to hold business meetings there

Hotel – Restaurant

BAXMAN HOTEL

• Segelhorster Straße 3 •
3253 Hessisch Oldendorf

Sie finden in den Hotelzimmern jene wohnliche komfortable Ausstattung wieder, die sich durch das ganze Hotel fortsetzt. Alle Zimmer haben Dusche, WC, Farb-TV mit Satellitenempfang, Radiowecker und Selbstwahltelefon. Unser reichaltiges Frühstücksbuffet bietet für jeden Gast bestimmt das Richtige. Auch ausreichend Parkplätze sind am Haus vorhanden.

Die Einrichtung im Bad mit WC zeichnet sich durch gehobene Ausstattung aus. Unsere Sauna lädt zum Entspannen und Verweilen ein.

Das Restaurant Baxman ist knapp 2 Gehminuten vom Hotel entfernt. Für Tagungen, Konferenzen und Seminare können Sie unsere auf das modernste ausgestatten Konferenzräume in Anspruch nehmen. Eine Kegelbahn und eine Bowlingbahn stehen Ihnen nach Absprache zur Verfügung.

Task Two *(Listening, speaking, and translation into English)*

The booking of accommodation in Frankfurt is getting rather urgent.

a) Ring the hotel below to enquire about prices. You cannot spend more than £80 per person per night. If they offer rooms in that price range, book two single rooms with *en-suite* bathroom from 5 to 7 September in your name on behalf of Saunders PLC.

Palast Kongreß Hotel

- **90 komfortable Einzel- und Doppelzimmer alle mit Dusche/Bad, WC, Telefon und Minibar**
- **Konferenzetage mit 5 Seminar- und Konferenzräumen sowie Kongreßsaal für 200 Personen**
- **elegantes Restaurant für höchste Ansprüche**
- **Schwimmbad, Whirlpool, Sauna, Solarium**
- **zentralste Lage, bester Service**

Telefon: 069/89 78 62   Fax: 069/89 65 442

b) Translate the confirmation sent by them for your boss.

Palast Kongreß Hotel

Deutschherrnufer 16 / 60326 Franfurt

Telefon 069/89 78 62 Fax 069/89 65 442

Fa.
Saunders plc
c/o (*your name*)
High Street Kensington
London
W14 3H75
Großbritannien

3.8.1995

Sehr geehrte Frau (*your name*)/Sehr geehrter Herr (*your name*)

Wir bestätigen Ihre Buchung für zwei Einzelzimmer mit Bad und WC für die Zeit vom 5. bis 7. September dieses Jahres.

Frühstück servieren wir von 7 Uhr bis 9.30 Uhr im Stresemannsaal.

Wir freuen uns auf Ihren Besuch!

Mit freundlichen Grüßen,

Task Three *(Reading and writing)*

On your arrival in Frankfurt you have to fill in an official registration form as required by the local authorities. Fill it in for yourself with the help of a dictionary.

Meldeschein Gast ____________________

Tag der Ankunft ____________________

Tag der Abreise ____________________

Familienname ____________________

Vorname ____________________

Geburtsdatum ____________________

Staatsangehörigkeit(en) ____________________

Postleitzahl ____________________

Straße, Hausnummer____________________

Staat ____________________

Zahl der begleitenden minderjährigen Kinder ____________________

Unterschrift des Gastes bzw. Reiseleiters ____________________

Task Four *(Reading and explaining in English)*

Your boss is fascinated by the Frankfurt television tower. Please tell him:

a) when the Windows restaurant is open

b) whether it is necessary to book a table

c) at what height the restaurant is

d) at what height the panorama platform and the multi-media show are

e) whether it is possible to visit both the restaurant and the multi-media show at the same time

or

f) whether you can get some light refreshment on the panorama platform rather than going to the restaurant

ERLEBNIS- UND PANORAMAEBENE

Mit einer Geschwindigkeit von 6 m/sek. bringt Sie der Aufzug in 37 Sekunden auf 222 m Höhe zur Erlebnis- und Panoramaebene. Der atemberaubende Ausblick auf das gesamte Rhein-Main-Gebiet wird Sie fesseln. Computergesteuerte Monitore, die rundherum über den Fenstern angebracht sind, helfen bei der Orientierung. Im halbstündigen Rhythmus findet das Multimedia-Spektakel Frankfurt Experience statt. Für Snacks und Erfrischungen ist gesorgt. Die Erlebnis- und Panoramaebene ist täglich von 10 bis 18 Uhr geöffnet.

AUF HÖCHSTER EBENE

Auf 218 m Höhe wird das FirstClass-Restaurant Windows höchsten Ansprüchen grecht. Das Restaurant dreht sich einmal pro Stunde um die eigene Achse. So können Sie beim Dinieren das gesamte Rhein-Main-Gebiet überblicken. Windows ist dienstags bis samstags ab 19 Uhr geöffnet. Sonntags und montags auf Anfrage und bei Messen. Tischreservierung ist unbedingt empfehlenswert. Eigene Parkplätze. Vielfältige Veranstaltungsmöglichkeiten. Hotline für Infos und Tischreservierung: 069/53 30 77.

Task Five *(Speaking, reading, and explaining in English)*

On your departure day, ask for the bill, ask whether they take credit cards and return the key, then explain the bill to your boss.

Palast Kongreß Hotel	Zimmer Nr.	
	EZ	DZ
4 Übernachtungen mit Frühstück	DM 720,-	
___ Übernachtungen mit Halbpension		
___ Übernachtungen mit Vollpension		
Telefon	DM 12,50	
Bar	DM 18,-	
Gesamtpreis (inkl. MWS)	DM 750,50	

ASSIGNMENT 3

(This assignment can be attempted after studying Kapitel 9. Dictionaries may be used.)

SCENARIO

You work for the Tourist Information Office in Rochester upon Medway and have to deal with various requests.

Task One *(Reading, listening and speaking)*

You receive a phone call from a German tourist enquiring about The Historic Dockyard (*Die historische Werft*). Familiarise yourself with the information on opening hours and ticket types and answer his/her queries in German. Give the address of the Historic Dockyard which is Historic Dockyard Road, Chatham. You may have to spell out the address or part of it.

THE HISTORIC DOCKYARD, CHATHAM

Tel: 0634-812551

Open: 28th March-30th October open Wednesday-Sunday and BankHolidays from 10.00am-6.00pm.

31st October-26th March open Wednesday, Saturday and Sunday from 10.00 am to 4.30 pm. Last admission 30 mins before.

Admission rates:

Adults	
Children	£5.20
OAPs/students	£2.60
Family ticket	£4.50
(2 adults, 2 children.	£12.00
Or 1 adult, 3 children)	

Please contact the Historic Dockyard for group rates and further details.

Ticket allows return visit discount of 50%.

Task Two *(Translating into English and writing)*

You have received the letter below requesting information.

a) Please translate the letter.

Walter Heuman
25 Commercial Road
Srood Kent

Tourist Information Office
Eastgate Cottage
High Street Rochester
Kent
ME1 1EW

Strood, den 28.11.1994

Informationen über Sportzentren

Sehr geehrte Damen und Herren,

Ich bin für drei Monate geschäftlich in Strood und bitte Sie, mir Informationen über Sportzentren zu senden. Ich spiele Squash und schwimme und gehe gern in die Sauna und ins Solarium. Ich sehe auch gern Fußballspiele, aber ich spiele nicht selbst

Besten Dank für Ihre Mühe!

Mit freundlichen Grüßen,

b) Then send a letter back in German answering the questions using the information below to help you.

Strood Sports Centre

Strood Sports Centre is a thriving, well-equipped centre which serves people of all ages from the area.

The centre has an excellent multi-purpose sports hall containing facilities which meet international standards including: 6 badminton courts, basketball, netball, trampoline, a body conditioning room, three squash courts and a host of other indoor sports facilities. Those who want to unwind in a more relaxed manner can visit the sumptuous Paradise Health Suite; here refreshments can be served while customers take advantage of the 2 saunas, 2 Jacuzzis, steam room and 4 sunbeds. Swimmers can take to the 25 metre pool, the teaching pool or the hydrotherapy pool, afterwards relaxing in the lounge bar over a cup of tea or coffee, a bar meal or a drink.

Outside is a full-size floodlit synthetic sports pitch which has proved extremely popular for football and hockey. There are also two car parks in the centre.
Tel: 0634 723888.

Hundred of Hoo Swimming Pool is a small but top quality centre in a pleasant rural setting on the Hoo peninsular. A main 25 metre pool, a teaching pool, two squash courts and a table tennis room are all available. A car park is available and the pool is on the main bus route from Strood to Grain.

Task Three *(Reading, listening and speaking)*

Someone rings up about the Health and Fitness Weekend. Look it up in your German list of events, then give information as requested. There will be a fee of £2.50 per person per day.

VERANSTALTUNGS-KALENDER VON ROCHESTER-UPON-MEDWAY

FEBRUAR

6. Kurze Tennismeisterschaften im Strood Sportzentrum

MÄRZ

3. Hurst Electric Volksschultreffen
6. & 13. Medway Tanzwettbewerb
14. Colin Cowdrey Pokal für blinde Golfspieler
28. Rochester Rekordtag

APRIL

12. Mad Hatters Tea Party – Historische Werft

MAI

1.–3. Rochester Schornsteinfegerfest
9. Dampfmaschinen-Treffen – Historische Werft
22.–23. Drachen über Capstone
28.–31. Korbball Wettbewerb von Südost-England

JUNI

3.–6. Dickens Festspiele
16. Sommer-Leichtathletik-Wettbewerb
19.–20. Rochester Jugendspiele
27. 10km Lauf, Lordswood

JULI

2.–11. Medway Sport-Wettbewerbe
10. Medway Karneval und Party
17.–18. städtischer Rad-Wettkampf
24.–1. August Medway Arts Festival
30. Jazz Konzert im Freien
31. Klassisches Konzert im Freien
25. Zugpferde-Treffen – Historische Werft

AUGUST

28.–30. Normannisches Rochester

SEPTEMBER

11.–12. Dampfmaschinen-Treffen – Strood
12. Golf für Behinderte
18.–19. Europäisches Rugby
25.–26. Gesundheits- und Fitness-Wochenende für die Frau

OKTOBER

2.–3. Blumenfest, Historische Werft
27.–30. Geisterzauber, Fort Amherst
30.–31. Europäischer Judo-Wettbewerb

NOVEMBER

14. Rochester '5' Straßenlauf
20.–21. Jugend-Wochenende der 'Black Horse Financial Services'

DEZEMBER

4.–5. Weihnachten wie zu Dickens Zeiten
4.–19. Fest der Bäume – Fort Amherst

Task Four *(Writing)*

A group of Germans will be coming to Rochester for the day. They are due to arrive at Rochester Station at 10.45 a.m. and will then go on a sightseeing tour of the town, including the castle and the cathedral. They will have lunch (either steak and chips or vegetable omelette) at 12.30 p.m. and will visit the Dickens Museum at 2.00 p.m. They will have time to go to the shops between 3.30 p.m. and 4.30 p.m. and will then meet again for tea and scones. They will depart at 5.50 p.m.
Write a clear and simple itinerary in German for them which can be sent to their hotel in London.

ASSIGNMENT 4

(This assignment can be attempted after studying Kapitel 12. Dictionaries may be used.)

SCENARIO

You are employed at Leeds Castle in Kent.
A party from Austria wishes to attend the famous June/July Open Air Concerts in the Castle grounds.
A party from Germany wants to book places for a Kentish Evening.
You are in charge of the arrangements.

Task One *(Listening and speaking)*

a) Someone rings from Vienna to find out details of the concert. Use the information below to answer her queries.

b) Complete the booking form opposite with the information obtained from your caller.

OPEN AIR CONCERTS
Saturday 26th June & 3rd July 1993

I would like to reserve the following tickets:

No.	Type of Ticket	Total £	Office Use Ticket Nos
☐	**Saturday 26th June Open Air Concert** ticket(s) without seat @ £18.50	______	______
☐	ticket(s) with seat @ £23.50	______	______
☐	**Saturday 3rd July Open Air Concert** ticket(s) without seat @ £18.50	______	______
☐	ticket(s) with seat @ £23.50	______	______
☐	souvenir programme(s) @ £2.50 each	______	Despatch Date
	TOTAL AMOUNT	£ ______	______ /93

Please note that tickets will be posted to you 2 weeks before the date of the concert.
Lost tickets will not be replaced.
Tickets are non-returnable/refundable or transferable.

Cheques/Postal Orders made payable to "Leeds Castle Enterprises Ltd".
Method of payment (please tick appropriate box):
Cheque/Postal Order ☐ Credit Card ☐
Credit Card Type: AMEX/VISA/BARCLAYCARD/ACCESS
Credit Card No: ☐☐☐☐☐☐☐☐☐☐☐☐☐☐☐☐
Credit Card Expiry Date: ___/___/___

Signature: ....

Name ....

Address ....

....

....

Tel: (STD Code ....) ....

Please complete and return this form, together with a SAE, to:
Open Air Concert, Box Office, Leeds Castle, Maidstone, Kent ME17 1PL

Saturday 26th June and Saturday 3rd July
The great tradition of the Leeds Castle Open Air Concerts is upheld in 1993, with the first appearance of the Royal Philharmonic Orchestra. Carl Davis, the world-renowned conductor, will take centre stage, supported by guest piano soloist Lucy Parham — performing Rachmaninov's Piano Concerto No. 2 — and the Brighton Festival Chorus. Pieces by Holst, Strauss, Verdi and Offenbach are promised amongst the classical favourites.
A magical atmosphere envelops Leeds Castle on concert night as thousands of candles light up the hillside, in anticipation of the dramatic finale. The deafening cannons of the Royal Artillery are fired during Tchaikovsky's 1812 Overture, signalling the start of the magnificent firework display and rousing "Land of Hope & Glory".
Gates open at 4pm, followed at 5.30pm by music from the Royal Artillery Band, prior to the start of the concerts at 8pm. A selection of concert merchandise and foods, champagne, wine, beer and minerals will all be on sale, whilst the Leeds Castle Shop will be open for last minute picnic essentials — fine foods and hand held union jacks.
Tickets by advance purchase only. No admission without a ticket. £18.50 per person (Same price as last year) plus £5 with a seat. See Box Office details below.

Task Two *(Writing in German)*

Prepare a provisional programme in German for the visit of the Austrian group.

Task Three *(Reading, translating, and writing in German)*

You receive a letter from a German group about the Kentish Evening.

a) Translate the letter below into English.

Sport- und Freizeitverein Hessen Süd
Niederräder Lanstr. 86
Tel.: 069-67 89 46
Fax.: 069-67 89 21

9. Mai 1995

Buchung für einen "Kentischen Abend"

Sehr geehrte Damen und Herren,

Wir möchten gerne an einem Ihrer "Kentish Evenings" teilnehmen ind bitten Sie, uns Informationen zu senden. Bitte informieren Sie uns, was genau ein "Kentish Evening" ist und wann diese Abende stattfinden (Datum und Uhrzeit).

Wir sind eine Gruppe von 25 Personen und möchten im Juni oder Juli nach England fahren. Wann können wir an einem "Kentish Evening" teilnehmen? Was kostet es pro Person? Wann müssen wir zahlen - bei der Buchung oder bei unserer Ankunft in Leeds Castle?

Gibt es auch vegetarisches Essen?

Bitte senden Sie uns Ihre Antwort per Fax so bald wie möglich. Vielen Dank im voraus!

Mit freundlichen Grüßen

Peter Reidinger
Vereinsvorstand

b) List your answers to their queries in German and use the information below to write a fax in reply.

KENTISH EVENING DINNERS

Normally held on Saturdays throughout the year (except August), 7pm-12.30am. Kentish Evenings feature a candlelit five-course dinner combined with a sherry reception, private tour of Leeds Castle and a half bottle of wine per person. Dinner is served in the Fairfax Hall, a former 17th century tithe barn and includes a main course of roast foreribs of beef, carved by guests at the table. *(Alternative vegetarian dishes can be provided)* Live, background music is played during dinner and, as coffee is served, the entertainment changes tempo to an exciting combination of folk music and barn dancing. Remember to bring your dancing shoes!

Task Four

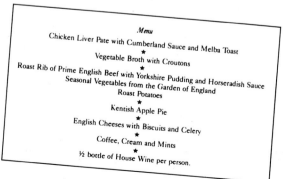

On the day of the Kentish Evening, greet the German group, welcome them to Kent, accompany them to the Fairfax Hall Restaurant and explain the menu to them. Use the information below to help you.

Menu

Chicken Liver Pate with Cumberland Sauce and Melba Toast

★

Vegetable Broth with Croutons

★

Roast Rib of Prime English Beef with Yorkshire Pudding and Horseradish Sauce
Seasonal Vegetables from the Garden of England
Roast Potatoes

★

Kentish Apple Pie

★

English Cheeses with Biscuits and Celery

★

Coffee, Cream and Mints

★

½ bottle of House Wine per person.

GLOSSARY

(m = masculine; f = feminine; pl = plural)

ab	*from*
der Abend(–e)	*evening*
Guten Abend!	*good evening*
aber	*but*
abfahren (fahren . . . ab)	*to depart*
die Abfahrt(–en)	*departure*
der Abflug(¨–e)	*departure (plane)*
ach	*oh*
acht	*eight*
achthundert	*eight hundred*
Achtung!	*attention*
achtzehn	*eighteen*
achtzig	*eighty*
die Adresse(–n)	*address*
ah	*oh*
akzeptieren	*to accept*
alle/allen	*all, everybody*
alles	*all, everything*
als	*than*
also	*so*
alt	*old*
die Altstadt(¨–e)	*old town*
am/an	*on, at*
die Ananas	*pineapple*
andere	*others*
ankommen (kommen . . . an)	*to arrive*
die Ankunft(¨–e)	*arrival*
die Anlegestelle(–n)	*moorings*
der Anruf(–e)	*telephone call*
die Anzeigentafel(–n)	*notice-board*
der Apfel(¨–)	*apple*
der Apfelkuchen(–)	*apple cake/pie*
der Apfelsaft	*apple juice*
der Appetit	*appetite*
Guten Appetit!	*enjoy your meal*
April	*April*
die Attraktion(–en)	*attraction, ride (at a theme park)*
auch	*also*
auf	*on*
auf Wiedersehen!	*goodbye*
die Aufgabe(–n)	*exercise/task*
der Aufzug(¨–e)	*lift*
das Auge(–n)	*eye*
August	*August*
aus	*from*
ausfüllen	*to fill in*
der Ausgang(¨–e)	*exit*
außerhalb	*outside*
die Ausstellung(–en)	*exhibition*
Australien	*Australia*
das Auto(–s)	*car*
das Baby(–ies)	*baby*
das Bad(¨–er)	*bath(room)*
die Bahn	*railway*
der Bahnhof(¨–e)	*railway station*
der Bahnsteig(–e)	*platform*
bald	*soon*
der Balkon(–e)	*balcony*
der Ball(¨–e)	*ball*
die Banane(–n)	*banana*
barfuß	*barefoot*
der Becher(–)	*mug, (plastic) cup*
das Becken(–)	*pool*
der Beckenrand	*side of the pool*
beginnen	*to begin*
bei	*at, near, with*
die Beilage(–n)	*side dish*
das Bein(–e)	*leg*
das Beispiel(–e)	*example*
bekommen	*to get/receive*
Belgien	*Belgium*
benutzen	*to use*
der Berliner/die Berlinerin	*person from Berlin*
besichtigen	*to visit (a sight, a museum)*
besser	*better*
die Bestätigung(–en)	*confirmation*
das Besteck(–e)	*cutlery*
bestellen	*to order*
besuchen	*to visit*
bezahlen	*to pay*
das Bier	*beer*
billig	*cheap*
bin (verb: sein)	*am*
der Bindestrich(–e)	*hyphen*
die Birne(–n)	*pear*
bis	*until*
bißchen (ein bißchen)	*a little*
bitte (bitte sehr/bitte schön)	*please, here you are, can I help you, you are welcome*
blau	*blue*
bleiben	*to stay*
der Blumenkohl	*cauliflower*
Bohnen (pl)	*beans*
die Bombe(–n)	*bomb*
der Bombenalarm	*bomb alert*
das Boot(–e)	*boat*
brauchen	*to need*
braun	*brown*

die Briefmarke(–n)	*stamp*
bringen	*to bring, take*
Broccoli (pl), Brokkoli	*broccoli*
die Broschüre(–n)	*brochure*
das Brot(–e)	*bread*
das Brötchen(–)	*bread roll*
Brüssel	*Brussels*
buchen	*to book*
buchstabieren	*to spell*
das Buffet(–s)	*buffet*
die Burg(–en)	*castle*
der Bus(–se)	*bus, coach*
der Busbahnhof(¨–e)	*bus station*
die Busfahrt(–en)	*bus journey*
die Butter	*butter*
das Café(–s)	*coffee shop*
die Champignon-cremesuppe(–n)	*cream of mushroom soup*
Champignons (pl)	*mushrooms*
der Chef(–s)	*boss*
der Cognac(–s)	*cognac*
die Cola(–s)	*Coca-Cola*
der Computer(–)	*computer*
da	*there, then*
die Dame(–n)	*lady*
Dänemark	*Denmark*
danke	*thank you*
danken	*to thank*
dann	*then*
darf (verb: dürfen)	*may*
das	*the, that, it*
das Datum (pl:Daten)	*date*
die Dauerausstellung(–en)	*permanent exhibition*
dauern	*to last, take time*
denn	*because, as*
der	*the, it*
das Dessert(–s)	*dessert*
das Detail(–s)	*detail*
deutsch	*German (adj)*
Deutsch	*German (the language)*
eine Deutsche	*a German (woman)*
ein Deutscher	*a German (man)*
Deutschland	*Germany*
Dezember	*December*
die	*the, it*
der Dienstag(–e)	*Tuesday*
das Ding(–e)	*thing*
direkt	*direct(ly)*
der Donnerstag(–e)	*Thursday*
das Doppelzimmer(–)	*double room*
dort	*there*
draußen	*outside*
drei	*three*
Dreibettzimmer	*room with three beds, family room*
dreihundert	*three hundred*
dreimal	*three times*
dreißig	*thirty*
dreizehn	*thirteen*
drin/drinnen	*inside*
dritte/dritten	*third*
der Drucker(–)	*printer*
du	*you (informal)*
dunkelblau	*dark blue*
durch	*through*
dürfen	*may, to be allowed*
der Durst	*thirst*
die Dusche(–n)	*shower*
duschen	*to have a shower*
das Ei(–er)	*egg*
ein/eine	*a (m/n/f)*
einfach	*single (ticket)*
der Eingang(¨–e)	*entry, entrance*
einhundert	*one hundred*
einmal	*once*
eins	*one*
einstündig	*one-hour*
der Eintritt	*entrance fee*
die Eintrittskarte(–n)	*entry ticket*
das Einzelzimmer(–)	*single room*
das Eis	*ice, ice-cream*
der Eiskaffee(–s)	*coffee with ice-cream*
der Elefant(–en)	*elephant*
Eltern (pl)	*parents*
England	*England*
englisch	*English (adj)*
Englisch	*English (the language)*
die Ente(–n)	*duck*
Entschuldigung!	*excuse me, sorry*
entweder . . . oder	*either . . . or*
er	*he*
Erbsen (pl)	*peas*
Erdbeeren (pl)	*strawberries*
das Erdgeschoß	*ground floor*
die Erklärung(–en)	*explanation*
die Ermäßigung(–en)	*reduction*
erste/ersten	*first*
der/die Erwachsene(–n)	*adult*
es	*it*
es geht	*so-so*
essen	*to eat*
etwa	*around, approximately*
etwas	*something*
der Eurocheque(–s)	*Eurocheque*
exotisch	*exotic*
extra	*extra*
fahren	*to go (by train/car), to drive*

die Fahrkarte(–n)	*(train etc.) ticket*
der Fahrplan(¨e)	*timetable*
die Fahrt(–en)	*journey*
die Familienkarte(–n)	*family ticket*
die Farbe(–n)	*colour*
das Fax	*fax*
das Faxgerät(–e)	*fax machine*
Februar	*February*
fehlen	*to be missing*
der Feiertag(–e)	*public holiday*
der Fernseher(–)	*TV set*
der Fernsehraum(¨e)	*TV room*
der Film(–e)	*film*
finden	*to find*
die Firma (pl: Firmen)	*company*
der Fisch(–e)	*fish*
das Fischfilet(–s)	*fish fillet*
das Fischgericht(–e)	*fish dish*
die Flasche(–n)	*bottle*
das Fleisch	*meat*
das Fleischgericht(–e)	*meat dish*
fliegen	*to fly*
der Flug(¨e)	*flight*
der Flughafen(¨)	*airport*
die Forelle(–n)	*trout*
das Formular(–e)	*form*
der Fotoapparat(–e)	*camera*
fotografieren	*to take photographs*
fragen	*to ask*
die Frage(–n)	*question*
Frankreich	*France*
französisch	*French (adj)*
Französisch	*French (the language)*
die Frau(–en)	*woman, wife, Mrs, Ms, Miss*
frei	*free*
der Freitag(–e)	*Friday*
frisch	*fresh*
das Frühstück	*breakfast*
der Frühstücksraum(¨e)	*breakfast room*
die Führung(–en)	*guided tour*
fünf	*five*
fünfhundert	*five hundred*
fünfjährig	*five-year-old*
fünfzehn	*fifteen*
fünfzig	*fifty*
für	*for*
furchtbar	*horrendous*
der Fuß(¨e)	*foot*
die Gabel(–n)	*fork*
ganz gut	*quite well*
der Garten(¨)	*garden*
der Gast(¨e)	*guest, customer*
gebacken	*baked*
geben	*to give*
es gibt	*there is, there are*
gebucht	*booked*
die Gebühr	*fee*
gefallen	*fallen*
gegenüber	*opposite*
gegrillt	*barbecued*
gehen	*to go, walk*
es geht	*so so, okay*
das geht	*it is possible*
die Geisterbahn(–en)	*ghost train*
gelb	*yellow*
das Geld	*money*
gemischt	*mixed*
das Gemüse	*vegetables*
genau	*exact(ly)*
geöffnet	*open*
das Gepäck	*luggage*
geradeaus	*straight on*
das Gericht(–e)	*dish*
gern/gerne	*with pleasure*
das Geschenk(–e)	*present*
die Geschichte	*history*
geschlossen	*closed*
das Gesetz(–e)	*law*
gestern	*yesterday*
getrennt	*separate(ly)*
gewinnen	*to win*
es gibt (verb: geben)	*there is/there are*
das Glas(¨er)	*glass*
glauben	*to believe*
gleich	*in a minute*
das Gleis(–e)	*platform*
gratis	*free of charge*
grau	*grey*
Griechenland	*Greece*
griechisch	*Greek (adj)*
Griechisch	*Greek (the language)*
groß	*large*
Großbritannien	*Great Britain*
die Größe(–n)	*size*
grün	*green*
die Gruppe(–n)	*group*
die Gruppenermäßigung(–en)	*group reduction*
gut	*good, well*
haben	*to have*
das Hähnchen(–)	*chicken*
die Hähnchenbrust	*chicken breast*
Hähnchenstücke (pl)	*pieces of chicken*
halb	*half*
halber Preis	*half price*
die Halbpension	*half-board*
hallo!	*hi*
der Hals(¨e)	*throat*
der Halt(–e)	*stop*
die Haltestelle(–n)	*(bus) stop*
die Hand(¨e)	*hand*

die Handtasche(–n)	*handbag*
das Handtuch(¨–er)	*towel*
hat (verb: haben)	*has*
hatte/hatten (verb: haben)	*had*
das Hauptgericht(–e)	*main course*
die Hauptstraße(–n)	*high street*
das Haus(¨–er)	*house, building*
heiß	*hot*
helfen	*to help*
hellblau	*light blue*
der Herr(–en)	*gentleman, Mr*
heute	*today*
hier	*here*
die Hilfe(–n)	*help*
hin	*there*
hin und zurück	*return (ticket)*
hinten	*at the back*
historisch	*historic*
holen	*fetch, get*
der Honig	*honey*
hören	*to hear, listen*
das Hotel(–s)	*hotel*
das Hotelzimmer(–)	*hotel room*
hundert	*hundred*
der Hundert-markschein(–e)	*hundred-mark note*

ich	*I*
ihr	*you (informal pl)*
Ihr/Ihre	*your*
im	*in the, at the*
immer	*always*
in	*in*
die Information(–en)	*information*
informieren	*to inform*
inklusive	*including*
interessant	*interesting*
Irland	*Ireland*
ist (verb: sein)	*is*
Italien	*Italy*

ja	*yes*
ja? (at the end of sentence)	*is that right?*
die Jacke(–n)	*jacket, cardigan*
das Jahr(–e)	*year*
das Jahrhundert(–e)	*century*
Januar	*January*
jetzt	*now*
jeweils	*in each case*
der/die Jugendliche(–)	*youth*
Juli	*July*
jung	*young*
Juni	*June*

der Kabeljau	*cod*
die Kabine(–n)	*changing room*
der Kaffee(–s)	*coffee*
Kalb	*veal*
kalt	*cold*
die Kamera(–s)	*camera*
kann (verb: können)	*can*
das Kännchen(–)	*pot*
das Kapitel(–)	*unit*
kaputt	*broken*
der Karfreitag	*Good Friday*
Karotten (pl)	*carrots*
der Karottenkuchen(–)	*carrot cake*
die Karte(–n)	*ticket, card*
die Kartoffel(–n)	*potato*
der Käse	*cheese*
der Käsekuchen(–)	*cheesecake*
die Käsesoße(–n)	*cheese sauce*
die Kasse(–n)	*cash till*
die Kassette(–n)	*cassette*
die Kathedrale(–n)	*cathedral*
kaufen	*to buy*
kein/keine	*no*
der Kilometer(–)	*kilometer*
das Kind(–er)	*child*
das Kinderbett(–en)	*cot*
das Kino(–s)	*cinema*
die Kirsche(–n)	*cherry*
die Kiwi(–s)	*kiwi fruit*
erster/zweiter Klasse	*first/second class*
klar	*clear*
alles klar	*that's fine*
Kleider (pl)	*clothes*
klein	*small*
die Kneipe(–n)	*pub*
das Knie(–e)	*knee*
der Knoblauch	*garlic*
das Knoblauchbrot(–e)	*garlic bread*
die Knoblauchsoße(–n)	*garlic sauce*
der Koch(¨–e)	*chef, cook*
der Kohl	*cabbage*
kommen	*to come*
der Kommentar(–e)	*commentary*
der Konditionsraum(¨–e)	*fitness room*
der Konferenzraum(¨–e)	*conference room*
können	*can, to be able to*
könnten Sie?	*could you?*
das Konsulat(–e)	*consulate*
die Konversation(–en)	*conversation*
der Kopf(¨–e)	*head*
kosten	*to cost*
Krabben (pl)	*prawns*
der Krabbencocktail(–s)	*prawn cocktail*
der Krankenwagen(–)	*ambulance*
die Kreditkarte(–n)	*credit card*
der Kuchen(–)	*cake*

der Lachs	*salmon*

Lamm	*mutton*
lang	*long*
wie lange?	*(for) how long?*
langsam	*slow(ly)*
lassen	*let*
das Leben	*life*
leben	*to live*
das Leder	*leather*
der Lehrer(–)	*teacher (man)*
die Lehrerin(–nen)	*teacher (woman)*
leid	
es tut mir leid	*I am sorry*
das tut mir leid	
leider	*unfortunately*
leihen	*to hire*
die Leinwand(¨–e)	*screen*
lesen	*to read*
letzte	*last*
lieber	*rather*
ich möchte lieber . . .	*I'd prefer*
lieblich	*sweet (wine)*
der Likör(–e)	*liqueur*
die Limonade(–n)	*lemonade*
die Linie(–n)	*line*
linken	*left*
auf der linken Seite	*on the left-hand side*
links	*on the left*
der Löffel(–)	*spoon*
los	
was ist los?	*what's the matter?*
Luxemburg	*Luxembourg*
machen	*to do, to make*
der Magen(¨–)	*stomach*
Mai	*May*
mal	*times*
Mami	*Mummy*
man	*one, you (impersonal)*
manchmal	*sometimes*
der Mann(¨–er)	*man, husband*
die Mark	*German currency*
die Marmelade(–n)	*jam*
März	*March*
die Maschine(–n)	*machine*
mehr	*more*
mein/meine	*my*
meisten	*most*
die Melone(–n)	*melon*
die Messe(–n)	*trade fair*
das Messer(–)	*knife*
mich	*me*
mieten	*to rent*
das Mikrofon(–e)	*microphone*
die Milch	*milk*
das Mineralwasser	*mineral water*
die Minute(–n)	*minute*
mit	*with*
die Mitte	*middle, centre*
der Mittwoch	*Wednesday*
möchte/möchten	*would like*
das Modell(–e)	*model*
der Moment(–e)	*moment*
der Montag(–e)	*Monday*
der Morgen(–)	*morning*
Guten Morgen!	*good morning*
das Motiv(–e)	*motive*
der Mund(¨–er)	*mouth*
das Museum(pl:/Museen)	*museum*
muß(verb: müssen)	*must, have to*
müssen	*must, to have to*
die Mutter(¨–)	*mother*
nach	*to, after, past*
der Nachmittag(–e)	*afternoon*
der Nachname(–n)	*second name*
nächsten	*next*
die Nacht(¨–e)	*night*
Gute Nacht!	*good night*
der Name(–n)	*name*
die Nase(–n)	*nose*
natürlich	*of course*
neben	*next to*
nehmen	*to take*
nein	*no*
neu	*new*
neun	*nine*
neunzehn	*nineteen*
nicht	*not*
das Nichtschwimmerbecken	*learners' pool*
Nichtraucher	*non-smoker*
nichts	*nothing*
die Niederlande	*the Netherlands*
noch	*still*
noch etwas?	*anything else?*
Nord	*north*
der Norden	*the North*
normal	*normal*
der Notausgang(¨–e)	*emergency exit*
notieren	*to make a note of*
November	*November*
null	*zero*
die Nummer(–n)	*number*
nur	*only*
ob	*whether*
Ober!	*waiter!*
das Obst	*fruit*
der Obstsalat(–e)	*fruit salad*
oder	*or*
öffnen	*to open*
Öffnungszeiten(pl)	*opening hours*
ohne	*without*

ohnmächtig	*fainted, unconscious*
das Ohr(–en)	*ear*
Oktober	*October*
die Olive(–n)	*olive*
das Opernhaus(–̈er)	*opera house*
die Orange(–n)	*orange*
die Orangenmarmelade	*marmelade*
der Orangensaft	*orange juice*
in Ordnung	*okay*
das Original(–e)	*original*
organisieren	*to organise*
Ost	*east*
der Osten	*the East*
Österreich	*Austria*
paniert	*in breadcrumbs*
der Park(–s)	*park*
der Paß(pl:/Pässe)	*passport*
die Passagierliste(–n)	*passenger list*
passieren	*to happen*
die Paßnummer(–n)	*passport number*
die Pension(–en)	*bed and breakfast*
die Person(–en)	*person*
der Personalausweis(–e)	*identity card*
der Pfeffer	*pepper*
das Pfund	*pound*
phantastisch	*fantastic*
der Plan(–̈e)	*plan, map*
das Plastik	*plastic*
der Platz(–̈e)	*place, square, seat*
die Platzreservierung(–en)	*seat reservation*
die Polizei	*police*
Pommes frites (pl)	*chips*
das Pony(–ies)	*pony*
das Portemonnaie(–s)	*purse*
Portugal	*Portugal*
die Postkarte(–n)	*postcard*
der Preis(–e)	*price*
Prima!	*great!*
pro	*per*
das Problem(–e)	*problem*
das Programm(–e)	*programme*
der Prospekt(–e)	*prospectus*
das Prozent	*per cent*
der Pullover(–)	*jumper*
der Quadratmeter(–)	*square metre*
rauchen	*to smoke*
Raucher	*smoker*
die Rechnung(–en)	*bill*
rechten	*right*
auf der rechten Seite	*on the right-hand side*
rechts	*on the right*
der Regenschirm(–e)	*umbrella*
die Region(–en)	*region*

der Reis	*rice*
die Reise	*journey*
Gute Reise!	*have a good journey*
reisen	*to travel*
der Rentner(–)	*OAP (male)*
die Rentnerin(–nen)	*OAP (female)*
reservieren	*to book, reserve*
die Reservierung(–en)	*booking, reservation*
das Restaurant(–s)	*restaurant*
richtig	*correct*
die Richtung(–en)	*direction*
das Riesenrad(–̈er)	*Big Wheel*
Rind	*beef*
der Rinderbraten(–)	*roast beef*
das Rindersteak(–s)	*beef steak*
der Ring(–e)	*ring*
der Rosenkohl	*Brussels sprout*
rot	*red*
der Rotwein	*red wine*
der Rücken(–)	*back*
der Rückflug(–̈e)	*return flight*
rufen	*to call*
ruhig	*quiet*
der Saal(pl:Säle)	*large room*
die Sahne	*cream*
der Salat(–e)	*salad*
das Salz	*salt*
der Samstag(–e)	*Saturday*
sauer	*sour*
die Sauna	*sauna*
schade!	*what a pity!*
schauen	*to look*
der Schein(–e)	*note (money)*
der Schinken	*ham*
der Schläger(–)	*racket, bat*
schlecht	*bad*
das Schließfach(–̈er)	*locker*
schließen	*to close*
das Schloß(pl:Schlösser)	*castle*
die Schloßführung(–en)	*tour of the castle*
der Schlüssel(–)	*key*
der Schnaps(–̈e)	*schnapps, spirit*
die Schokolade	*chocolate*
der Schokoladenkuchen(–)	*chocolate cake*
die Scholle(–n)	*plaice*
schon	*already*
schön	*beautiful*
bitte schön	*here you are, you are welcome*
schreiben	*to write*
der Schuh(–e)	*shoe*
die Schülergruppe(–n)	*school group*
schwarz	*black*
der Schwarzwald	*Black Forest*
Schwarzwälder Kirschtorte	*black forest gateau*

Schwein	*pork*
die Schweiz	*Switzerland*
schwierig	*difficult*
das Schwimmbad(¨er)	*swimming bath*
das Schwimmbecken(–)	*swimming pool*
sechs	*six*
sechshundert	*six hundred*
sechzehn	*sixteen*
sechzig	*sixty*
der See(–n)	*lake*
sehen	*to see*
Sehenswürdigkeiten (pl)	*sights*
sehr	*very*
sein	*to be*
die Seite(–n)	*page*
senden	*to send*
September	*September*
servieren	*to serve*
die Serviette(–n)	*napkin*
sie	*she, they*
Sie	*you (formal)*
sieben	*seven*
siebenhundert	*seven hundred*
siebzehn	*seventeen*
sind (verb: sein)	*are*
die Situation	*situation*
so	*so*
sofort	*straight away*
der Sohn(¨e)	*son*
das Solarium	*sunbed*
die Sonderausstellung(–en)	*special exhibition*
die Sondermarke(–n)	*special stamp*
sondern	*but*
der Sondertarif(–e)	*special rate*
der Sonntag(–e)	*Sunday*
sonst noch etwas?	*anything else?*
Sorgen (pl)	*worries*
sich Sorgen machen	*to worry*
die Sorte(–n)	*type*
der Souvenirladen(¨)	*souvenir shop*
Spanien	*Spain*
der Speck	*bacon*
die Speisekarte(–n)	*menu*
der Speisesaal(–säle)	*dining room*
spielen	*to play*
der Sportschuh(–e)	*training shoe*
das Sportzentrum (–zentren)	*sports centre*
sprechen	*to speak*
springen	*to jump, dive*
das Sprungbrett(–er)	*diving board*
die Squashhalle(–n)	*squash hall*
der Squashplatz(¨e)	*squash court*
die Stadt(¨e)	*town, city*
der Stadtführer(–)	*guide*
die Stadtmitte	*town centre*
der Stadtplan(¨e)	*street map*
die Stadtrundfahrt(–en)	*sightseeing tour*
das Stadtzentrum	*town centre*
der Start	*start*
die Station(–en)	*stop*
stattfinden	*to take place*
das Steak(–s)	*steak*
der Stock	*floor*
der Stoff(–e)	*fabric, cloth*
das Stofftier(–e)	*soft toy*
stornieren	*to cancel*
die Straße(–n)	*street*
das Stück(–e)	*piece, item, coin*
der Stuhl(¨e)	*chair*
der Student(–en)	*university student (male)*
die Studentin(–nen)	*university student (female)*
die Studentenermäßigung(–en)	*student reduction*
die Stunde(–n)	*hour*
suchen	*to look for*
Süd	*south*
der Süden	*the South*
die Suppe(–n)	*soup*
süß	*sweet*
die Tafel	*board*
der Tag(–e)	*day*
Guten Tag!	*good day, hello*
das Tagesmenü(–s)	*dish of the day*
die Tasche(–n)	*bag*
die Tasse(–n)	*cup*
tausend	*thousand*
das Taxi(–s)	*taxi*
der Taxistand(¨e)	*taxi rank*
der Tee	*tea*
das Telefon(–e)	*telephone*
telefonieren	*to telephone*
die Telefonnummer(–n)	*telephone number*
das Telex(–e)	*telex*
die Telexnummer(–n)	*telex number*
der Teller(–)	*plate*
der Teilnehmer(–)	*participant (male)*
die Teilnehmerin(–nen)	*participant (female)*
die Teilnehmerliste(–n)	*list of participants*
der Tennisplatz(¨e)	*tennis court*
der Termin(–e)	*appointment*
das Theater(–)	*theatre*
die Theaterkarte(–n)	*theatre tickets*
die Theke(–n)	*counter, bar*
die Themse	*Thames*
der Tisch(–e)	*table*
die Tischtennisplatte(–n)	*table-tennis table*
der Tischtennisraum(¨e)	*table-tennis room*
das Toastbrot	*toast*
die Tochter(¨)	*daughter*
die Toilette(–n)	*toilet*
der Tomatensaft(¨e)	*tomato juice*

die Tomatensuppe(–n)	*tomato soup*
der Tourist(–en)	*tourist (male)*
die Touristin(–nen)	*tourist (female)*
tragen	*to wear, carry*
die Treppe(–n)	*stairs*
trinken	*to drink*
das Trinkgeld	*tip*
trocken	*dry*
der Truthahn	*turkey*
tun	*to do*
es tut weh	*it hurts*
über	*about, over*
übermorgen	*the day after tomorrow*
die Übernachtung(–en)	*overnight stay*
Uhr	*o'clock*
um (10 Uhr)	*at (10 o'clock)*
der Umlaut(–e)	*umlaut*
und	*and*
die Universitätsstadt(¨–e)	*university town*
uns	*us*
unser	*our*
unter	*under*
unterbrechen	*to interrupt, break*
usw.	*etc.*
die Vanille	*vanilla*
der Vater(¨–)	*father*
verboten	*forbidden*
das Verkehrsmuseum	*transport museum*
verlassen	*to leave*
verletzt	*injured*
verloren	*lost*
verschiedene	*various*
verstehen	*to understand*
die Verspätung(–en)	*delay*
der Videorekorder(–)	*video recorder*
viel	*much*
viele	*many*
Vielen Dank!	*many thanks*
vier	*four*
vierhundert	*four hundred*
vierzehn	*fourteen*
vierzig	*forty*
violett	*purple, lilac*
voll	*full*
voller Preis	*full price*
Vollpension	*full board*
vom	*of the*
von	*from, of*
vor	*before*
vorher	*before*
der Vormittag(–e)	*morning*
der Vorname(–n)	*first name*
vorne	*at the front*
die Vorspeise(–n)	*starter*
das Wachsfigurenkabinett	*wax-figure museum*
wann	*when*
war	*was*
warm	*warm, hot*
warten	*to wait*
warum	*why*
was	*what*
das Wasser	*water*
die Wasserrutsche(–n)	*chute*
wechseln	*to change*
weg	*away, gone*
der Wein	*wine*
weiß	*white*
weiß (verb: wissen)	*know*
der Weißwein	*white wine*
die Weißweinsoße(–n)	*white wine sauce*
welche/welches	*which*
wenn	*if*
wer	*who*
West	*west*
der Westen	*the West*
wie	*how*
wie bitte?	*pardon?*
wieder	*again*
auf Wiederhören!	*goodbye (telephone)*
auf Wiedersehen!	*goodbye*
Wien	*Vienna*
wieviele	*how many*
willkommen	*to welcome*
wir	*we*
wo	*where*
die Woche(–n)	*week*
woher	*where from*
wohin	*where to*
der Wollpullover(–)	*woollen jumper*
zahlen	*to pay*
zehn	*ten*
das Zimmer(–)	*room*
die Zitrone(–n)	*lemon*
zu	*to*
der Zug(¨–e)	*train*
zurück	*back*
zurückfahren	*to go/drive back*
zurückkommen	*to come back*
zusammen	*together*
der Zuschlag(¨–e)	*supplement*
zwanzig	*twenty*
zwei	*two*
zweihundert	*two hundred*
zweistündig	*two-hour*
die Zwiebelsuppe(–n)	*onion soup*
zwischen	*between*
zwölf	*twelve*

KEY

Unit 1

SITUATION A

Zum Start
Herr K., L., L., Herr K., L., L.

Konversation
ist – Herr – in – Paß – hier – Danke.

Aufgaben
1 a) guten Morgen b) guten Tag c) guten Morgen d) hallo e) guten Abend

2 b) das c) die d) der e) das f) das g) die

3 Guten Morgen, Frau Klein. Mein Name ist . . . Haben Sie Ihren Paß? – Danke. Willkommen in London.

SITUATION B

Zum Start
If unsure, look up the words in the glossary.

Konversation: Hören
Herr Meier: coffee, English breakfast Frau Meier: coffee, toast and jam (and honey)

Konversation: Lesen und Hören
4, 2, 1, 3

Aufgaben
1 a) tea b) marmelade c) honey d) an egg e) a beer

2 b) v c) i d) vi e) ii f) iv

3 a) Honig oder Marmelade?/Honig, bitte b) Tee oder Kaffee?/Tee, bitte c) Möchten Sie noch Tee?/Nein, danke d) Möchten Sie noch Orangenmarmelade?/Ja, bitte e) Möchten Sie noch Müsli?/Ja, bitte

4 Wie geht es Ihnen? Gut, danke/Es geht/ Nicht so gut

SITUATION C

Konversation: Hören
London, tonight, single room, with bathroom.

Konversation: Lesen und Hören
Zimmer frei, Einzelzimmer, Doppelzimmer, Einzelzimmer, Bad, Bad, Bad, reservieren, Zimmer.

Aufgaben
1 a) bin b) sind/ist c) bin d) ist

2 Doppelzimmer, Frühstück, Pass, Pension, Bad, Einzelzimmer, frei, willkommen, Nummer, reservieren

3 a) Guten Tag/(Ja,) mit oder ohne Bad? b) (Ja,) ein bißchen/Ein Einzelzimmer oder ein Doppelzimmer?

Unit 2

SITUATION A

Zum Start
eins, zwei, drei, vier, fünf, sechs, sieben, acht, neun, zehn

Konversation: Hören
a) möchten b) 569823 c) helfen d) Mutter

Aufgaben
1 a) 4008745321 b) 4006832156 c) 4006903247 d) 4016824355

2 a) sechs/acht/neun/vier/drei/null b) sieben/sieben/sechs/fünf/null eins c) zwei/neun/sieben/acht/zwei/fünf

3 a) ii b) iv c) vi or v d) v or vi e) iii f) i

4 Guten Morgen. Willkommen in England. Kann ich Ihnen helfen? Möchten Sie ein Hotel oder eine Pension? Die Telefonnummer ist vier fünf sieben sechs acht neun. Auf Wiedersehen.

SITUATION B

Zum Start
zwölf, dreizehn, sechzehn, siebzehn

Konversation: Hören
1 brochure – free 2 street map – free
3 guidebook – £3

Konversation: Lesen und Hören
line 2: hier ist line 3: was ist line 4: Das ist
last line: Das ist

Verstehen
It contains a street map, a map of the surrounding area, sights, excursions.

Aufgaben
1 0, 3, 5, 6, 7, 9, 11, 12, 14, 16, 17, 18, 20

2 a) 17 b) 5 c) 12 d) 20

3 a) kosten b) kostet c) kostet d) kosten

4 b) Der Stadtführer kostet vier (*or* drei) Pfund c) Ein Doppelzimmer kostet fünfzehn Pfund d) Der Hotelprospekt ist gratis e) Der Stadtplan kostet drei (*or* vier) Pfund

5 Guten Tag. Kann ich Ihnen helfen? Ja, eine Broschüre, hier bitte. Auf Wiedersehen.

SITUATION C

Zum Start
a) vi b) v c) ii d) i e) iii f) vi

Konversation: Hören
a) coffee shop b) Dickens Museum
c) Cathedral d) Castle

Verstehen
You end up at the museum.

Aufgaben
Ich bin Frau Meier, Ich habe nur £20 (*or* Ich habe ein Problem), Die Broschüre ist gratis, Mein Mann hat ein Problem (*or* Mein Mann hat nur £20), Wir sind in London, Haben Sie eine Broschüre?

2 c) Links! d) Rechts! e) Geradeaus und die erste Straße links

3 example (other solutions are possible):
– Guten Tag.
– Guten Tag, kann ich Ihnen helfen?
– Was gibt es in Rochester (or any town) zu sehen, bitte?
– Da ist das Schloß, die Kathedrale, das Museum, die Cafés . . .
– Haben Sie eine Broschüre?
– Ja, natürlich, hier bitte.
– Vielen Dank. Wo ist die Kathedrale, bitte?
– Hier rechts und die erste Straße links.
– Und wo ist das Schloß?
– Geradeaus und die zweite Straße rechts.
– Gut, vielen Dank.
– Bitte sehr.

Unit 3

SITUATION A

Konversation: Hören
Die Familie bestellt zwei Gläser Limonade, ein Glas Orangensaft und ein Bier. Es kostet £4.20.

Konversation: Lesen und Hören
3, 1, 4, 2

Verstehen
a) drei Pfund dreißig b) drei Pfund vierzig
c) vier Pfund vierzig d) vier Pfund achtzig
e) sechs Pfund.

Aufgaben
1 a) 20p b) 60p c) 15p d) 50p e) 90p
f) 30p g) £2 h) £5.20

2 ich trinke, du trinkst, Herr Meier trinkt, Frau Meier trinkt, das Baby trinkt, wir trinken, ihr trinkt, Peter und Paul trinken, Trinken Sie . . . ?

3 Ja, an der Theke bitte (bestellen Sie bitte an der Theke).
– Das Bier – groß oder klein?
– Das macht drei Pfund zehn.
– Ja, es tut mir leid. Das ist Gesetz.

SITUATION B

Konversation: Hören
a) ✓ b) ✗ c) ✗ d) ✓

Konversation: Lesen und Hören
Hähnchenstücke, Salat, Schinken-Sandwich, £6,40, zahlen.

Erklärungen
Ich möchte einen Tee, eine Limonade, ein Bier. Es gibt einen Park, eine Kathedrale, ein Museum.

Verstehen
Fillet of fish with potatoes in parsley butter and a glass of white wine.

Aufgaben
1 Essen: Schinken, Schokolade, Steak, Orange, Hähnchen, Kartoffel, Reis, Suppe, Brot, Käse Trinken: Rotwein, Milch, Schokolade, Saft, Schnaps, Apfelwein, Cola Wasser

2 a) ✗ rice, ✓ potatoes b) ✗ chips, ✓ bread c) ✗ wine ✓ orange juice d) ✗ soup, ✓ salad e) ✗ ham, ✓ cheese f) ✗ jam, ✓ honey

3 Herr Sievers möchte eine Suppe und einen Whisky. Familie Meier möchte eine Cola, eine Limonade, einen Rotwein und einen Gin. Frau Klein möchte ein Mineralwasser, ein Kotelett und einen Salat.

4 (Suggestions) Wir haben Fisch mit Pommes frites, wir haben Hähnchen, wir haben Chili mit Reis, wir haben Sandwiches mit Käse und Schinken . . .

SITUATION C

Zum Start
1 der Löffel 2 die Gabel 3 das Messer 4 die Tasse 5 das Glas 6 die Serviette 7 der Teller

Konversation: Lesen und Hören
wer bekommt, für Sie, auf dem Tisch dort, bringe ich sofort, Hinten links

Erklärungen
Ich habe keinen Teller, keine Gabel, kein Glas, keine Oliven

Verstehen
a) 6 b) 3 c) 1 d) 2 e) 4 f) 5

Aufgaben
1 a) Ich habe keine Gabel b) Wir möchten bestellen c) Ich möchte ein Bier und einen Salat d) Das ist Gesetz in England e) Wo sind die Toiletten? f) Das Besteck ist auf dem Tisch dort

2 a) vi b) i c) vii d) ii e) iii f) iv g) v

3 Möchten Sie bestellen?

– Und was möchte die Dame?

– Ja, natürlich. Das macht acht Pfund vierzig, bitte.

Unit 4

SITUATION A

Zum Start
Der Erwachsene: Ich bin 45 Jahre alt. Der Rentner: Ich bin 68 Jahre alt. Der Student: Ich bin 20 Jahre alt. das Kind: Ich bin 10 Jahre alt. das Baby: Ich bin ein Jahr alt.

Konversation: Hören
✓ a, c, e ✗ b, d, f

Erklärungen
einunddreißig, zweiundvierzig, dreiundfünfzig, vierundsechzig, fünfundsiebzig, sechsundachtzig, siebenundneunzig

Verstehen
1 a) the gardens b) by the Romans c) Ermäßigungen d) kostenloser Eintritt e) members of English Heritage f) there are special rates

2 a) Das macht neun Pfund, bitte. b) Das macht acht Pfund, bitte. c) Das macht zwanzig Pfund dreißig, bitte. d) Das ist gratis.

Aufgaben
1 Schüler und Studenten: DM 7,– Rentner: DM 6,25 Kinder unter 14: DM 4,75 Kinder unter 5: frei Gruppen: DM 8,25 pro Person Broschüre: DM 4,95

2 a) Führer b) fünfmal c) Zimmer d) Saft e) Käse f) Römer

3 73 dreiundsiebzig 82 zweiundachtzig 12 zwölf 36 sechsunddreißig 11 elf

4 Guten Tag, wir möchten Eintrittskarten, bitte.
– Sind Sie eine Gruppe?
– Ja.
– Wieviele Personen?
– Zehn Erwachsene, drei Kinder und ein Baby.
– Das Baby ist gratis. Wie alt sind die Kinder?
– Sechs, acht und dreizehn Jahre. Gibt es einen Sondertarif für Rentner?
– Rentner zahlen fünfzig Prozent.
– Ich bin Rentner.
– Und ich bin auch Rentner.

– Also, achtmal voller Preis und fünfmal halber Preis.
– Und einen Führer, bitte.
– Hier bitte. Das macht neunundfünfzig Pfund fünfundsiebzig, bitte.

SITUATION B

Konversation: Hören

✓ a ✗ b, c, d

Konversation: Lesen und Hören

Gruppe, Personen, Personen, Erwachsene, Erwachsene, Mittwoch, Deutsch, Englisch

Verstehen

The opening hours are Mon, Tue, Thu and Fri from 2 to 6 p.m., Wed from 2 to 4 p.m., Sat + Sun from 10 a.m. to 5 p.m. Guided tours are at 11 a.m. (only Sat + Sun), at 3 p.m. and at 5 p.m. There are no guided tours on Wed.

Aufgaben

1 a) mainly adults, 17, Friday, 17.00 b) OAPs, 83, Tuesday, 9.00 c) mainly schoolchildren, 34, Thursday, 11.00 d) University students, 10, Saturday, 14.00

2 a) ii b) iv c) v d) vi e) iii f) i

3 a) Kann ich Ihnen helfen? b) Sind Sie eine Gruppe? c) Für wieviele Personen? d) Wie alt ist das Kind? e) Wann möchten Sie kommen? f) Möchten Sie die Führung auf Englisch?

SITUATION C

Zum Start

(Suggestions) Kaffee: schwarz/heiß London: groß Bier: kalt Stonehenge: alt Macclesfield: klein Brot: frisch/alt Milch: frisch/sauer Honig: süß

Konversation: Hören

ein Kännchen Tee, einen Kaffee mit Milch, einen Schokoladenkuchen, Scones

Konversation: Lesen und Hören

einen, ein, den, die, den, der, einen, ein.

Verstehen

pot of tea or coffee or hot chocolate, piece of black forest gateau or piece of apple pie and cream.

Aufgaben

1 a) eine heiße Schokolade b) ein schwarzer Kaffee c) eine kalte Milch d) ein kleines Bier e) einen großen Whisky

2 b) Hier ist ein kaltes Bier c) Hier ist ein frischer Kuchen d) Hier ist ein großes Bier e) Hier ist ein Karottenkuchen

3 a) iii b) iv c) ii d) i e) v

4 Haben Sie einen Tisch für 20 Personen?
– Ja, dort hinten.
– Danke.
– Möchten Sie bestellen?
– Ja, was für Kuchen haben Sie?
– Wir haben Apfelkuchen mit Sahne oder Rosinenkuchen.
– Also, 20 mal Apfelkuchen, bitte.
– Und was möchten Sie trinken?
– Zehn Tassen Kaffee, fünf Kännchen Tee und fünf heiße Schokoladen.

Unit 5

SITUATION A

Zum Start

Doppelzimmer, Bad, eine Woche, Einzelzimmer, Dusche, Balkon, Fernseher, eine Nacht, Dreibettzimmer, Kinderbett, zwei Nächte

Konversation: Hören

a cot, at the back, second floor, do not, 7

Konversation: Lesen und Hören

Balkon, Formular, Paß, Gepäck, Gepäck, Frühstück

Verstehen

60 beds, shower/toilets, TV, sauna/solarium, conference rooms, own parking spaces, restaurant.

Aufgaben

1 a) 21, 2nd b) 7, ground c) 64, 6th d) 11, 1st e) 39, 3rd

2 Wo ist die Rezeption, bitte? – Im Erdgeschoß links.
Wo ist der Frühstücksraum, bitte? – Im ersten Stock rechts.
Wo ist Zimmer Nummer fünfundzwanzig, bitte? – Im zweiten Stock links. Etc.

3 Guten Tag. Einen Moment, bitte. Sie haben Zimmer Nummer zweiundfünfzig. Sie haben ein Zimmer nach hinten. Das ist kein Problem. Der Aufzug ist rechts. Können Sie bitte das Formular ausfüllen? Wo ist Ihr Gepäck? Vielen Dank. Bitte schön.

SITUATION B

Zum Start

Januar, Februar, März, April, Mai, Juni, Juli, August, September, Oktober, November, Dezember

Konversation: Hören

Three single rooms, from 23 to 26 Feb, full board, also a conference room for Feb 25 from 9 till 12.

Verstehen

a) 1 b) 4 c) 2 d) 3 New info: conference room for 20 people Differences: date and subject line in different place.

Aufgaben

1 a) 17 June b) 30 March c) 21 January

2 Herr Meier: 5–9 April Frau Steinbeck: 17–19 July Herr und Frau Schön: 23–27 January Firma Elektrolax: 29 September–3 October

3 (1.5.) am ersten Mai (24.6.) am vierundzwanzigsten Juni (3.8.) am dritten August (30.11.) am dreißgsten November (12.12.) am zwölften Dezember

4 Ja, ein bißchen.
– Ja, für wieviele Personen?
– Ja, das geht. Können Sie ein Fax mit allen Details senden, bitte?
– Vielen Dank für Ihren Anruf. Auf Wiederhören.

SITUATION C

Konversation: Hören

a) nicht so gut b) die Rechnung c) mit Eurocheque d) 12. August

Konversation: Lesen und Hören

geht, schade, Datum, Ordnung, Reise, Dank.

Erklärungen

zweihundertdreiundfünfzig Pfund fünfzig

Verstehen

bill for room no. 309, for Frau Seifert, date: 10 March 1994, 2 nights + half board cost DM 144,–, telephone fees for 10 units are 5 Marks, drinks at the bar (a cognac and two beers) DM 13,–, total: DM 162,– inclusive of 15% VAT.

Aufgaben

1 a) kann b) können c) kann d) können e) können f) kann

2 Aufzug, Dusche, Bett, Fernseher, Sauna, Gepäck, Nacht, Erdgeschoss, Balkon, Rezeption

3 (Suggestion) Guten Tag.
– Mit Bad oder mit Dusche?
– Möchten Sie das Zimmer mit Vollpension, Halbpension oder mit Frühstück?
– Das kostet . . . Können Sie bitte das Formular ausfüllen?
– Den . . . Wo ist Ihr Gepäck?

Unit 6

SITUATION A

Konversation: Lesen und Hören

2, 2, 9, 7, 17, 4, 5,50, 4, 20, 3

Verstehen

An exclusive collection of cars; garden terraces; restaurant; near Birmingham; open all year round; from mid January to March only on Sundays; free parking; for details, opening hours and entry fees call 021 459 9111; for restaurant bookings call 021 451 3991; Mansell Hall with cars of the 80s, the best in the world . . .

Aufgaben

1 Erwachsene, Kinder, Jahre, billiger, kostet, keine, Plan

2 Di 132, Mi 450, Do 396, Fr 620, Sa 783, So 1270

3 DM 29,– Neunundzwanzig Mark DM 890,– Achthundertneunzig Mark DM 1000,– (Ein)tausend Mark DM 625,30 Sechshundertfünfundzwanzig Mark dreißig DM 720,– Siebenhundertzwanzig Mark DM 215,60 Zweihundertfünfzehn Mark sechzig

4 Sind Sie eine Gruppe?
– Wieviele Personen sind Sie?

– Wie alt sind die Kinder?
– Das macht . . . Pfund.

SITUATION B

Zum Start

das Café, die Toiletten, die Geisterbahn, die 3-D Show, das Kino

Konversation: Hören

1 der Eingang 2 die Toiletten 3 die Ponies 4 der See 5 der Souvenirladen

Konversation: Lesen und Hören

false: a, b, c true: d, e

Verstehen

1 cx 2 eq 3 fw 4 ht 5 iz 6 jy 7 ar 8 gu 9 bv 10 ds

Aufgaben

1 d) Restaurant e) Kino c) See f) Geisterbahn a) Café b) Toiletten

2 i) f ii) a iii) e iv) b v) d vi) c

3 Es tut mir leid, (aber) es gibt keine Studentenermäßigung.
– Das macht acht Pfund zwanzig. Möchten Sie einen Führer?
– (Das ist) hinten links und es gibt auch eine Drei-D-Show.

SITUATION C

Zum Start

1 Knie 2 Hand 3 Ohren 4 Füße

Konversation: Hören

1 person has fallen, hand hurts 2 person feels sick 3 husband has fallen and injured his knee 4 wife has fainted 5 child is looking for parents

Konversation: Lesen und Hören

3, 5, 2, 4, 1

Aufgaben

1 a) mein, meine b) mein c) Ihr d) mein, sein e) seine f) meine, ihre g) Ihre, meine

2 (Suggestions) a) ii b) vi c) iii d) v e) i f) iv

3 Hilfe, passiert, gefallen, Bein, weh Krankenwagen, warten, hole

Unit 7

SITUATION A

Konversation: Hören

the North or the North East of England/take the coach/starts on Thursday 15th/Durham is an old university town/includes accommodation in single rooms, entrance fees and the bus journey/she lives in Bonn

Erklärungen

1 Kohl 2 Rüttgers 3 Lauterbach 4 Jaspers-Haßfurter

Verstehen

Makes bookings (in the 'New Lander' i.e. former East Germany) for hotels, inns, B & Bs, private accommodation, and apartments in over 100 places/provides hotel guide.

Aufgaben

1 from north to south: Stralsund, Hamburg, Schrecksbach, Saarbrücken, München

2 a) iii b) ii c) i d) iv

4 Guten Tag. Kann ich Ihnen helfen?/Ist das für eine Person?/Wie ist Ihr Name?/Können Sie das buchstabieren?

SITUATION B

Zum Start

1 Irland 2 Großbritannien 3 Dänemark 4 Deutschland 5 die Niederlande 6 Belgien 7 Luxemburg 8 Frankreich 9 die Schweiz 10 Österreich 11 Portugal 12 Spanien 13 Italien 14 Griechenland 9 and 10 are not members of the EC

Konversation: Hören

nach Österreich, nachmittags, £230, Hinz

Konversation: Lesen und Hören

Rückflug, fliegen, fliegen, Flug, Ankunft, Flug, Ankunft, Flug, Abflug

Aufgaben

1 a) Schmidt, Beethoven-Ring **24**, Tel. 01049-**228**-674432 b) Sauer, Beatrice, deutsch, Römerberg 13, Frankfurt, no telephone

2 a) Wie ist Ihr Name? b) Wie ist Ihr Vorname? c) Wie alt sind Sie? d) Woher kommen Sie? e) Wie ist Ihre Adresse? f) Wohin fliegen Sie? g) Wann fliegen Sie?

3 Schweiz Italien Niederlande Portugal Irland Frankreich

SITUATION C

Aufgaben

4 a) siebzehn Uhr b) ein Uhr c) neunzehn Uhr fünfundvierzig d) elf Uhr fünfzehn e) sechs Uhr f) dreiundzwanzig Uhr fünfundvierzig g) vierundzwanzig Uhr (*or* null Uhr)

Unit 8

SITUATION A

Konversation: Hören

visit Madame Tussaud's, go on a sightseeing tour

Konversation: Lesen und Hören

Wachsfigurenkabinett, Stadtrundfahrt, Haltestelle, Fahrplan, Stadtrundfahrt

Verstehen

1 red 2 blue 3 yellow 4 black 5 grey
6 green 7 brown 8 purple 9 light blue
10 dark blue

Regent's Park: Nehmen Sie die hellblaue Linie bis Oxford Circus und dann die braune Linie.
St Paul's: Nehmen Sie die hellblaue Linie bis Oxford Circus und dann die rote Linie.
Hyde Park: Nehmen Sie die hellblaue Linie bis Green Park und dann die dunkelblaue Linie bis Hyde Park Corner.
Oxford Street: Nehmen sie die hellblaue Linie bis Oxford Circus.
Charing Cross: Nehmen Sie die grüne oder die gelbe Linie bis Embankment und dann die schwarze Linie.

Aufgaben

1 a) fahre b) fahren c) fährt d) fahren e) fährt

2 a) sprechen b) spricht c) spreche d) spricht

3 a) v b) i c) ii d) vi e) iv f) iii

4 Nehmen Sie die U-Bahn: die grüne oder gelbe Linie bis Tower Hill/Ja, es gibt eine Bus-Tour. Es gibt eine Haltestelle bei Victoria. Hier ist der Fahrplan./Bitte schön.

SITUATION B

Zum Start

a) das Flugzeug b) das Taxi c) der Bus d) der Zug e) das Boot

Konversation: Hören

a) 2 b) 15 c) single d) £66 e) 2.30 p.m.

Konversation: Lesen und Hören

✓: a ✗: b, c

Verstehen

Guided bus and boat trips are a good opportunity to get to know London and the South. Brochures are available at all Tourist Information Centres. In addition, bookings can be made through many hotels and travel agencies as well as at the travel centre at Victoria coach station. For telephone bookings (credit cards only) ring 071-998877. Combined tickets for a sightseeing tour + a visit to Madame Tussaud's are also available.

Aufgaben

1 e) boat c) plane a) underground d) train b) taxi

2 a) nach b) zu c) nach d) zu e) nach

3 ✓: a, d ✗: b, c, e

4 Um 13 Uhr (*or* in 20 Minuten)/Um vierzehn Uhr dreißig/Das macht £16

SITUATION C

Zum Start

a) 40p b) 24p c) £3,50 d) £8 e) £4,50 f) £6,75

Konversation: Hören

1 Sell five special stamps (instead of 10)
2 Accept German marks

Konversation: Lesen und Hören

das macht, wir haben, das geht leider nicht, in blau, In Ordnung, Auf Wiedersehen

Erklärungen
Wir haben einen für £5/Wir haben eine in rot/ Wir haben eins in gelb

Verstehen
a) 2 b) 6 c) 7 d) 4 e) 3 f) 1 g) 5 h) 8

Aufgaben
1 a) ii b) v c) iv d) vi e) i f) iii

2 b) Die Shetland-Pullover kosten fünfundvierzig Pfund c) Die Postkarten kosten fünfzig Pence d) Die Busse kosten vier Pfund fünfzig e) Die Briefmarken kosten eine Mark f) Die Schlüsselringe kosten fünfzig Schilling g) Die Stadtpläne kosten zwanzig Franken

3 c, b, a, d, i, h, g, f, e

Unit 9

SITUATION A

Zum Start
1b 2d 3c 4g 5a 6f 7e 8h

Konversation: Hören
a) is correct.

Konversation: Lesen und Hören
Squashplatz, nachmittag, nachmittags, geschlossen, Ja, für eine Stunde, £9 pro Stunde, Ja, aber das kostet extra.

Verstehen
Sport and Leisure Centre Tannenhof/Open daily 8 a.m.–9 p.m., closed on Mondays/ Wednesdays: family day, reduced entry for families with two or more children/Water temperature today: large pool 22°C, children's pool 24°C/Barefoot area, no shoes please/The Table Tennis Club is looking for new members. Everybody welcome! Training Tuesday evenings (6 p.m.–9 p.m.) in hall 5, monthly subscription: DM 20.

Aufgaben
1 a) Seifert, tennis court, Fri, 2–4 p.m. b) Walter Rupert, table tennis table, next Monday, 3–4 p.m. c) Sabine Giesinger, solarium, this afternoon, 5–6 p.m. d) Braun, squash court, Thursday 25/6, 1–1.30

3 a) donnerstags b) Schläger c) Tisch

SITUATION B

Zum Start
1e 2f 3a 4b 5c 6d 7g

Konversation: Hören
The following are forbidden: 1 wearing shoes 2 ball games 3 entering the pool without having had a shower

Konversation: Lesen und Hören
✓: a, b, e ✗: c, d, f

Aufgaben
1 a) 2 b) 1 c) 3 d) 5 e) 6 f) 4

2 a) kann b) darf c) muß d) kann/muß e) kann/muß f) darf g) darf

3 Ja, ich spreche Deutsch./Es gibt ein Schwimmbad, eine Sauna, einen Konditionsraum (einen Fitneßraum), einen Squashplatz und einen Tischtennisraum./(Der kostet) acht Pfund pro Stunde./Zwei Pfund zwanzig für Erwachsene und ein Pfund zehn für Kinder./Wir haben von acht Uhr bis zwanzig Uhr geöffnet./Bitte schön.

SITUATION C

Zum Start
From top of list: pool, children's (non-swimmers') pool, diving board, changing room, locker, shower, toilet, bar, cash desk, entry/exit

Konversation: Hören
a) There is a bomb alert b) A large towel c) To the left d) Search for the bomb/the employee does not know

Konversation: Lesen und Hören
Becken, Kabinen, Notausgang, Schließfach

Erklärungen
a) Ich reserviere das Zimmer für Sie. b) Ich bringe den Kaffee sofort. c) Das Boot fährt in 20 Minuten ab.

Verstehen

Name	Main Pool	Children's Pool	Diving Pool/ Board	Chute	Other Facilities e.g. table tennis	Public Transport
Eschersheimer Bad	✓			✓		bus no. 60
Stadionbad	✓		✓	✓	waterfall	bus no. 61
Freibad Bergen-Enkheim	✓	✓	✓			bus no. 42
Farbwerksbad					table tennis	bus nos. 54 and 807
Freibad Hausen	✓	✓				underground 6 bus no.34
Parkbad Kriftel	✓	✓	✓		table tennis, minigolf, rollerskating, skittles	bus no. 810
Freibad Hattersheim				✓	volleyball, playground	bus nos. 813 and 824

Aufgaben

1 ✓: b, d, f ✗: a, c, e, g, h

2 a) Das ist verboten! b) Das ist kein Problem! c) Ich verstehe nicht! d) Es (*or* Das) tut mir leid. e) Ich weiß nicht. f) Machen Sie sich keine Sorgen! g) Können Sie das buchstabieren?

3 Geöffnet: Montags–Mittwochs 8–20 Uhr, Freitags, Samstags und Sonntags 9–21 Uhr, Donnerstags geschlossen./Mittwochs nachmittags: Kinder unter 6 gratis (frei)./ Rauchen verboten!

Unit 10

SITUATION A

Zum Start

1c 2d 3f 4e 5g 6a 7b

Konversation: Hören

✓: b ✗: a, c, d, e, f

Erklärungen

a) Wir haben keinen Cheddar-Käse mehr b) Wir haben keine Sahne mehr c) Wir haben kein Hähnchen mehr d) Wir haben keine Tomaten mehr

Verstehen

a) May b) Sept c) Jan/Feb (*also* May, June) d) April e) Oct f) Oct g) Nov h) Dec i) March j) July/Aug

Aufgaben

1 a) 7 b) 3 c) 1 d) 2 e) 5 f) 6 g) 4

2 a) Das ist Hähnchen mit Knoblauch und Käsesoße b) Das ist Schokoladenkuchen mit Sahne c) Das ist Champignoncremesuppe d) Das ist gemischter Salat mit Krabben e) Das ist ein Weißwein aus Deutschland f) Das ist ein Bier aus Irland

3 Hier bitte./Ja, natürlich./Das ist Fischfilet in Weißweinsoße./Pommes frites und einen Salat./ Also, einmal den Fisch und ein Glas Weißwein.

SITUATION B

Konversation: Hören

Frau Rautendorf bestellt die Hähnchenbrust, die gebackene Kartoffel mit saurer Sahne, die Zucchini, einen trockenen Wein, den Käsekuchen.

Verstehen

Cream of broccoli soup, salads from the buffet, medallions of turkey or piece of salmon, butter rice, mixed vegetables, ice-cream 'Belle Hélène' (vanilla ice-cream with pears and chocolate sauce)

Aufgaben

1 a) Ich nehme das T-Shirt b) Das T-Shirt nehme ich c) Der Schlüssel ist hier d) Hier ist der Schlüssel e) Ich bringe die Speisekarte sofort f) Die Speisekarte bringe ich sofort

g) Herr Schmidt fliegt um 19 Uhr nach Düsseldorf h) Um 19 Uhr fliegt Herr Schmidt nach Düsseldorf i) Wir haben leider keine Tomatensuppe mehr j) Leider haben wir keine Tomatensuppe mehr

2 (Suggestion)

GAST 1: Haben Sie einen Tisch für zwei Personen?
KELLNER: Ja, hier rechts.
GAST 1: Die Speisekarte, bitte.
KELLNER: Hier bitte. Möchten Sie bestellen?
GAST 1: Ja, *Garlic Bread*, was ist das?
KELLNER: Das ist Knoblauchbrot.
GAST 1: Gut, also als Vorspeise nehme ich das Knoblauchbrot, als Hauptgericht nehme ich den Fisch mit Pommes frites und als Dessert nehme ich den Schokoladenkuchen.
KELLNER: Es tut mir leid, aber wir haben keinen Schokoladenkuchen mehr.
GAST 1: Schade. Dann nehme ich den Käsekuchen.
KELLNER: Und was möchten Sie trinken?
GAST 1: Ein Glas Weißwein, bitte.
KELLNER: Und was möchten Sie?
GAST 2: Ich nehme auch das Knoblauchbrot und den Fisch und ein Glas Orangensaft.
KELLNER: So, hier ist der Wein und der Orangensaft. Das Knoblauchbrot bringe ich sofort . . . Hier bitte, das Knoblauchbrot. Guten Appetit.

GAST 1: Zahlen, bitte.
KELLNER: Das macht £21,60.

SITUATION C

Konversation: Hören

1e 2a 3c 4b 5d

Konversation: Lesen und Hören

1, 4, 3, 5, 2

Erklärungen

Einen Moment, ich hole ihn. Einen Moment, ich hole sie. Einen Moment, ich hole es.

Aufgaben

1 a) 1 (with cream) b) 6 c) 2 d) 4 (without chocolate ice-cream) e) 5 (without liqueur, wants to know whether it will be cheaper)

2 a) ihn b) er c) ihn d) ihn e) er f) er

3 Speisekarte, bestellen, Pommes frites, Vorspeise, trinken, Glas, nehme, Erdbereren, mehr, nichts *Solution* Kirschtorte.

Unit 11

SITUATION A

Zum Start

a) 4 b) 1 c) 3 d) 8 e) 5 f) 6 g) 2 h) 10 i) 7 j) 9

Konversation: Hören

You can do everything apart from *fotografieren* and *Boot fahren.*

Konversation: Lesen und Hören

Erwachsene, Dinge, Jahrhundert, Adresse, Tasche, Saal

Aufgaben

1 miete, (mietest), mietet, mieten, mietet, mieten sende, sendest, sendet, senden, (sendet), senden

2 a) to order b) to bring c) to book d) to look for e) to fetch f) to go g) to pay h) to hire i) to buy j) to last k) to understand i) to stay

SITUATION B

Zum Start

heute nachmittag, morgen vormittag, übermorgen vormittag, heute abend

Konversation: Hören

12, zweistündige, morgen vormittag, um 9 Uhr, auf Englisch, ein bißchen Englisch

Verstehen

a) Gehen Sie geradeaus bis zum Opernhaus und gehen Sie dann links. Das ist die dritte Straße links. Das Verkehrsmuseum ist auf der rechten Seite. b) Die Adresse ist Lessingstraße 6.
c) Die Telefonnummer ist 2192428. d) Es gibt eine Ausstellung über die Geschichte der Bahn. Es gibt Originale und Modelle und es gibt auch einen Film. e) Ja, es gibt ein Restaurant.
f) Nein, leider nicht. Das Museum hat am ersten Mai geschlossen.

Aufgaben

1 a) 3 b) 4 c) 2 d) 6 e) 5 f) 1

2 a) geschlossen b) geöffnet c) Saal

d) Ausstellung e) Kommentar

3 d, a, c, f, e, h, b, g

4 Ja, wann möchten Sie kommen?/Das Museum öffnet morgen um elf. Es ist Feiertag. Können Sie um elf kommen?/Und das ist auf welchen Namen?/Alles klar, Frau Müller. Bis morgen.

SITUATION C

Zum Start

The only word which you should not have ticked is *Handtasche.*

Konversation: Hören

Toiletten → Saal 1 → Saal 3 → Saal 4 → Café

Konversation: Lesen und Hören

✓: b, c ✗: a, d, e

Aufgaben

1 a) camera, black and grey, hall 1 b) jumper, grey, woollen, coffee shop c) purse, red, leather, big, cash desk d) umbrella, red plastic, entrance

2 a) Ich war Student b) Herr Schmidt war in London c) Wo waren Sie? d) Das Steak war sehr gut e) Wir hatten ein Einzelzimmer mit Bad f) Die Dame hatte eine schwarze Tasche g) Ich hatte Ihre Adresse nicht

3 a) Was für eine Tasche war das? b) Wo genau war das? c) Was war drin? d) Ich rufe die Polizei e) Das ist die Telefonnummer vom Konsulat f) Machen Sie sich keine Sorgen!

4 Das tut mir leid. Was war drin?/Und was für ein Portemonnaie war das?/Ich rufe die Polizei.

Unit 12

SITUATION A

Zum Start

Flipchart, Drucker and *Mikrofon* are not mentioned.

Konversation: Hören

Name: Walter, Firma Solms AG Date: 29 March Time: 9 a.m. to 4 p.m. No. of people: 25 Equipment: OHP Meals: two coffee breaks, cold buffet lunch

Konversation: Lesen und Hören

einen Moment, bitte, das ist richtig, das macht nichts, sonst noch etwas?, nichts zu danken

Erklärungen

ich habe gekauft, ich habe gewartet, ich habe gesucht

Verstehen

Tick the following: Reihen/Kino, Mittagessen, Abendessen, Kaffepausen, Wagen/Mietwagen, Flugzeug, Diaprojektor, Overheadprojektor, Leinwand

Aufgaben

1 a) 4 b) 1 c) 6 d) 2 e) 5 f) 3

3 Ja, das ist richtig. Das war ein Raum für 30 Personen für den zwanzigsten April./Ja, das ist kein Problem. Möchten Sie Mittagessen und Kaffepausen?/Das habe ich notiert./Danke auch. Auf Wiederhören.

SITUATION B

Konversation: Hören

eine Fahrkarte, hin und zurück, erster Klasse, Nichtraucher, frühstücken

Verstehen

a) a supplement for IC or EC train, bought on 31/12/92 at 5 p.m. b) leaves Munich at 6.36 a.m., arrives at 9.39, travels at a speed of 250 km/h, costs DM 198,– first class and DM 128,– second class, possible to get ticket + reservation on the platform, early morning trains Munich–Frankfurt run Mon–Sat, Frankfurt–Munich Mon–Fri, afternoon return services run every day, first-class ticket includes breakfast, second-class ticket includes breakfast snack, conference facilities available, e.g. mobile telephone, fax, typewriter.

Aufgaben

1 a) Fahrkarte b) reservieren c) Zugrestaurant d) Klasse e) Gleis f) Anzeigentafel

2 a) Ich möchte einen Tennisplatz reservieren. b) Mein Kollege hat gestern einen Konferenzraum für 20 Personen gebucht. c) Herr Meier fliegt um 17 Uhr nach London. d) Sie dürfen hier nicht parken! e) Man kann von 7 bis 10 Uhr im Speisesaal frühstücken.

f) Der Zug kommt um 9.55 Uhr in Birmingham an.

3 Guten Tag.
– Guten Tag. Kann ich . . .
– Wir möchten am Dienstag . . .
– Ja, um wieviel Uhr . . .
– Um 10 Uhr etwa
– Dann müssen Sie am Montag . . .
– Gut, dann reservieren Sie . . .
– Erster oder . . .
– Erster Klasse
– Und wann fahren . . .
– Wir fahren nicht . . .
– Ach so . . .
– Nehmen Sie Visa
– Ja, natürlich . . .
– Vielen Dank . . .

SITUATION C

Zum Start

1 = Mozart 2 = Schiller 3 = Luther
4 = Nietzsche 5 = Goethe 6 = Bismarck
7 = Beethoven 8 = Gebrüder Grimm

Konversation: Hören

✓: a, e ✗: b, c, d

Aufgaben

1 a) 5 b) 1 c) 9 d) 2 e) 4 f) 7 g) 6 h) 8 i) 3 j) 10

2 b) Ich habe den Kaffee für Sie serviert. c) Ich habe die Konferenz für Sie organisiert. d) Ich habe für Sie telefoniert. e) Ich habe ein Taxi für Sie bestellt. f) Ich habe ein Fax für Sie gesendet. g) ich habe den Flug für Sie gebucht.

3 Firma, Termin, Bestätigung, Drucker, Faxgerät, Buchung, Teilnehmer, Messe, Telefon, AG.

TEACHER'S NOTES

Assignment 1

Task Two

(Interlocutor's brief)
You are a German tourist. Ask the following questions: a) Hat das Hotel einen Garten? b) Gibt es ein Restaurant? c) Gibt es Parkplätze?

Task Five

(Interlocutor's brief)
You are a German tourist. Ask the following questions: a) Was kostet das Hähnchen mit Pommes frites in D-Mark? b) Was kostet das Pfeffersteak mit Kartoffeln? c) Und was kostet ein Schinken-Sandwich?

Assignment 2

Task Two

(Interlocutor's brief
You are receptionist at the Palast Kongreß Hotel in Frankfurt.
You will have to say: a) Ein Einzelzimmer mit Bad und Balkon kostet DM 220, ein Einzelzimmer mit Bad ohne Balkon kostet DM 180. b) Vielen Dank für Ihren Anruf. Ich sende Ihnen eine Bestätigung.

Task Five

(Interlocutor's brief)
You are the receptionist at the Palast Kongreß Hotel. You will have to say: a) Hier bitte. *(when asked for the bill)* b) Ja natürlich, wir nehmen alle Kreditkarten. c) Vielen Dank und gute Reise!

Assignment 3

Task One

(Interlocutor's brief)
You are a German tourist phoning the Rochester Tourist Information Office. Ask the following questions: a) Sprechen Sie Deutsch? b) Wann hat die historische Werft nächsten Sonntag geöffnet? c) Was kostet der Eintritt für Erwachsene? d) Ist es billiger für Rentner? e) Und was kostet es für Kinder? f) Gibt es auch eine Familienkarte? g) Wie ist die Adresse? h) Können Sie *Dockyard* buchstabieren, bitte?

Task Three

(Interlocutor's brief)
You are a (female) German tourist phoning the Rochester Tourist Information Office. Ask the following questions: a) Ich interessiere mich für das Gesundheits- und Fitness-Wochenende. Wann genau ist es – an welchem Datum? b) Was kostet es pro Tag? c) Mein Mann möchte auch kommen. Geht das?

Assignment 4

Task One

(Interlocutor's brief)
You are Herr or Frau Riedl from the *Wienerwald-Orchester* in Austria, based at Johann-Strauß-Weg 17 in 1060 Wien (Tel. 01043-1-56 78 90). The group is organising a trip to the open air concert at Leeds Castle in England. You ring the Castle to ask for information and make a booking.
a) Ask for information on the following: day and dates of performance name of the conductor and choir times of the performance prices availability of refreshments b) Give the following information for your booking: chosen date number of tickets (with or without seats) method of payment and card number if applicable (0780 5673 9081 6690) name and address

TAPESCRIPT

Unit 1

SITUATION A

guten Morgen guten Tag guten Abend willkommen der Paß die Nummer das Zimmer mein Name ist haben Sie Ihren Paß? danke bitte hier, bitte Herr Frau

HERR KLEIBER: Guten Tag. Mein Name ist Kleiber.
WIRTIN: Guten Tag, Herr Kleiber. Willkommen in Manchester! Haben Sie Ihren Paß?
HERR KLEIBER: Ja, hier bitte.
WIRTIN: Danke. Sie haben Zimmer Nummer 10.

Aufgaben

3

EMMA KLEIN: Guten Morgen. Mein Name ist Klein, Emma Klein.
SIE: Guten Morgen, Frau Klein. Mein Name ist . . . Haben Sie Ihren Paß?
EMMA KLEIN: Ehhh . . . Moment . . . hier, bitte.
SIE: Danke. Willkommen in London.

SITUATION B

wie möchten Sie das Frühstück? deutsch oder englisch? und oder für mich das Toastbrot der Kaffee der Tee die Marmelade die Orangenmarmelade haben Sie auch Honig? noch Kaffee? ja, bitte nein, danke wie geht es Ihnen? gut, danke es geht nicht so gut.

FRAU MEIER: Guten Morgen.
WIRTIN: Guten Morgen. Wie geht es Ihnen?
FRAU MEIER: Gut, danke.
WIRTIN: Und Ihnen, Herr Meier?
HERR MEIER: Es geht.
WIRTIN: Möchten Sie Tee oder Kaffee?
FRAU MEIER: Kaffee, bitte.
WIRTIN: Und wie möchten Sie das Frühstück – deutsch oder englisch?
HERR MEIER: Für mich englisch, bitte.
FRAU MEIER: Für mich nur Toast und Marmelade.
FRAU MEIER: Haben Sie auch Honig?
WIRTIN: Ja – Moment . . . hier, bitte. Möchten Sie noch Kaffee?
FRAU MEIER: Nein, danke.

Aufgaben

1 a) Noch Tee, bitte! b) Wir möchten noch Orangenmarmelade, bitte! c) Haben Sie noch Honig, bitte? d) Noch ein Ei, bitte! e) Hallo, noch ein Bier!

SITUATION C

sprechen Sie Deutsch? ein bißchen Zimmer frei Einzelzimmer Doppelzimmer mit Bad ohne Bad wir reservieren im Moment heute heute abend ich bin Sie sind ich komme nach London phantastisch!

WIRT: *Hello. Redhill Guesthouse.*
FRAU SCHMIEDINGER: Guten Tag. Sprechen Sie Deutsch?
WIRT: Ja, ein bißchen.
FRAU SCHMIEDINGER: Phantastisch! Mein Name ist Schmiedinger. Ich bin im Moment in London und komme heute abend nach Manchester. Haben Sie ein Zimmer frei?
WIRT: Ein Einzelzimmer oder ein Doppelzimmer?
FRAU SCHMIEDINGER: Ein Einzelzimmer, bitte.
WIRT: Mit oder ohne Bad?
FRAU SCHMIEDINGER: Mit Bad, bitte.
WIRT: Mit Bad, ja. Und Sie sind Frau . . . ?
FRAU SCHMIEDINGER: Schmiedinger.
WIRT: OK, Frau Schmiedinger. Wir reservieren das Zimmer für Sie.
FRAU SCHMIEDINGER: Danke. Auf Wiederhören.
WIRT: Auf Wiederhören.

Aufgaben

3 a)

GAST: Guten Tag.
SIE: Guten Tag.
GAST: Haben Sie ein Einzelzimmer frei?
SIE: Mit oder ohne Bad?
GAST: Ohne Bad, bitte.

b)

GAST: Guten Tag. Sprechen Sie Deutsch?
SIE: Ja, ein bißchen.

GAST: Haben Sie ein Zimmer frei für heute nacht?
SIE: Ein Einzelzimmer oder ein Doppelzimmer?
GAST: Ein Doppelzimmer.

Unit 2

SITUATION A

Zum Start

null eins zwei drei vier fünf sechs sieben acht neun zehn

ein Angestellter eine Angestellte kann ich Ihnen helfen? ein Zimmer suchen die Adresse die Telefonnummer die Woche für eine Woche mein Mann meine Frau mein Vater meine Mutter das deutsche Konsulat kommen (aus) ach, interessant

TOURIST: Guten Tag.
ANGESTELLTER: Guten Tag, kann ich Ihnen helfen?

TOURIST: Wir suchen ein Doppelzimmer für eine Woche.
ANGESTELLTER: Ja, möchten Sie ein Hotel oder eine Pension?

ANGESTELLTER: Das deutsche Konsulat – Moment. Hier ist die Adresse und die Telefonnummer ist fünf-sechs-neun-acht-zwei-drei.
TOURIST: Danke.

TOURIST: Sie sprechen sehr gut Deutsch.
ANGESTELLTER: Es geht. Meine Mutter kommt aus Hamburg.
TOURIST: Ach, interessant! Meine Frau kommt auch aus Hamburg. Ich bin Berliner.

Aufgaben

1 a) Meine Paßnummer ist vier–null–null–acht–sieben–vier–fünf–drei–zwei–eins b) Meine Paßnummer ist vier–null–null–sechs–acht–drei–zwei–eins–fünf–sechs c) Meine Paßnummer ist vier–null–null–sechs–neun–null–drei–zwei–vier–sieben d) Meine Paßnummer ist vier–null–eins–sechs–acht–zwei–vier–drei–fünf–fünf
4 Guten Morgen Willkommen in England Kann ich Ihnen helfen? Möchten Sie ein Hotel oder eine Pension? Die Telefonnummer ist vier–fünf–sieben–sechs–acht–neun Auf Wiedersehen

SITUATION B

Zum Start

elf zwölf dreizehn vierzehn fünfzehn sechzehn siebzehn achtzehn neunzehn zwanzig

Informationen über Rochester die Stadt der Stadtplan die Broschüre der Stadtführer die Sehenswürdigkeiten wir sind hier was ist das? das ist . . . kosten gratis aber ich habe nur zwanzig Pfund kein Problem zurück

TOURIST: Guten Tag. Haben Sie Informationen über Rochester?
ANGESTELLTER: Ja, hier ist eine Broschüre – und hier ein Stadtplan. Wir sind hier.
TOURIST: Danke. Und was ist das hier?
ANGESTELLTER: Das ist ein Stadtführer mit Informationen über Hotels, Restaurants und Sehenswürdigkeiten. Der kostet drei Pfund. Die Broschüre und der Stadtplan sind gratis.
TOURIST: Ja gut . . . aber ich habe nur zwanzig Pfund.
ANGESTELLTER: Das ist kein Problem, siebzehn Pfund zurück.

Aufgaben

1 null drei fünf sechs sieben neun elf zwölf vierzehn sechzehn siebzehn achtzehn zwanzig
2 a) Die Adresse ist Oxford Street siebzehn. b) Die Adresse ist Hauptstraße fünf. c) Die Adresse ist Ludwig-van-Beethoven-Ring zwölf. d) Die Adresse ist Schillerplatz zwanzig.

5
TOURIST: Guten Tag.
SIE: Guten Tag, kann ich Ihnen helfen?
TOURIST: Haben Sie Informationen über Manchester?
SIE: Ja, eine Broschüre. Hier, bitte.
TOURIST: Danke. Auf Wiedersehen.
SIE: Auf Wiedersehen.

SITUATION C

was gibt es in Rochester zu sehen? es gibt da ist wo ist . . . ? wo ist die Kathedrale? die Straße vielen Dank natürlich links rechts geradeaus die erste Straße die zweite Straße

TOURIST: Guten Tag.
ANGESTELLTE: Guten Tag, kann ich Ihnen helfen?

TOURIST: Was gibt es in Rochester zu sehen, bitte?
ANGESTELLTE: Ja, da ist die Burg, die Kathedrale, das Dickens-Museum, die Cafés und Restaurants . . .
TOURIST: Haben Sie eine Broschüre?
ANGESTELLTE: Natürlich, hier bitte.
TOURIST: Und wo ist die Kathedrale?
ANGESTELLTE: Hier rechts und die erste Straße links.
TOURIST: Und das Dickens-Museum?
ANGESTELLTE: Das ist hier links.
TOURIST: Und wo ist die Burg, bitte?
ANGESTELLTE: Hier rechts und die zweite Straße links.
TOURIST: Vielen Dank! Ach – und wo finde ich ein gutes Café?
ANGESTELLTE: Die Cafés sind in der High Street.
TOURIST: In der High Street. Gut, vielen Dank.
ANGESTELLTE: Bitte sehr. Auf Wiedersehen.

Verstehen

Hmm ja, also, gehen Sie geradeaus, nehmen Sie die zweite Straße rechts, dann die erste Straße links, dann wieder die erste Straße rechts – und dann nehmen Sie die erste Straße links.

Unit 3

SITUATION A

wir möchten bestellen an der Theke das Glas die Gläser das macht groß klein die Kinder müssen in den Garten gehen warum? das ist Gesetz es tut mir leid

GAST: Hallo, wir möchten bestellen!
WIRT: Bestellen Sie bitte an der Theke!

GAST: Wir möchten zwei Gläser Limonade, ein Glas Orangensaft und ein Bier.
WIRT: Groß oder klein?
GAST: Groß, bitte.
WIRT: Das macht vier Pfund zwanzig.
GAST: Hier bitte. Fünf Pfund.
WIRT: Achtzig Pence zurück. Die Kinder müssen in den Garten gehen.
GAST: Warum?
WIRT: Das ist Gesetz in England.

Verstehen

a) Zwei Bier und ein Orangensaft – das macht drei Pfund dreißig. b) Zwei Limonaden, ein Cognac und ein Rotwein – das macht drei Pfund vierzig. c) Drei Gläser Orangensaft, drei Gläser Tomatensaft und ein Bier – das macht vier Pfund vierzig. d) Zwei Weißwein und zwei Cognacs – das macht vier Pfund achtzig.
e) Zwei Rotwein, zwei Bier, eine Limonade und ein Orangensaft – das macht sechs Pfund.

Aufgaben

1 a) zwanzig Pence zurück b) vielen Dank und sechzig Pence zurück c) fünfzehn Pence zurück d) so – hier bitte – fünfzig Pence zurück e) vielen Dank und neunzig Pence zurück f) dreißig Pence zurück g) danke, zwei Pfund zurück h) fünf Pfund zwanzig zurück

3
GAST: Wir möchten bestellen, bitte.
SIE: Ja, an der Theke, bitte.
GAST: Also, ein Bier, ein Glas Rotwein und zwei Cola, bitte.
SIE: Das Bier – groß oder klein?
GAST: Klein, bitte.
SIE: Das macht drei Pfund zehn.
GAST: Müssen die Kinder in den Garten gehen?
SIE: Ja, es tut mir leid. Das ist Gesetz.

SITUATION B

die Speisekarte Hähnchenstücke, paniert das nehme ich keine Pommes frites, lieber Salat geht das? wenn es geht der Herr die Dame zahlen sofort

HERR SIEVERS: Wir möchten die Speisekarte, bitte.
WIRT: Hier, bitte.

WIRT: Möchten Sie bestellen?
FRAU SIEVERS: Ja, *Chicken Nuggets*, was ist das?
WIRT: Das sind Hähnchenstücke, paniert.
FRAU SIEVERS: Gut. Das nehme ich, aber ich möchte keine Pommes frites, lieber Salat. Geht das?
WIRT: Ja, natürlich. Und was möchte der Herr?
HERR SIEVERS: Ein Schinken-Sandwich, bitte. Und einen Salat.
WIRT: Das macht sechs Pfund vierzig.
HERR SIEVERS: Wir zahlen sofort?
WIRT: Ja, wenn es geht.

Aufgaben

2 a) Keinen Reis, bitte, lieber Kartoffeln. Geht das? b) Ich möchte keine Pommes frites, lieber Brot. c) Ich möchte keinen Wein, lieber einen

Orangensaft. d) Für mich keine Suppe, bitte, lieber einen Salat. e) Ich möchte das Sandwich ohne Schinken, bitte, lieber mit Käse.
f) Entschuldigung, haben Sie auch Honig? Ich möchte lieber Honig, keine Marmelade.

SITUATION C

Zum Start

Hallo, ich habe keinen Löffel! Bitte, noch eine Gabel. Herr Ober, hier fehlt ein Messer. Eine Tasse Kaffee, bitte. Ich möchte ein Glas Mineralwasser. Wo sind die Servietten, bitte? Bitte einen extra Teller für die Kinder!

wer bekommt . . . ? die gebackene Kartoffel das Salz der Pfeffer bringe ich sofort das Besteck auf dem Tisch dort wo sind die Toiletten? hinten ach so

WIRTIN: So – wer bekommt den Fisch mit Pommes frites?
HERR KLEIN: Ich, bitte.
WIRTIN: Und die gebackene Kartoffel mit Käse ist für Sie?
FRAU KLEIN: Ja, danke.
HERR KLEIN: Bitte, wir haben kein Besteck.
WIRTIN: Gabeln, Messer, Löffel und Servietten sind auf dem Tisch dort. Salz und Pfeffer bringe ich sofort.
HERR KLEIN: Ach so, danke.
FRAU KLEIN: Wo sind die Toiletten, bitte?
WIRTIN: Hinten, links.

Aufgaben

1 a) Ich habe keine Gabel. b) Wir möchten bestellen. c) Ich möchte ein Bier und einen Salat. d) Das ist Gesetz in England. e) Wo sind die Toiletten? f) Das Besteck ist auf dem Tisch dort.

3
SIE: Möchten Sie bestellen?
HERR KLEIN: Ja, ein Steak mit Salat, bitte.
SIE: Und was möchte die Dame?
FRAU KLEIN: Fisch, aber keine Pommes frites, lieber einen Salat. Geht das?
SIE: Ja, natürlich. Das macht acht Pfund vierzig.

Unit 4

SITUATION A

die Eintrittskarte die Gruppe wieviele Personen . . . ? wie alt . . . ? zehn Jahre alt der Führer der Sondertarif einmal zweimal dreimal voller Preis halber Preis

TOURIST: Guten Tag, wir möchten Eintrittskarten, bitte.
ANGESTELLTER: Sind Sie eine Gruppe?
TOURIST: Ja.
ANGESTELLTER: Wieviele Personen?
TOURIST: Fünf Erwachsene, ein Kind und ein Baby.
ANGESTELLTER: Das Baby ist gratis. Wie alt ist das Kind?
TOURIST: Elf Jahre.
ANGESTELLTER: Also, fünf Erwachsene und ein Kind.
TOURIST: Gibt es einen Sondertarif für Studenten und Rentner?
ANGESTELLTER: Studenten und Rentner zahlen fünfzig Prozent.
TOURIST: Ich bin Student.
TOURIST 2: Und ich bin Rentner.
ANGESTELLTER: Also, dreimal voller Preis und dreimal halber Preis.
TOURIST: Und einen Führer, bitte.
ANGESTELLTER: Hier bitte. Das macht sechsundzwanzig Pfund fünfundsiebzig.

Erklärungen

einundzwanzig zweiundzwanzig
dreiundzwanzig vierundzwanzig
fünfundzwanzig sechsundzwanzig
siebenundzwanzig achtundzwanzig
neunundzwanzig
einunddreißig zweiundvierzig
dreiundfünfzig vierundsechzig
fünfundsiebzig sechsundachtzig
siebenundneunzig hundert

Aufgaben

1 Schloß Altschwanstein Eintrittspreise: Erwachsene: neun Mark fünfzig Schüler und Studenten: sieben Mark Rentner: sechs Mark fünfundzwanzig Kinder unter vierzehn: vier Mark fünfundsiebzig Kinder unter fünf: frei Gruppen ab zehn Personen: acht Mark fünfundzwanzig pro Person. Die Broschüre kostet vier Mark fünfundneunzig.

4 See Key p. 183.

SITUATION B

Zum Start

– Guten Tag, ich möchte eine Führung buchen, bitte.

– Ja, für wieviele Personen?
– Für zweiundzwanzig Personen.
– Wann möchten Sie kommen?
– Am Montag um zehn Uhr. Geht das?
– Ja, das geht.

ich möchte eine Führung buchen wann möchten Sie kommen? das ist richtig das geht das geht leider nicht danke auch Ihre Führerin ist

ANGESTELLTER: *Leeds Castle. Can I help you?*
FRAU KLEIN: Sprechen Sie Deutsch?
ANGESTELLTER: Ja, ein bißchen.
FRAU KLEIN: Mein Name ist Klein. Ich möchte eine Schloß-Führung buchen.
ANGESTELLTER: Ja, ist das für eine Gruppe?
FRAU KLEIN: Ja, das ist richtig.
ANGESTELLTER: Und für wieviele Personen?
FRAU KLEIN: Das ist für einundzwanzig Personen.
ANGESTELLTER: Und sind das Erwachsene?
FRAU KLEIN: Ja, das sind nur Erwachsene.
ANGESTELLTER: Wann möchten Sie kommen?
FRAU KLEIN: Am Mittwoch, um zehn Uhr. Geht das?
ANGESTELLTER: Ja, das geht. Möchten Sie die Führung auf Deutsch?
FRAU KLEIN: Ja, bitte. Wir sprechen leider kein Englisch.
ANGESTELLTER: Gut, ich reserviere das für Sie. Ihre Führerin ist Frau Reynolds.
FRAU KLEIN: Vielen Dank.
ANGESTELLTER: Danke auch. Auf Wiederhören.
FRAU KLEIN: Auf Wiederhören.

Aufgaben

1 a)
TOURIST: Guten Tag, wir möchten eine Führung buchen.
ANGESTELLTE: Ja, für wieviele Personen?
TOURIST: Für siebzehn Personen. Sechzehn Erwachsene und ein Kind. Und zwar für Freitag um siebzehn Uhr. Geht das?
ANGESTELLTE: Ja, das ist in Ordnung. Ich reserviere das für Sie.

b)
ANGESTELLTE: *Ticket Office, hello.*
TOURISTIN: Guten Tag, sprechen Sie Deutsch?
ANGESTELLTE: Ja ich spreche Deutsch. Wie kann ich Ihnen helfen?
TOURISTIN: Wir möchten eine Schloßführung buchen, für Dienstag um neun Uhr.
ANGESTELLTE: Ja, das ist kein Problem. Wieviele Personen sind Sie?
TOURISTIN: Wir sind dreiundachtzig Personen, alles Rentner.

c)
LEHRERIN: Guten Tag. Ich möchte eine Führung für eine Schülergruppe buchen.
ANGESTELLTE: Ja, wann möchten sie kommen?
LEHRERIN: Am Donnerstag so um zehn Uhr oder elf.
ANGESTELLTE: Um elf Uhr wäre besser.
LEHRERIN: Gut, also um elf. Wir sind vier Erwachsene und dreißig Kinder.
ANGESTELLTE: In Ordnung.

d)
STUDENT: Guten Tag, wir sind eine Gruppe von zehn Studenten und möchten gerne ein Schloßführung buchen.
ANGESTELLTE: Ja, wann möchten Sie kommen?
STUDENT: Am Samstag, um achtzehn Uhr.
ANGESTELLTE: Das geht leider nicht. Wir haben samstags nur bis sechzehn Uhr geöffnet. Die letzte Führung ist um vierzehn Uhr.
STUDENT: Okay. Das geht auch.

3 a) Kann ich Ihnen helfen? b) Sind Sie eine Gruppe? c) Für wieviele Personen? d) Wie alt ist das Kind? e) Wann möchten Sie kommen? f) Möchten Sie die Führung auf Englisch?

SITUATION C

der Kellner die Kellnerin das Kännchen schwarz oder mit Milch möchten Sie etwas essen? was für Kuchen haben Sie? der Schokoladenkuchen der Karottenkuchen Apfelkuchen mit Sahne süße Brötchen Entschuldigung

KELLNERIN: Guten Tag. Bitte schön?
HERR SCHÖLLER: Einen Kaffee, bitte und ein Kännchen Tee.
KELLNERIN: Wie möchten Sie den Kaffee, schwarz oder mit Milch?
FRAU SCHÖLLER: Mit Milch, bitte.
KELLNERIN: Möchten Sie auch etwas essen?
FRAU SCHÖLLER: Was für Kuchen haben Sie?
KELLNERIN: Wir haben Schokoladenkuchen, Karottenkuchen, Apfelkuchen mit Sahne und *scones.*
FRAU SCHÖLLER: Was ist das?
KELLNERIN: Das sind süße Brötchen mit Butter, Marmelade und Sahne.
FRAU SCHÖLLER: Gut, ich nehme die 'sons'.
KELLNERIN: *scones,* ja.
HERR SCHÖLLER: Und ich nehme den Schokoladenkuchen.
FRAU SCHÖLLER: Entschuldigung, der Kaffee ist kalt.
KELLNERIN: Das tut mir leid. Einen Moment, bitte.

KELLNERIN: So. Hier ist ein frischer Kaffee für Sie.

Aufgaben

2 a) Das tut mir leid. Einen Moment, bitte. Hier ist ein frischer Kaffee. b) Das tut mir leid. Einen Moment, bitte. Hier ist ein kaltes Bier. c) Das tut mir leid. Einen Moment, bitte. Hier ist ein frischer Kuchen. d) Das tut mir leid. Einen Moment, bitte. Hier ist ein großes Bier. e) Das tut mir leid. Einen Moment, bitte. Hier ist ein Karottenkuchen.

Unit 5

SITUATION A

Zum Start

Guten Tag. Wir möchten ein Doppelzimmer mit Bad, bitte. Für eine Woche. Ich möchte ein Einzelzimmer mit Dusche und Balkon und Fernseher für eine Nacht. Wir möchten ein Dreibettzimmer mit noch einem Kinderbett für zwei Nächte, bitte.

der Rezeptionist die Rezeptionistin die Reservierung das Kinderbett ein schönes, ruhiges Zimmer nach vorne nach hinten prima! das Formular ausfüllen das Gepäck der Aufzug der Fernsehraum der Frühstücksraum

REZEPTIONISTIN: Guten Tag.
HERR TEUCHERT: Guten Tag. Mein Name ist Teuchert. Wir haben eine Reservierung für ein Doppelzimmer mit Kinderbett für eine Woche.
REZEPTIONISTIN: Ja, einen Moment, bitte . . . Sie haben ein schönes, ruhiges Zimmer nach hinten mit Bad und Balkon.
HERR TEUCHERT: Prima!
REZEPTIONISTIN: Können Sie bitte das Formular ausfüllen? Und ich möchte Ihren Paß.
HERR TEUCHERT: Hier bitte.
REZEPTIONISTIN: Wo ist Ihr Gepäck? Können wir Ihnen helfen?
HERR TEUCHERT: Das Gepäck ist im Auto. Das ist kein Problem.
REZEPTIONISTIN: Gut. Sie haben Zimmer Nummer fünfundzwanzig. Das ist im zweiten Stock. Der Aufzug ist hier links.
FRAU TEUCHERT: Wann ist Frühstück, bitte?
REZEPTIONISTIN: Von sieben Uhr bis zehn Uhr. Der Frühstücksraum ist im ersten Stock.
FRAU TEUCHERT: Und gibt es auch einen Fernsehraum?
REZEPTIONISTIN: Ja, im sechsten Stock, rechts.
FRAU TEUCHERT: Vielen Dank.

Erklärungen

im Erdgeschoß im ersten Stock im zweiten Stock im dritten Stock im vierten Stock im fünften Stock im sechsten Stock

Aufgaben

1 a) Das ist Zimmer Nummer einundzwanzig im zweiten Stock. b) Das ist Zimmer Nummer sieben im Erdgeschoß. c) Das ist Zimmer Nummer vierundsechzig im sechsten Stock. d) Sie haben Zimmer Nummer elf im ersten Stock. e) Sie haben Zimmer Nummer neununddreißig im dritten Stock.

3 guten Tag einen Moment, bitte Sie haben Zimmer Nummer zweiundfünfzig Sie haben ein Zimmer nach hinten das ist kein Problem der Aufzug ist rechts können Sie bitte das Formular ausfüllen? wo ist Ihr Gepäck? vielen Dank bitte schön

SITUATION B

Zum Start

Januar Februar März April Mai Juni Juli August September Oktober November Dezember

von der Firma der Konferenzraum vom zweiten März bis zum siebten März von neun Uhr bis zwölf Uhr ein Fax mit allen Details senden die Bestätigung Vollpension Halbpension Frühstück in Ordnung vielen Dank für Ihren Anruf.

REZEPTIONISTIN: *Seven Sisters Hotel. Can I help you?*
HERR WEIGAND: Ja. Mein Name ist Weigand von der Firma Telatextil in Hamburg. Ich möchte Zimmer bei Ihnen reservieren.
REZEPTIONISTIN: Wann möchten Sie kommen?
HERR WEIGAND: Vom dreiundzwanzigsten bis zum sechsundzwanzigsten Februar. Wir möchten drei Einzelzimmer mit Bad und Telefon.
REZEPTIONISTIN: Also, drei Einzelzimmer vom dreiundzwanzigsten bis zum sechsundzwanzigsten Februar. Das geht. Möchten Sie Vollpension, Halbpension oder nur Frühstück?

HERR WEIGAND: Vollpension, bitte. Und wir möchten auch einen Konferenzraum buchen für den fünfundzwanzigsten Februar von neun Uhr bis zwölf Uhr.

REZEPTIONISTIN: Können Sie bitte ein Fax mit allen Details senden?

HERR WEIGAND: Ja, natürlich. Wie ist die Nummer, bitte?

REZEPTIONISTIN: Die Faxnummer ist 0044-81-8967543. Wir senden dann sofort eine Bestätigung.

HERR WEIGAND: In Ordnung.

REZEPTIONISTIN: Vielen Dank für Ihren Anruf.

HERR WEIGAND: Danke auch. Auf Wiederhören.

REZEPTIONISTIN: Auf Wiederhören.

Aufgaben

1 a) Wir möchten ein Doppelzimmer buchen, bitte. Ja, wann möchten Sie kommen? Am siebzehnten Juni. b) Ich möchte ein Einzelzimmer buchen, für eine Nacht, für den dreißigsten März. c) Wann kommen Sie? Am einundzwanzigsten Januar.

2

HERR MEIER: Guten Tag. Mein Name ist Meier. Ich möchte ein Einzelzimmer buchen, mit Dusche und Telefon, vom fünften April bis zum neunten April.

FRAU STEINBECK: Guten Tag. Mein Name ist Steinbeck. Ich möchte ein Einzelzimmer vom siebzehnten bis zum neunzehnten Juli buchen, wenn das geht.

FRAU SCHÖN: Guten Tag. Ich möchte ein Doppelzimmer für mich und meinen Mann reservieren, vom dreiundzwanzigsten Januar bis zum siebenundzwanzigsten Januar.

HERR KLEIN: Guten Tag. Mein Name ist Klein von der Firma Elektrolax. Ich möchte drei Einzelzimmer vom neunundzwanzigsten September bis zum dritten Oktober reservieren.

4 Sprechen Sie Deutsch?
– Ja, ein bißchen.
– Mein Name ist Behrends von der Firma Supersoft. Ich möchte einen Konferenzraum für den dritten April reservieren.
– Ja, für wieviele Personen?
– Zwanzig.
– Ja, das geht. Können Sie ein Fax mit allen Details senden, bitte?
– Ja, das ist kein Problem.
– Vielen Dank für Ihren Anruf.
– Auf Wiederhören.

SITUATION C

Zum Start

wie geht es Ihnen heute? phantastisch! sehr gut gut es geht nicht so gut schlecht sehr schlecht furchtbar!

ich reise heute ab das ist schade! die Rechnung Ihre Rechnung kann ich mit Eurocheque bezahlen? kann ich mit Kreditkarte bezahlen? welches Datum haben wir? die Übernachtung zwei Übernachtungen lassen Sie den Schlüssel im Zimmer gute Reise!

REZEPTIONISTIN: Guten Morgen, Frau Kissinger. Wie geht es Ihnen heute?

FRAU KISSINGER: Nicht so gut. Ich reise heute ab.

REZEPTIONISTIN: Richtig, Sie reisen heute ab. Das ist schade!

FRAU KISSINGER: Ja, und ich möchte die Rechnung, bitte.

REZEPTIONISTIN: Sofort. Das ist Zimmer Nummer sechzehn, ja?

FRAU KISSINGER: Ja.

REZEPTIONISTIN: Hier ist Ihre Rechnung: zweihundertfünfzig Pfund für zehn Übernachtungen mit Frühstück und drei Pfund fünfzig für das Telefon.

FRAU KISSINGER: Kann ich mit Eurocheque bezahlen?

REZEPTIONISTIN: Ja, wir akzeptieren Eurocheques.

FRAU KISSINGER: Welches Datum haben wir heute?

REZEPTIONISTIN: Den zwölften August.

FRAU KISSINGER: So – hier bitte.

REZEPTIONISTIN: Danke. Und hier ist Ihr Paß zurück. Lassen Sie den Schlüssel bitte im Zimmer.

FRAU KISSINGER: In Ordnung.

REZEPTIONISTIN: Ja, dann – auf Wiedersehen und gute Reise!

FRAU KISSINGER: Vielen Dank. Auf Wiedersehen.

Erklärungen

einhundert zweihundert dreihundert vierhundert fünfhundert sechshundert siebenhundert achthundert neunhundert tausend sechshundertdrei sechshundertzwanzig sechshundertfünfundzwanzig

Unit 6

SITUATION A

die Familienkarte zwei oder mehr Kinder billig ist das denn billiger? normal eine normale Eintrittskarte im Prospekt steht nur am Mittwoch da ist es billiger sind die Attraktionen inklusive? die meisten, nicht alle

HERR HANSEMANN: Guten Tag. Zwei Erwachsene und zwei Kinder, bitte.
ANGESTELLTE: Wie alt sind die Kinder?
HERR HANSEMANN: Neun und sieben.
ANGESTELLTE: Möchten sie eine Familienkarte?
HERR HANSEMANN: Was ist das?
ANGESTELLTE: Das ist eine Karte für zwei Erwachsene und zwei oder mehr Kinder für siebzehn Pfund.
HERR HANSEMANN: Ist das denn billiger?
ANGESTELLTE: Ja, die normale Eintrittskarte kostet vier Pfund für Kinder und fünf Pfund fünfzig für Erwachsene.
HERR HANSEMANN: Aber im Prospekt steht vier Pfund für Erwachsene!
ANGESTELLTE: Das ist nur am Mittwoch. Da ist es billiger!
HERR HANSEMANN: Ach so! Ja dann, eine Familienkarte, also. Die Attraktionen sind inklusive, ja?
ANGESTELLTE: Die meisten Attraktionen sind inklusive, nicht alle.
HERR HANSEMANN: Hm, hm. Kann ich mit Eurocheque bezahlen?
ANGESTELLTE: Nein, es tut mir leid Wir Akzeptieren keine Eurocheques.
HERR HANSEMANN: Also, hier, zwanzig Pfund.
ANGESTELLTE: Vielen Dank. Drei Pfund zurück.
HERR HANSEMANN: Haben Sie einen Plan?
ANGESTELLTE: Ja, natürlich. Hier bitte.

Aufgaben

2 Montag: einhundertfünfundsiebzig Dienstag: einhundertzweiunddreißig Mittwoch: vierhundertfünfzig Donnerstag: dreihundertsechsundneunzig Freitag: sechshundertzwanzig Samstag: siebenhundertdreiundachtzig Sonntag: eintausendzweihundertsiebzig

SITUATION B

Zum Start

– Wo ist das Café, bitte?
– Das ist hinten links.
– Wo sind die Toiletten, bitte?
– Hinten rechts.
– Wo ist die Geisterbahn, bitte?
– Die Geisterbahn ist hier vorne rechts.
– Wo ist die Drei-D-Show, bitte?
– Vorne links, wo das Kino ist.

der Eingang der Ausgang das Riesenrad die Geisterbahn das Kino der See Boot fahren der Souvenirladen gleich hier ganz hinten die Studentenermäßigung ich muß mal kann man? und so weiter

FRAU REUTER: Wo ist der Eingang, bitte?
MANN: Gleich hier rechts.
FRAU REUTER: Danke.

FRAU REUTER: Guten Tag, wir möchten Eintrittskarten, bitte.
ANGESTELLTER: Ja, für wieviele Personen?
FRAU REUTER: Zwei Erwachsene und zwei Kinder unter fünf.
ANGESTELLTER: Die Kinder sind frei.
FRAU REUTER: Und gibt es eine Studentenermäßigung? Mein Mann ist Student.
ANGESTELLTER: Ja, Studenten bezahlen vier Pfund. Also, einmal voller Preis und einmal mit Ermäßigung. Das macht neun Pfund fünfzig.
KIND: Mami, ich muß mal!
FRAU REUTER: Wo sind die Toiletten, bitte?
ANGESTELLTER: Die sind ganz hinten. Gehen Sie immer geradeaus und dann rechts.
FRAU REUTER: Oh je. Und wo sind die Ponies?
ANGESTELLTER: Die sind links.
FRAU REUTER: Kann man auch Boot fahren?
ANGESTELLTER: Ja, der See ist hinten rechts, wo die Toiletten sind. So – hier sind Ihre Karten.
FRAU REUTER: Haben Sie auch einen Führer?
ANGESTELLTER: Gehen Sie in den Souvenirladen! Dort gibt es Broschüren und so weiter.
FRAU REUTER: Vielen Dank.

Aufgaben

1 – Wo ist das Restaurant, bitte?
– Gehen Sie links!
– Wo ist das Kino, bitte?
– Gehen Sie rechts, dann geradeaus und dann wieder rechts.
– Wo ist der See mit den Booten bitte?

– Nehmen Sie die erste rechts, der See ist dann auf der linken Seite.
– Wo ist die Geisterbahn, bitte?
– Gehen Sie geradeaus, und nehmen Sie die zweite rechts.
– Wo ist das Café, bitte?
– Gehen sie geradeaus und nehmen Sie die zweite links.
– Wo sind die Toiletten, bitte?
– Die Toiletten, ja, also . . . Nehmen Sie die erste rechts, gehen Sie geradeaus und nehmen Sie dann die erste links. Die Toiletten sind auf der linken Seite.

3

TOURIST: Guten Tag. Zwei Eintrittskarten, bitte. Ein Student und ein Kind.
SIE: Es tut mir leid. Es gibt keine Studentenermäßigung.
TOURIST: Gut, also einmal voller Preis und ein Kind.
SIE: Das macht acht Pfund zwanzig. Möchten Sie einen Führer?
TOURIST: Nein, danke. Wo ist das Kino, bitte?
SIE: Das ist hinten links. Und es gibt auch eine Drei-D-Show.

SITUATION C

Zum Start

1 Mein Knie tut weh! 2 Meine Hand tut weh! 3 Meine Ohren tun weh! 4 Meine Füße tun weh!

tut weh tun weh ich bin verletzt er ist verletzt ich bin gefallen er ist gefallen ich bin ohnmächtig er ist ohnmächtig mir ist schlecht die Erste Hilfe Station wir brauchen einen Krankenwagen was ist passiert? holen ich hole Hilfe setzen Sie sich! warten Sie! fünfjährig ihre Eltern

A: Wo ist die Erste Hilfe Station, bitte?
B: Hier links. Was ist passiert?
A: Ich bin gefallen. Meine Hand tut weh.

A: Mir ist schlecht!
B: Setzen Sie sich! Ich hole ein Glas Wasser!

A: Mein Mann ist verletzt. Wir brauchen einen Krankenwagen.
B: Was ist passiert?
A: Er ist gefallen. Es ist das Knie.
B: Warten Sie! Ich telefoniere für Sie.

A: Meine Frau ist ohnmächtig.
B: Einen Moment. Ich hole Hilfe.

A: Achtung! Die fünfjährige Lisa sucht ihre Eltern. Bitte kommen Sie zu Ausgang B! Die fünfjährige Lisa sucht ihre Eltern. Bitte kommen Sie zu Ausgang B!

Unit 7

SITUATION A

eine Tour machen die nächste Tour den Bus nehmen den Zug nehmen die Altstadt beginnen kommen . . . zurück wie ist Ihr Name? Ihr Vorname Ihr Nachname buchstabieren woher kommen Sie? wie ist Ihre Adresse?

ANGESTELLTE: Guten Tag. Kann ich Ihnen helfen?
FRAU GRABOWSKI: Ja, ich möchte eine Tour durch Nord- oder Nordost-England machen.
ANGESTELLTE: Ja, wir haben da eine organisierte Bus-Tour nach York und Durham und in die Dales und die Moors. Das ist für eine Woche. Oder möchten Sie den Zug nehmen?
FRAU GRABOWSKI: Nein, ich möchte eine Bus-Tour machen. Was gibt es in Durham zu sehen?
ANGESTELLTE: Durham ist eine alte Universitätsstadt. Es gibt eine Kathedrale, eine Burg und eine schöne Alstadt.
FRAU GRABOWSKI: Und wann beginnt die Tour?
ANGESTELLTE: Die nächste Tour beginnt am Donnerstag, den fünfzehnten und Sie kommen am Mittwoch, den einundzwanzigsten zurück. Hier ist das Programm.
FRAU GRABOWSKI: Was kostet die Tour?
ANGESTELLTE: Zweihundertfünfzehn Pfund inklusive Einzelzimmer mit Frühstück im Hotel, Busfahrt und Eintrittskarten.
FRAU GRABOWSKI: Gut, ich buche die Tour für Donnerstag, den fünfzehnten.
ANGESTELLTE: Wie ist Ihr Name, bitte?
FRAU GRABOWSKI: Mein Name ist Grabowski.
ANGESTELLTE: Können Sie das buchstabieren?
FRAU GRABOWSKI: Ja, das ist G–R–A–B–O–W–S–K–I.
ANGESTELLTE: Und wie ist Ihr Vorname?
FRAU GRABOWSKI: Antje. A–N–T–J–E.
ANGESTELLTE: Und woher kommen Sie?
FRAU GRABOWSKI: Aus Deutschland.
ANGESTELLTE: Wie ist ihre Adresse in Deutschland?
FRAU GRABOWSKI: Das ist Steinweg sieben S–T–E–I–N–W–E–G. In Bonn.

Erklärungen

A–B–C–D–E–F–G–H–I–J–K–L–M–N–O–P–Q–R–S–T–U–V–W–X–Y–Z A Umlaut O Umlaut U Umlaut Eszett

1 Mein Name ist Kohl. Ich buchstabiere: K–O–H–L 2 Mein Name ist Rüttgers. Ich buchstabiere: R–U Umlaut–T–T–G–E–R–S
3 Mein Name ist Lauterbach. Ich buchstabiere: L–A–U–T–E–R–B–A–C–H 4 Mein Name ist Jaspers-Haßfurter. Ich buchstabiere: J–A–S–P–E–R–S Bindestrich H–A–eszett–F–U–R–T–E–R

Aufgaben

1 a) Ich komme aus Süddeutschland, aus München. Das ist M–U Umlaut–N–C–H–E–N
B) Ich komme aus Nordostdeutschland, aus Stralsund. Das ist S–T–R–A–L–S–U–N–D.
c) Ich komme aus der Mitte von Deutschland, aus Schrecksbach. Das ist S–C–H–R–E–C–K–S–B–A–C–H. d) Ich komme aus Norddeutschland, aus Hamburg. Das ist H–A–M–B–U–R–G. e) Ich komme aus Südwestdeutschland, aus Saarbrücken. Das ist S–A–A–R–B–R–U Umlaut–C–K–E–N.
2 Mein Name ist Maier: M–A–I–E–R. Mein Name ist Meyer: M–E–Y–E–R. Mein Name ist Meier: M–E–I–E–R. Mein Name ist Mayer: M–A–Y–E–R.
3 a) Darren Eden. Ich buchstabiere: Der Vorname ist D–A–R–R–E–N. Der Nachname ist: E–D–E–N. b) Simon Fletcher: der Vorname ist S–I–M–O–N. Der Nachname ist F–L–E–T–C–H–E–R. c) Jenny Milton. Ich buchstabiere: der Vorname ist J–E–N–N–Y. Der Nachname ist M–I–L–T–O–N. d) Lisa Townsend. Ich buchstabiere: der Vorname ist L–I–S–A. Der Nachname ist T–O–W–N–S–E–N–D.
e) Vaughan West. Ich buchstabiere: der Vorname ist V–A–U–G–H–A–N. Der Nachname ist W–E–S–T.

SITUATION B

Zum Start

1 Irland 2 Großbritannien 3 Dänemark
4 Deutschland 5 die Niederlande 6 Belgien
7 Luxemburg 8 Frankreich 9 die Schweiz
10 Österreich 11 Portugal 12 Spanien
13 Italien 14 Griechenland

der Flug der Rückflug fliegen wohin fliegen Sie? vormittags nachmittags die Ankunft der Abflug fünf Tage vor Abflug

TOURIST: Guten Tag. Ich möchte meinen Rückflug buchen.
ANGESTELLTE: Ja, wohin fliegen Sie?
TOURIST: Nach Österreich, nach Wien.
ANGESTELLTE: Und wann möchten Sie fliegen?
TOURIST: Am fünften März, nachmittags, wenn es geht.
ANGESTELLTE: Ja, einen Moment, bitte. So, es gibt einen Flug mit British Airways von London Heathrow um vierzehn Uhr dreißig, Ankunft in Wien um siebzehn Uhr fünfzig und der nächste Flug ist dann um achtzehn Uhr fünfzehn, Ankunft in Wien um einundzwanzig Uhr fünfundfünfzig.
TOURIST: Ich nehme den Flug um vierzehn Uhr dreißig. Was kostet der?
ANGESTELLTE: Zweihundertdreißig Pfund.
TOURIST: Kann ich mit Kreditkarte bezahlen?
ANGESTELLTE: Ja, natürlich. Wie ist Ihr Name, bitte?
TOURIST: Hinz, Walter Hinz.
ANGESTELLTE: Ist das mit 's'?
TOURIST: Nein, mit 'z'.
ANGESTELLTE: Wie ist Ihre Adresse in England?
TOURIST: Cavendish Square sechzehn, in London.
ANGESTELLTE: Und haben Sie Telefon?
TOURIST: Ja, die Telefonnummer ist neunundachtzig siebenundsechzig vierundfünfzig einunddreißig.
ANGESTELLTE: Gut, vielen Dank. Wir senden Ihnen das Ticket fünf Tage vor Abflug.

Aufgaben

1 a)
ANGESTELLTE: Wie ist Ihr Name bitte?
HERR SCHMIDT: Mein Name ist Schmidt.
ANGESTELLTE: Können Sie das buchstabieren, bitte?
HERR SCHMIDT: Ja, das ist S–C–H–M–I–D–T.
ANGESTELLTE: Und wie ist Ihr Vorname?
HERR SCHMIDT: Christian C–H–R–I–S–T–I–A–N.
ANGESTELLTE: Woher kommen Sie?
HERR SCHMIDT: Ich bin deutsch. Ich komme aus Deutschland.
ANGESTELLTE: Und wie ist Ihre Adresse?
HERR SCHMIDT: Meine Adresse ist Beethoven-Ring vierundzwanzig in Bonn.
ANGESTELLTE: Haben Sie Telefon?
HERR SCHMIDT: Ja, meine Telefonnummer ist null – eins – null – vier – neun – zwei – zwei – acht – siebenundsechzig – vierundvierzig – zweiunddreißig
b)
ANGESTELLTER: Wie ist Ihr Nachname, bitte.
FRAU SAUER: Sauer. Das ist S–A–U–E–R.
ANGESTELLTER: Und Ihr Vorname?
FRAU SAUER: Beatrice. B–E–A–T–R–I–C–E.

ANGESTELLTER: Woher kommen Sie, Frau Sauer?
FRAU SAUER: Ich komme aus Deutschland.
ANGESTELLTER: Wie ist Ihre Adresse?
FRAU SAUER: Römerberg dreizehn in Frankfurt.
ANGESTELLTER: Können Sie 'Römerberg' buchstabieren?
FRAU SAUER: Ja, natürlich. Das ist R–O Umlaut–M–E–R–B–E–R–G.
ANGESTELLTER: Und wie ist Ihre Telefonnummer?
FRAU SAUER: Ich habe kein Telefon.
2 a) Wie ist Ihr Name? Mein Name ist Peters. b) Wie ist Ihr Vorname? Mein Vorname ist Maria. c) Wie alt sind Sie? Ich bin vierundzwanzig Jahre alt. d) Woher kommen Sie? Ich komme aus Österreich. e) Wie ist Ihre Adresse? Karlstraße dreiundvierzig, in Salzburg. f) Wohin fliegen Sie? Ich fliege nach Wien. g) Wann fliegen Sie? Am Montag um siebzehn Uhr dreißig.

SITUATION C

einen Flug stornieren einen anderen Flug buchen eine Gebühr die Passagierliste ich muß in Brüssel Halt machen

FRAU MÜLLER: Guten Tag, ich möchte meinen Flug stornieren: das ist Lufthansa-Flug drei null eins von London Heathrow nach Frankfurt am Freitag, den dreizehnten März, Abflug um zwanzig Uhr fünfundvierzig.
ANGESTELLTE: Wie ist Ihr Name, bitte?
FRAU MÜLLER: Müller
ANGESTELLTE: Ja, hier ist die Passagierliste. Ist das Frau Friederike Müller?
FRAU MÜLLER: Nein, mein Vorname ist Heike.
ANGESTELLTE: Ah, ja. Haben Sie Ihr Ticket, bitte?
FRAU MÜLLER: Ja, hier.
ANGESTELLTE: Und möchten Sie einen anderen Flug buchen?
FRAU MÜLLER: Nein, ich nehme den Zug. Ich muß in Brüssel Halt machen. Kostet das eine Gebühr?
ANGESTELLTE: Nein, das ist in Ordnung.
FRAU MÜLLER: Gut, vielen Dank.

Erklärungen

Mann man kann Vater fahren Porsche Dusche Gruppe Suppe gut das tut mir weh mein Wein Speisekarte Mai Sie Bier hier neun neunzehn heute Haus auch aus ich komme auch aus Australien möchten sie Kaffee? nicht so gut der Tee ist für mich für zwei Nächte gute Nacht noch Kaffee? haben Sie auch Honig? mit Bad guten Tag Deutschland ja zehn Jahre Kneipe Knie Student Frühstück Spanien Theater Athen vier vierzehn vielen Dank wo ist . . . ? was ist das? Wasser Zimmer Einzelzimmer zehn

Aufgaben

1 a) Loreley b) Rothenburg ob der Tauber c) Schwarzwald d) Garmisch-Partenkirchen e) Eisenach f) Ostfriesland
2 Guten Tag, Herr Kleiber! Guten Tag, Frau Schmidt! Guten Tag, Frau Sievers! Guten Tag, Herr Giesinger! Guten Tag, Herr Theiss! Guten Tag, Herr Woltersdorf! Guten Tag, Frau Braun-Veitinger!
3 Friedrich Aichinger Anja Durst Günter Franke Hans-Peter Meininger Franziska Obermeier Stefan Sauer Petra Teuchert
4 a) siebzehn Uhr b) ein Uhr c) neunzehn Uhr fünfundvierzig d) elf Uhr fünfzehn e) sechs Uhr f) dreiundzwanzig Uhr fünfundvierzig g) vierundzwanzig Uhr null Uhr

Unit 8

SITUATION A

das Wachsfigurenkabinett besichtigen wie kommen wir zu . . . ? die U-Bahn bis . . . und dann die braune Linie die Stadtrundfahrt das Stadtzentrum der Kommentar auf Kassette die Haltestelle der Fahrplan fahren die Fahrt die Fahrt unterbrechen vielen Dank für Ihre Hilfe

FRAU KLEIN: Guten Tag. Wir möchten das Wachsfigurenkabinett besichtigen. Wo ist das bitte?
ANGESTELLTE: Das ist in Baker Street.
FRAU KLEIN: Und wie kommen wir zu Baker Street?
ANGESTELLTE: Nehmen Sie die U-Bahn bis Oxford Circus und dann die braune Linie bis Baker Street.
FRAU KLEIN: Wir möchten dann auch eine Stadtrundfahrt machen.
ANGESTELLTE: Ja, es gibt eine Bus-Tour. Der Bus fährt durch das Stadtzentrum und es gibt eine Haltestelle in Baker Street direkt neben Madame Tussaud's.

FRAU KLEIN: Wir sprechen kein Englisch. Spricht der Führer im Bus Deutsch?
ANGESTELLTE: Es gibt keinen Führer im Bus, aber eine Kassette mit Kommentar. Hier ist der Fahrplan für die Busse mit Kommentar auf Deutsch.
FRAU KLEIN: Was kostet die Stadtrundfahrt?
ANGESTELLTE: Sechs Pfund für Erwachsene und vier Pfund für Kinder und Sie können die Fahrt unterbrechen, wo Sie möchten.
FRAU KLEIN: Vielen Dank für Ihre Hilfe.
ANGESTELLTE: Bitte schön.

Verstehen

die braune Linie die rote Linie die gelbe Linie die grüne Linie die graue Linie die violette Linie die schwarze Linie die dunkelblaue Linie die hellblaue Linie

Aufgaben

4

TOURIST: Guten Morgen, wir möchten den Tower besichtigen. Wo ist der, bitte?
SIE: Nehmen Sie die U-Bahn: die grüne oder gelbe Linie bis Tower Hill.
TOURIST: Und gibt es auch eine Stadtrundfahrt?
SIE: Ja, es gibt eine Bus-Tour. Es gibt eine Haltestelle bei Victoria. Hier ist der Fahrplan.
TOURIST: Vielen Dank für Ihre Hilfe.
SIE: Bitte schön.

SITUATION B

wo fährt das Boot nach Greenwich ab? wann kommt das Boot in Greenwich an? die Ankunft die Abfahrt Karten kaufen einfach hin und zurück einfach oder hin und zurück? zwischen zehn und sechzehn Jahren Kinder unter vierzehn Jugendliche über vierzehn in zwanzig Minuten

LEHRERIN: Entschuldigung, wo fährt das Boot nach Greenwich ab?
ANGESTELLTER: Hier. Möchten Sie Karten kaufen?
LEHRERIN: Ja bitte.
ANGESTELLTER: Einfach oder hin- und zurück?
LEHRERIN: Einfach, bitte. Wir nehmen den Bus zurück.
ANGESTELLTER: Wieviele Personen sind Sie?
LEHRERIN: Zwei Erwachsene und fünfzehn Kinder zwischen zehn und sechzehn Jahren.
ANGESTELLTER: Wieviele Kinder sind unter vierzehn?
LEHRERIN: Zwölf.
ANGESTELLTER: Gut, also, das ist zwölfmal halber Preis und fünfmal voller Preis. Das macht sechsundsechzig Pfund.
LEHRERIN: Wann kommen wir in Greenwich an?
ANGESTELLTER: Ankunft in Greenwich ist um vierzehn Uhr dreißig. Das Boot fährt in zwanzig Minuten ab.

Info

die Themse London

Aufgaben

1 a) Wie komme ich zum Busbahnhof, bitte? Nehmen Sie die U-Bahn! b) Entschuldigung, gibt es hier einen Taxi-Stand? Ja, dort links. c) Wann fliegt die Maschine nach Düsseldorf? Um siebzehn Uhr dreißig. d) Wo fährt der Zug nach York ab? Von Bahnsteig drei. e) Kann man hier Boot fahren? Nein, leider nicht!
3 a) Fünf einfache Fahrkarten, bitte. b) Wann kommt das Boot in Greenwich an? c) Wann fährt das Boot ab? d) Wann fährt das nächste Boot ab? e) Eine Fahrkarte, hin und zurück für das Boot um vier.

SITUATION C

Zum Start

a) Die Postkarte kostet vierzig Pence. b) Die Briefmarke kostet vierundzwanzig Pence.
c) Der Stadtplan kostet drei Pfund fünfzig.
d) Das T-Shirt kostet acht Pfund. e) Der rote Bus kostet vier Pfund fünfzig. f) Der England-Führer kostet sechs Pfund fünfundsiebzig.

der Verkäufer die Verkäuferin die normale Briefmarke die Sondermarke das Stück draußen drinnen welche Größen? welche Farben? in schwarz in blau ist das alles? zusammen

PETER STEINBACH: Guten Tag. Ich möchte die fünf Postkarten hier, bitte.
VERKÄUFERIN: Ja, das macht zwei Pfund.
PETER STEINBACH: Haben Sie auch Briefmarken?
VERKÄUFERIN: Ja, wir haben normale Briefmarken – vier Stück oder zehn Stück – oder Sondermarken – zehn Stück.
PETER STEINBACH: Ich nehme die Sondermarken, aber ich möchte nur fünf. Geht das?
VERKÄUFERIN: Nein, es tut mir leid, das geht leider nicht.

PETER STEINBACH: OK ich nehme die zehn. Und Sie haben draußen ein T-Shirt mit *I love London*, was kostet das?
VERKÄUFERIN: Die T-Shirts kosten acht Pfund.
PETER STEINBACH: Welche Größen gibt es?
VERKÄUFERIN: S, M, L und XL jeweils in blau oder schwarz.
PETER STEINBACH: Gut, ich nehme eins in schwarz, Größe L, bitte.
VERKÄUFERIN: In Ordnung. Ist das alles?
PETER STEINBACH: Ja.
VERKÄUFERIN: Also, fünf Postkarten, zehn Briefmarken, und ein T-Shirt, das macht zusammen zwölf Pfund vierzig, bitte.
PETER STEINBACH: Nehmen Sie auch D-Mark?
VERKÄUFERIN: Nein, nur Pfund.
PETER STEINBACH: Also, hier bitte. Zwölf Pfund und vierzig Pence.
VERKÄUFERIN: Vielen Dank. Auf Wiedersehen!

Aufgaben

3
VERKÄUFER: Guten Tag. Kann ich Ihnen helfen?
TOURISTIN: Ja, ich suche ein Geschenk für meinen Mann.
VERKÄUFER: Ja, was möchten Sie? Ein T-Shirt oder ein Portemonnaie oder einen kleinen roten Bus?
TOURISTIN: Ein T-Shirt mit London-Motiv.
VERKÄUFER: Welche Größe hat Ihr Mann?
TOURISTIN: XL. Haben Sie eins in grün?
VERKÄUFER: Ja, hier bitte, ein grünes T-Shirt, Größe XL.
TOURISTIN: Was kostet das?
VERKÄUFER: Vierzehn Pfund.

Unit 9

SITUATION A

einen Platz mieten geöffnet geschlossen wir haben geschlossen für eine Stunde für zwei Stunden Schläger leihen wo genau . . . ? in Richtung in Richtung Norden (Süden, Westen, Osten) etwa zwei Kilometer außerhalb auf der rechten Seite auf der linken Seite neben gegenüber von

ANGESTELLTE: *Leisureland Sports Centre, hello.*
HERR KUNERT: Guten Tag. Sprechen Sie Deutsch?
ANGESTELLTE: Ja, ich spreche Deutsch.
HERR KUNERT: Ich möchte einen Squashplatz mieten, bitte.
ANGESTELLTE: Ja, für wann?
HERR KUNERT: Für Mittwoch nachmittag, wenn es geht.
ANGESTELLTE: Es tut mir leid. Wir haben mittwochs nachmittags geschlossen. Können Sie am Donnerstag oder am Freitag kommen?
HERR KUNERT: Ja, am Donnerstag vormittag so um zehn. Geht es da?
ANGESTELLTE: Ja, das geht. Ist das für eine Stunde?
HERR KUNERT: Ja, für eine Stunde. Was kostet das, bitte?
ANGESTELLTE: Neun Pfund pro Stunde.
HERR KUNERT: Und kann man auch Schläger leihen?
ANGESTELLTE: Ja, aber das kostet extra.
HERR KUNERT: In Ordnung.
ANGESTELLTE: Also, ich reserviere den Platz für Sie für Donnerstag von zehn bis elf Uhr. Wie ist Ihr Name, bitte?
HERR KUNERT: Kunert. K–U–N–E–R–T. Wo genau ist das Sportzentrum?
ANGESTELLTE: Kommen Sie im Auto?
HERR KUNERT: Ja.
ANGESTELLTE: Nehmen Sie von der Stadtmitte aus die A 591 in Richtung Norden. Wir sind etwa zwei Kilometer außerhalb auf der linken Seite, neben *King's Park*. Der Eingang ist gegenüber von *Tony's Fish and Chips*.
HERR KUNERT: Vielen Dank.
ANGESTELLTE: Bitte schön. Auf Wiederhören.

Aufgaben

1 a) Guten Tag. Mein Name ist Seifert. S–E–I–F–E–R–T. Ich möchte einen Tennisplatz mieten, für Freitag nachmittag von zwei bis vier.
b) Guten Morgen. Hier ist Walter Rupert. Ich buchstabiere: R–U–P–E–R–T. Ich möchte eine Tischtennisplatte reservieren, wenn es geht. Und zwar für nächsten Montag um 15 Uhr für eine Stunde. c) Guten Tag. Mein Name ist Sabine Giesinger. Das ist G–I–E–S–I–N–G–E–R. Ich möchte eine Stunde Solarium buchen, für heute nachmittag um 17 Uhr. Vielen Dank.
d) Guten Tag. Hier ist Braun. B–R–A–U–N. Ich möchte einen Squashplatz für eine halbe Stunde reservieren. Das ist für Donnerstag, den fünfundzwanzigsten Juni von eins bis halb zwei.
2 a) Nehmen Sie die B eins-zwei-fünf-vier in Richtung Süden. Fahren Sie etwa vier Kilometer. Das Sportzentrum ist auf der linken Seite neben Pizza Roma. b) Nehmen Sie die B eins-zwei-null-acht in Richtung Westen. Fahren Sie etwa zwanzig Kilometer. Das Sportzentrum

ist auf der rechten Seite gegenüber von Norton College. c) Nehmen Sie die A drei-null-zwei. Fahren Sie etwa sieben Kilometer in Richtung Osten. Das Sportzentrum ist auf der linken Seite neben Grey's Inn und gegenüber von Stanton Place.

SITUATION B

wie bitte? ich verstehe nicht! Sie sind Deutsche Sie sind Deutscher dürfen ich darf müssen ich muß die Schuhe Schuhe tragen das Schließfach gehen Sie an die Kasse Geld wechseln machen wie lange darf man bleiben? Ball spielen das ist verboten noch nicht sie müssen vorher duschen

ANGESTELLTE: *Excuse me, you are not allowed to wear shoes in here.*
FRAU BEHRENDS: Wie bitte? Ich verstehe nicht.
ANGESTELLTE: Sie sind Deutsche?
FRAU BEHRENDS: Ja.
ANGESTELLTE: Sie dürfen hier keine Schuhe tragen. Die Schuhe müssen ins Schließfach.
FRAU BEHRENDS: Ja gut, aber ich habe kein Fünfzig-Pence-Stück für das Schließfach.
ANGESTELLTE: Gehen Sie an die Kasse. Dort können Sie Geld wechseln.
FRAU BEHRENDS: Können Sie das für mich machen? Die Frau am Eingang spricht kein Deutsch. Hier ist ein Pfund.
ANGESTELLTE: In Ordnung. Warten Sie einen Moment . . . So, hier bitte.
FRAU BEHRENDS: Vielen Dank! Wie lange darf man im Schwimmbad bleiben?
ANGESTELLTE: Eine Stunde.
FRAU BEHRENDS: Und dürfen die Kinder Ball spielen?
ANGESTELLTE: Nein, leider nicht. Das ist verboten. Und die Kinder dürfen noch nicht ins Wasser! Sie müssen vorher duschen!

Aufgaben

1 i) Entschuldigung, wo kann man hier etwas essen? Es gibt ein Café dort links. ii) Darf man hier rauchen? Nein, leider nicht.
iii) Bitte, wo kann man hier duschen? Die Duschen sind rechts neben den Toiletten.
iv) Muß man in der Squashhalle Sportschuhe tragen oder kann man auch barfuß spielen? Sie müssen Sportschuhe tragen. v) Dürfen die Kinder ins Wasser springen? Nein, das ist verboten. vi) Dürfen die Kinder Ball spielen? Ja, aber nur im Park, nicht im Schwimmbad.

3
TOURIST: Guten Tag. Sprechen Sie Deutsch?
SIE: Ja, ich spreche Deutsch.
TOURIST: Phantastisch! Was kann man hier im Sportzentrum machen?
SIE: Es gibt ein Schwimmbad, eine Sauna, einen Konditionsraum, einen Squashplatz und einen Tischtennisraum.
TOURIST: Was kostet der Squashplatz?
SIE: Acht Pfund pro Stunde.
TOURIST: Und der Eintritt für das Schwimmbad?
SIE: Zwei Pfund zwanzig für Erwachsene und ein Pfund zehn für Kinder.
TOURIST: Wann haben Sie geöffnet?
SIE: Wir haben von acht Uhr bis zwanzig Uhr geöffnet.
TOURIST: Vielen Dank.
SIE: Bitte schön.

SITUATION C

was ist los? der Bombenalarm die Bombe das Schwimmbecken verlassen gehen Sie nach draußen! das Handtuch ein Handtuch bekommen der Notausgang meine Kleider machen Sie sich keine Sorgen! was passiert jetzt? die Polizei wie lange dauert das? ich weiß nicht

(Loudspeaker) Attention, please. There has been a bomb alert. Please, leave the pool immediately and follow the instructions of the staff.

TOURIST: Entschuldigung, ich verstehe kein Englisch. Was ist los?
ANGESTELLTER: Es gibt einen Bombenalarm. Bitte verlassen Sie das Becken.
TOURIST: Wohin muß ich gehen?
ANGESTELLTER: Nach draußen. Sie bekommen ein großes Handtuch. Nein – gehen Sie nicht in die Kabinen! Der Notausgang ist hier links.
TOURISTIN: Aber meine Kleider sind im Schließfach!
ANGESTELLTER: Machen Sie sich keine Sorgen! Gehen Sie nach draußen!
TOURIST: Und was passiert jetzt?
ANGESTELLTER: Die Polizei kommt und sucht die Bombe.
TOURIST: Wie lange dauert das?
ANGESTELLTER: Ich weiß nicht. Es tut mir leid.

Aufgaben

2 a) Das ist verboten! b) Das ist kein Problem! c) Ich verstehe nicht d) Es tut mir leid e) Ich

weiß nicht f) Machen Sie sich keine Sorgen! g) Können Sie das buchstabieren?

Unit 10

SITUATION A

Zum Start

1 Das ist Krabbencocktail. 2 Das sind Champignons in Knoblauchsoße. 3 Das ist Zwiebelsuppe. 4 Das ist Fischfilet in Weißweinsoße. 5 Das ist Rinderbraten mit Kartoffeln und Gemüse. 6 Das ist gemischter Salat. 7 Das sind Erdbeeren mit Sahne.

können Sie uns helfen? sehen Sie hier! das Gericht das Fleischgericht die Beilage was für Beilagen? verschiedene Gemüse eine Flasche Wein es tut mir sehr leid macht nichts

HERR SCHWARZ: Wir verstehen die Speisekarte nicht. Können Sie uns helfen?
KELLNER: Ja, natürlich.
HERR SCHWARZ: Was ist das hier?
KELLNER: *Prawn cocktail*? Das ist Krabbencocktail.
FRAU SCHWARZ: Und haben Sie auch Knoblauchbrot?
KELLNER: Ja, sehen Sie hier. *Garlic bread.* Das ist Knoblauchbrot.
FRAU SCHWARZ: Das nehme ich.
HERR SCHWARZ: Also, einmal Knoblauchbrot und einmal Krabbencocktail. Was für Fleisch- und Fischgerichte haben Sie?
KELLNER: Wir haben Rinderbraten oder Rindersteak, Fischfilet in Weißweinsoße, Fischfilet paniert . . .
HERR SCHWARZ: Und was für Beilagen gibt es?
KELLNER: Pommes frites oder eine gebackene Kartoffel und verschiedene Gemüse.
FRAU SCHWARZ: Ich nehme das Fischfilet in Weißweinsoße mit Pommes frites.
HERR SCHWARZ: Ich auch. Und eine Flasche Weißwein, bitte.
KELLNER: Also zweimal Fischfilet und eine Flasche Weißwein.

KELLNER: Es tut mir sehr leid, aber wir haben kein Knoblauchbrot mehr.
FRAU SCHWARZ: Macht nichts. Dann nehme ich eine Tomatensuppe.

Aufgaben

1 Wir möchten die Speisekarte, bitte. Ich verstehe die Speisekarte nicht. Wir möchten einen Tisch reservieren. Wir haben kein Besteck! Können Sie mir helfen, bitte? Können wir die Rechnung haben, bitte? Haben Sie einen Tisch frei für morgen abend?
2 a) Das ist Hähnchen mit Knoblauch und Käsesoße. b) Das ist Schokoladenkuchen mit Sahne. c) Das ist Champignoncremesuppe. d) Das ist gemischter Salat mit Krabben. e) Das ist ein Weißwein aus Deutschland. f) Das ist ein Bier aus Irland.

3
GAST: Die Speisekarte, bitte.
SIE: Hier bitte.
GAST: Ich verstehe nicht viel Englisch. Können Sie mir helfen?
SIE: Ja, natürlich.
GAST: *Plaice poached in white wine sauce.* Was ist das?
SIE: Das ist Fischfilet in Weißweinsoße.
GAST: Und was für Beilagen gibt es?
SIE: Pommes frites und einen Salat.
GAST: Gut, ich nehme den Fisch und ein Glas Weißwein.
SIE: Also, einmal den Fisch und ein Glas Weißwein.

SITUATION B

Zum Start

Fisch: Forelle, Kabeljau, Scholle, Lachs, Krabben Fleisch: Kalb, Rind, Schwein, Hähnchen, Truthahn, Lamm Gemüse: Blumenkohl, Karotten, Zucchini, Broccoli, Bohnen, Rosenkohl, Erbsen Obst: Birnen, Äpfel, Orangen, Zitronen, Kirschen, Ananas, Melone, Erdbeeren

die Vorspeise als Vorspeise nehme ich das Hauptgericht als Hauptgericht das Dessert als Dessert die Hähnchenbrust lieblich trocken ich nehme einen lieblichen Wein ich nehme einen trockenen Wein guten Appetit!

KELLNER: Möchten Sie bestellen?
FRAU RAUTENDORF: Ja, ich bekomme die Hähnchenbrust in Orangensoße.
KELLNER: Möchten Sie auch eine Vorspeise?
FRAU RAUTENDORF: Nein danke, keine Vorspeise.
KELLNER: Und was für Beilagen möchten Sie? Es gibt Pommes frites oder eine gebackene Kartoffel oder Reis und als Gemüse Zucchini oder Erbsen.
FRAU RAUTENDORF: Ich nehme die gebackene Kartoffel und Zucchini.

KELLNER: Möchten Sie die Kartoffel mit Butter oder mit saurer Sahne?
FRAU RAUTENDORF: Mit saurer Sahne.
KELLNER: Und was möchten Sie trinken?
FRAU RAUTENDORF: Einen trockenen Weißwein, bitte. Und als Dessert nehme ich den Erdbeer-Käsekuchen.

KELLNER: So, einmal Hähnchenbrust mit Kartoffel. Das Gemüse bringe ich sofort.

KELLNER: Hier bitte, Ihre Zucchini. Guten Appetit!
FRAU RAUTENDORF: Vielen Dank!

Aufgaben

1 a) Ich nehme das T-Shirt. b) Das T-Shirt nehme ich. c) Der Schlüssel ist hier. d) Hier ist der Schlüssel. e) Ich bringe die Speisekarte sofort. f) Die Speisekarte bringe ich sofort. g) Herr Schmidt fliegt um neunzehn Uhr nach Düsseldorf. h) Um neunzehn Uhr fliegt Herr Schmidt nach Düsseldorf. i) Wir haben leider keine Tomatensuppe mehr. j) Leider haben wir keine Tomatensuppe mehr.

SITUATION C

hat es geschmeckt? es war zusammen oder getrennt? das Tagesmenü ist etwas nicht in Ordnung? dauern das dauert lange manchmal die gegrillte Ente der griechische Salat auf Kosten des Hauses den Koch fragen den Chef holen

KELLNER: Hat es geschmeckt?
GAST: Ja, danke, es war sehr gut. Wir möchten dann zahlen, bitte.
KELLNER: Zusammen oder getrennt?
GAST: Zusammen.
KELLNER: Also, das war zweimal das Tagesmenü, ein großes Bier und ein Glas Orangensaft. Das macht dreiundzwanzig Pfund achtzig.

KELLNER: So . . . hat es geschmeckt?
GAST: Ja, aber ich habe einen griechischen Salat bestellt und einen normalen Salat bekommen, ohne Käse und Oliven!
KELLNER: Das tut mir sehr leid! Möchten Sie ein Dessert auf Kosten des Hauses bestellen?
GAST: Ja gern, vielen Dank. Ich nehme den Apfelkuchen.

KELLNER: Es tut mir leid, der Tisch ist reserviert. Der Tisch dort links ist frei.
GAST: Ach so, danke.

GAST: Guten Tag. Wir möchten einen Tisch für eine große Gruppe für den dreiundzwanzigsten April reservieren.
KELLNER: Sie müssen den Chef fragen. Einen Moment, ich hole ihn.

GAST: Hallo, Herr Ober!
KELLNER: Ist etwas nicht in Ordnung?
GAST: Ich warte schon dreißig Minuten!
KELLNER: Das tut mir leid. Was haben Sie bestellt?
GAST: Die gegrillte Ente.
KELLNER: Das dauert manchmal lange. Einen Moment. Ich frage den Koch.

Aufgaben

1 a)
GAST: Ich bekomme die Erdbeeren, bitte.
KELLNER: Mit Sahne?
GAST: Ja.
b)
GAST: Zwei Eiskaffee, bitte.
KELLNER: Sofort!
c)
GAST: Was ist in dem exotischen Obstsalat?
KELLNER: Melone, Ananas, Banane und Kiwi.
GAST: Gut, ich nehme den.
d)
GAST: Das gemischte Eis, was sind das für Sorten?
KELLNER: Schokolade, Vanille und Erdbeer.
GAST: Und Zitrone haben Sie nicht?
KELLNER: Nein, leider nicht.
GAST: OK, ein gemischtes Eis, aber ohne Schokolade.
e)
GAST: Einen Hawaii-Becher, aber ohne Likör.
KELLNER: In Ordnung.
GAST: Ist das dann billiger?
KELLNER: Ich weiß nicht. Ich muß den Chef fragen.

Unit 11

SITUATION A

unser Sohn unsere Tochter die Ausstellung viele Dinge zum Beispiel das Leben im vierzehnten Jahrhundert kommst du mit? gewinnen Sie müssen mir Ihre Tasche geben wenn Sie Fragen haben der Saal

FRAU BAUMANN: Zwei Erwachsene, bitte. Und kann unser Sohn hier warten und lesen? Er findet historische Ausstellungen nicht sehr interessant.

ANGESTELLTE: Ja, natürlich. Aber wir haben viele Dinge auch für Kinder, zum Beispiel eine Multi-Media-Show über das Leben im vierzehnten Jahrhundert und ein Quiz.

FRAU BAUMANN: Aber er spricht nur Deutsch.

ANGESTELLTE: Das macht nichts. Die Show ist auf Englisch, Deutsch und Französisch und das Quiz auch.

FRAU BAUMANN: Kommst du dann mit?

SOHN: Okay.

ANGESTELLTE: Also zweimal voller Preis und einmal halber Preis. Hier ist das Quiz für den jungen Mann. Du schreibst hier Namen und Adresse und Du kannst dann einen Walkman gewinnen.

HERR BAUMANN: Darf man fotografieren?

ANGESTELLTE: Nein, das ist leider verboten. Und Sie müssen mir auch Ihre Tasche geben. Sie beginnen hier rechts. Wenn Sie Fragen haben: Frau Bower, unsere Führerin in Saal drei spricht Deutsch.

FRAU BAUMANN: Vielen Dank. Gibt es auch ein Café?

ANGESTELLTE: Ja, das ist im ersten Stock.

SITUATION B

Zum Start

- Guten Tag. Mein Name ist Schmidt. Ich möchte eine Führung für heute nachmittag buchen.

- Entschuldigung, wie lange haben Sie heute geöffnet?
- Bis siebzehn Uhr.
- Bis siebfzehn Uhr nur? Dann komme ich morgen vormittag.

- Ich komme mit einer großen Gruppe und möchte eine Führung buchen, für den zweiten Mai, also das ist übermorgen – so um elf Uhr vormittags.

- Guten Tag, mein Name ist Dettmann. Wir hatten eine Führung für heute nachmittag gebucht, aber es gibt ein Problem mit unserem Bus. Können wir auch heute abend kommen, so um zwanzig Uhr?

entweder . . . oder   eine einstündige Führung   eine zweistündige Führung   die Dauerausstellung   die Sonderausstellung   über die Geschichte der Region   schließt . . . mit ein   bis wann?   öffnen   Sprechen ist schwierig   auf welchen Namen   alles klar   bis morgen

ANGESTELLTE: *Heritage Centre, hello.*

HERR GRÜN: Guten Tag. Sprechen Sie Deutsch?

ANGESTELLTE: Ja, ein bißchen.

HERR GRÜN: Wir sind eine Gruppe von zwölf Personen und wir möchten entweder heute nachmittag oder morgen vormittag eine Führung machen.

ANGESTELLTE: Ja, wir haben eine einstündige und eine zweistündige Führung. Die einstündige Führung ist nur für die Dauerausstellung über die Geschichte der Region und die zweistündige Führung schließt die Sonderausstellung und den Garten mit ein.

HERR GRÜN: Bis wann haben Sie heute geöffnet?

ANGESTELLTE: Bis siebzehn Uhr.

HERR GRÜN: Und morgen öffnen Sie um zehn?

ANGESTELLTE: Nein um neun.

HERR GRÜN: Aber morgen ist Feiertag.

ANGESTELLTE: Nein, hier in England ist der erste Mai nicht immer Feiertag. Der Feiertag ist am Montag. Das ist dieses Jahr der fünfte Mai.

HERR GRÜN: Gut, dann kommen wir morgen um neun und machen die zweistündige Führung.

ANGESTELLTE: Die Führung ist auf Englisch, aber es gibt auch Kassetten mit Kommentar auf Deutsch.

HERR GRÜN: Nein, wir möchten gerne die Führung machen. Wir verstehen alle ein bißchen Englisch, nur Sprechen ist schwierig.

ANGESTELLTE: Gut, das ist dann also für morgen um neun Uhr für zwölf Personen.

HERR GRÜN: Richtig.

ANGESTELLTE: Und auf welchen Namen?

HERR GRÜN: Grün. Das ist G–R–U Umlaut–N.

ANGESTELLTE: Alles klar. Vielen Dank, Herr Grün. Bis morgen.

Verstehen

a)

TOURIST: Wo ist das Verkehrsmuseum, bitte?

SIE: Gehen Sie geradeaus bis zum Opernhaus und gehen Sie dann links. Das ist die dritte Straße links. Das Verkehrsmuseum ist auf der rechten Seite.

b)

TOURISTIN: Wie ist die Adresse?

SIE: Die Adresse ist Lessingstraße sechs.

c)

TOURIST: Wie ist die Telefonnummer?

SIE: Die Telefonnummer ist zwei – eins – neun – zwei – vier – zwei – acht.

d)

TOURISTIN: Was gibt es dort zu sehen?
SIE: Es gibt eine Ausstellung über die Geschichte der Bahn. Es gibt Originale und Modelle und es gibt auch einen Film.

e)

TOURIST: Kann man dort auch essen?
SIE: Ja, es gibt ein Restaurant.

f)

TOURISTIN: Hat das Museum am ersten Mai geöffnet?
SIE: Nein, leider nicht. Das Museum hat am ersten Mai geschlossen.

Aufgaben

1 Das Museum ist am Karfreitag geschlossen. Es gibt eine Gruppenermäßigung für Gruppen über zwölf Personen. Es gibt eine Ausstellung über englische Geschichte. Es gibt eine Sonderausstellung über das zwölfte Jahrhundert. Es gibt einen Film mit Kommentar auf Deutsch. Der Führer in Saal elf spricht Deutsch.

4

TOURISTIN: Guten Tag. Ich möchte eine Führung für zwanzig Personen buchen.
SIE: Ja, wann möchten Sie kommen?
TOURISTIN: Morgen vormittag um zehn Uhr.
SIE: Das Museum öffnet morgen um elf. Es ist Feiertag. Können Sie um elf kommen?
TOURISTIN: Ja, das geht auch.
SIE: Und das ist auf welchen Namen?
TOURISTIN: Müller. M–U Umlaut–L–L–E–R.
SIE: Alles klar, Frau Müller. Bis morgen.

SITUATION C

Zum Start

- Ich habe meine Jacke verloren!
- Mein Pullover ist weg. Ich kann ihn nicht finden. Es war ein blauer Wollpullover.
- Ich habe meine Tasche verloren. Das war eine weiße Plastiktasche.
- Entschuldigung, unser Sohn hat sein Stofftier verloren. Das war ein grauer Elefant.
- Ich habe mein Portemonnaie verloren mit einem Hundertmarkschein drin!
- Ich kann meinen Regenschirm nicht finden. Ich weiß nicht, wo er ist.
- Ich habe meinen Fotoapparat verloren! Er war ganz neu!

ich habe . . . verloren was war drin? etwa zwanzig Pfund der Personalausweis wo genau? da hatte ich die Tasche noch nicht mehr noch einmal wenn wir die Tasche nicht finden die Polizei rufen fehlt etwas? nein, es fehlt nichts nichts zu danken!

FRAU PRENZBERG: Ich habe meine Handtasche verloren. Ich kann sie nicht finden.
ANGESTELLTER: Was für eine Handtasche war das?
FRAU PRENZBERG: Eine braune Lederhandtasche.
ANGESTELLTER: Und was war drin?
FRAU PRENZBERG: Ja, also, da war mein Portemonnaie mit zweihundert Mark und etwa zwanzig Pfund und mein Schlüssel für das Hotelzimmer, Theaterkarten für heute abend, mein Personalausweis, meine Eurocheques, zwei Postkarten . . .
ANGESTELLTER: Und wo genau haben Sie die Tasche verloren?
FRAU PRENZBERG: Also ich war auf der Toilette und da hatte ich die Tasche noch und dann war ich lange in Saal eins und dann in Saal drei und Saal vier. Und dann war ich im Café und dort hatte ich die Tasche nicht mehr.
ANGESTELLTER: Wir suchen noch einmal und wenn wir die Tasche nicht finden, dann rufe ich die Polizei und Sie können das deutsche Konsulat informieren. Ich habe die Telefonnummer hier.
FRAU PRENZBERG: Ja, aber das Konsulat hat heute geschlossen. In Deutschland ist Feiertag.
FÜHRER: Haben Sie Ihre Tasche verloren? Die braune Tasche hier war in Saal vier.
FRAU PRENZBERG: Das ist sie. Vielen Dank!
ANGESTELLTER: Fehlt etwas?
FRAU PRENZBERG: Einen Moment, nein es fehlt nichts. Vielen vielen Dank!
FÜHRER: Nichts zu danken.

Aufgaben

1 a) Ich kann meinen Fotoapparat nicht finden. Das war eine kleine Pocket-Kamera. Die war schwarz und grau. Ich hatte sie noch in Saal Eins. b) Entschuldigung, ich habe meinen Pullover verloren. Das war ein grauer Wollpullover. Im Café hatte ich ihn noch. c) Ich habe mein Portemonnaie verloren. Das war ein rotes Lederportemonnaie, sehr groß. Ich hatte es noch an der Kasse und jetzt weiß ich nicht, wo es ist. d) Ich habe meinen Regenschirm verloren. Das war ein roter

Regenschirm aus Plastik. Ich hatte ihn zuletzt am Eingang.

3 a) Was für eine Tasche war das? b) Wo genau war das? c) Was war drin? d) Ich rufe die Polizei. e) Das ist die Telefonnummer vom Konsulat. f) Machen Sie sich keine Sorgen!

4

TOURIST: Ich habe mein Portemonnaie verloren.
SIE: Das tut mir leid. Was war drin?
TOURIST: Über einhundert Pfund!
SIE: Und was für ein Portemonnaie war das?
TOURIST: Ein schwarzes Portemonnaie, aus Leder.
SIE: Ich rufe die Polizei.
TOURIST: Nein, nicht die Polizei. Ich informiere das Konsulat.

Unit 12

SITUATION A

Zum Start

Am Telefon:

- *Crown Hotel, hello.*
- Guten Tag. Mein Name ist Schmidt von der Firma Kron AG. Ich möchte einen Konferenzraum für den zwanzigsten Oktober von neun bis siebzehn Uhr buchen.
- Ja, für wieviele Personen?
- Zwanzig.
- Und wie möchten Sie die Stühle arrangiert haben?
- Wir möchten einen Tisch in U-Form – und wir brauchen einen Overheadprojektor und eine Leinwand.
- Gut, eine Tafel möchten Sie nicht?
- Nein.
- Und wie ist es mit anderen Geräten, zum Beispiel Videorekorder, Faxgerät, Computer . . . ?
- Nein das ist nicht nötig, aber wir brauchen vielleicht ein Telefon.
- In Ordnung, Herr Schmidt. Wir können das für Sie organisieren.

gestern die Buchung ändern ein bißchen größer Quadratmeter kein . . . sondern ein kaltes Büffet (etwas) notieren sonst noch etwas?

REZEPTIONISTIN: *Crown Hotel, hello.*
HERR WALTER: Guten Tag. Hier ist Walter von der Firma Solms AG. Ich habe gestern mit Ihnen telefoniert und einen Konferenzraum gebucht.
REZEPTIONISTIN: Einen Moment, bitte. Ja, Herr Walter, wir haben für Sie einen Raum für fünfundzwanig Personen für den dreißigsten März reserviert.
HERR WALTER: Das ist richtig. Leider müssen wir die Buchung ändern. Geht es auch am neunundzwanzigsten März oder am ersten April?
REZEPTIONISTIN: Also, am ersten April haben wir keinen Konferenzraum frei, aber am neunundzwanzigsten März ist der Shakespeare-Saal frei. Der ist ein bißchen größer: vierundachtzig Quadratmeter.
HERR WALTER: Das macht nichts.
REZEPTIONISTIN: Gut, dann reserviere ich das für Sie. Das war von neun Uhr bis sechzehn Uhr, ja? Mit zwei Kaffeepausen und Mittagessen um zwölf Uhr dreißig.
HERR WALTER: Richtig, aber kein warmes Mittagessen sondern ein kaltes Büffet.
REZEPTIONISTIN: Das habe ich notiert. Und Sie möchten auch einen Overheadprojektor . . . und sonst noch etwas?
HERR WALTER: Nein, ich glaube, das ist alles. Vielen Dank.
REZEPTIONISTIN: Nichts zu danken. Auf Wiederhören.

Aufgaben

1 i) Ich habe gestern mit Ihnen telefoniert.
ii) Ich habe die Rechnung schon bezahlt.
iii) Ich war gestern auf der Bank und habe Geld gewechselt. iv) Ich habe einen Flug gebucht.
v) Ich habe gestern eine Bootsfahrt gemacht.
vi) Ich habe die Fahrkarte gestern gekauft.

3

FRAU ROT: Guten Tag. Mein Name ist Rot von der Firma Sandel GmbH. Ich habe gestern einen Konferenzraum gebucht.
SIE: Ja, das ist richtig. Das war ein Raum für dreißig Personen für den zwanzigsten April.
FRAU ROT: Ja, leider muß ich die Buchung ändern. Ist der Konferenzraum auch am siebenundzwanzigsten April frei?
SIE: Ja, das ist kein Problem. Möchten Sie Mittagessen und Kaffeepausen?
FRAU ROT: Nur Kaffeepausen. Für das Mittagessen haben wir einen Tisch im China-Restaurant reserviert. Aber wir brauchen einen Overheadprojektor.

SIE: Das habe ich notiert.
FRAU ROT: Gut. Vielen Dank. Auf Wiederhören.
SIE: Danke auch. Auf Wiederhören.

SITUATION B

Zum Start

– Eine Fahrkarte erster Klasse nach Manchester, bitte.
– Ja, einfach oder hin- und zurück.
– Einfach, bitte. Wann fährt der nächste Zug?
– Um fünfzehn Uhr.
– Und welches Gleis ist das?
– Gleis drei.

die Messe besuchen einen Platz reservieren die Platzreservierung die Fahrkarte erster Klasse zweiter Klasse einfach hin und zurück Raucher Nichtraucher der Zuschlag das Gleis welches Gleis? auf die Anzeigentafel schauen

ANGESTELLTER: Wie kann ich Ihnen helfen?
FRAU WISSMANN: Ich besuche morgen die Messe in Birmingham und möchte einen Platz im Intercity reservieren. Erster Klasse. Ich muß etwa von zehn bis achtzehn Uhr in Birmingham sein.
ANGESTELLTER: Einen Moment, also es gibt einen Intercity ab Euston um acht Uhr zehn, Ankunft in Birmingham um neun Uhr fünfzig und zurückfahren können Sie entweder um siebzehn Uhr vierzig oder um achtzehn Uhr vierzig.
FRAU WISSMANN: Um achtzehn Uhr vierzig dann.
ANGESTELLTER: Raucher oder Nichtraucher?
FRAU WISSMANN: Nichtraucher, bitte.
ANGESTELLTER: So, hier bitte. Ihre Fahrkarte und die Platzreservierung. Das macht fünfundneunzig Pfund.
FRAU WISSMANN: Ist das inklusive Intercity-Zuschlag?
ANGESTELLTER: In England müssen Sie für den Intercity keinen Zuschlag zahlen.
FRAU WISSMANN: Ach so. Das ist ja prima!
ANGESTELLTER: So – danke – hundert Pfund – und fünf Pfund zurück.
FRAU WISSMANN: Und welches Gleis ist das dann?
ANGESTELLTER: Das weiß ich nicht. Sie müssen auf die Anzeigentafel schauen.
FRAU WISSMANN: Kann man im Zug frühstücken?
ANGESTELLTER: Ja, natürlich. Es gibt ein Zugrestaurant.
FRAU WISSMANN: Vielen Dank!

Aufgaben

2 a) Ich möchte einen Tennisplatz reservieren.
b) Mein Kollege hat gestern einen Konferenzraum für zwanzig Personen gebucht.
c) Herr Meier fliegt um siebzehn Uhr nach London. d) Sie dürfen hier nicht parken!
e) Man kann von sieben bis zehn Uhr im Speisesaal frühstücken. f) Der Zug kommt um neun Uhr fünfundfünfzig in Birmingham an.

3 – Guten Tag.
– Guten Tag. Kann ich Ihnen helfen?
– Wir möchten am Dienstag die Messe in Edinburgh besuchen und zwei Plätze im Intercity reservieren.
– Ja, um wieviel Uhr müssen Sie in Edinburgh sein?
– Um zehn Uhr etwa.
– Dann müssen Sie am Montag nachmittag fahren. Der letzte Zug fährt um siebzehn Uhr fünfundvierzig.
– Gut, dann reservieren Sie uns bitte zwei Plätze für siebzehn Uhr fünfundvierzig.
– Erster oder zweiter Klasse?
– Erster Klasse.
– Und wann fahren Sie zurück?
– Wir fahren nicht zurück, wir nehmen dann das Flugzeug von Edinburgh direkt nach Frankfurt.
– Ach so. Das sind dann also zwei einfache Fahrkarten erster Klasse mit Platzreservierung nach Edinburgh. Das macht zweihundertvier Pfund.
– Nehmen Sie Visa?
– Ja, natürlich. So hier sind Ihre Tickets.
– Vielen Dank. Auf Wiedersehen.

SITUATION C

Zum Start

Ja, also wir haben den Mozartsaal für große Konferenzen und Kongresse. Der ist zweihundertzwanzig Quadratmeter groß. Und dann gibt es noch zwei relativ große Konferenzräume von achtzig Quadratmetern, das ist der Schillersaal, der hat einen Balkon nach Westen und der Goethesaal mit einem Balkon nach Osten. Außerdem gibt es im ersten Stock zwei kleinere Konferenzräume: der Lutherraum hat fünfunddreißig Quadratmeter und der Nietzscheraum dreißig. Im sechsten Stock haben wir den Beethovenraum nach Norden, den Gebrüder-Grimm-Raum nach Süden, beide vierzig Quadratmeter und den

Bismarckraum mit zweiunddreißig Quadratmetern.

stattfinden der Teilnehmer die Teilnehmerin die Teilnehmerliste einige Teilnehmer sind schon gekommen könnten Sie? bald servieren organisieren wie bitte? ich habe nicht verstanden Verspätung haben nicht vor zehn Uhr kaputt das Faxgerät benutzen der Termin ich habe noch einen Termin

REZEPTIONISTIN: Herr Mann, haben Sie bitte eine Teilnehmerliste für Ihre Konferenz?

HERR MANN: Ja, einen Moment. Ich hole sie. Soo – hier bitte. Einige Teilnehmer sind schon gekommen. Könnten Sie bitte bald Kaffee servieren?

REZEPTIONISTIN: Ja, natürlich. Ich organisiere das.

Telephone rings

REZEPTIONISTIN: *Centre Hotel, hello.* Wie bitte? Ich habe Sie nicht verstanden. Ach so, machen Sie sich keine Sorgen. Ich informiere Herrn Mann. Auf Wiederhören.
Das war ein Herr Filbinger. Sein Zug hat eine Stunde Verspätung und er kann erst um zehn Uhr hier sein.

HERR MANN: Ah ja, danke. Und noch etwas – es gibt kein Faxgerät im Konferenzraum.

REZEPTIONISTIN: Ich weiß. Das war leider kaputt. Sie können aber das Faxgerät hier in der Rezeption benutzen.

HERR MANN: Gut, danke.

FRAU WINTER: Guten Tag, mein Name ist Winter.

REZEPTIONISTIN: Guten Tag. Sie sind Konferenzteilnehmerin?

FRAU WINTER: Ja.

REZEPTIONISTIN: Gehen Sie in Saal zwei. Das ist hier im Erdgeschoß links.

FRAU WINTER: Können Sie ein Taxi für siebzehn Uhr für mich bestellen? Ich habe noch einen Termin.

REZEPTIONISTIN: In Ordnung. Ich mache das für Sie.

Aufgaben

1 i) Wie ist Ihr Name, bitte? ii) Können Sie das buchstabieren, bitte? iii) Das macht zwanzig Pfund fünfzig. iv) Haben Sie Ihren Paß?
v) Guten Morgen. Kann ich Ihnen helfen?
vi) Ich habe das Zimmer für Sie reserviert.
vii) Der Konferenzraum ist im ersten Stock rechts. viii) Wir haben morgen geschlossen.
ix) Wie bitte? Ich habe Sie nicht verstanden.
x) Bitte schön. Auf Wiedersehen.
2 a) Ich habe den Tisch für Sie reserviert.
b) Ich habe den Kaffee für Sie serviert. c) Ich habe die Konferenz für Sie organisiert. d) Ich habe für Sie telefoniert. e) Ich habe ein Taxi für Sie bestellt. f) Ich habe ein Fax für Sie gesendet. g) Ich habe den Flug für Sie gebucht.

Assignment 1

Task One

Guten Tag. Mein Name ist Klein. Ich möchte ein Einzelzimmer mit Bad und zwei Doppelzimmer mit Dusche reservieren. Meine Telefonnummer ist null-eins-null-vier-neun acht-neun sechs-fünf-drei-sieben-null-sechs-vier.